解像度を上げる

曖昧な思考を明晰にする「深さ・広さ・構造・時間」の4視点と行動法

馬田隆明

英治出版

はじめに

「提案をつくってみたが、大事な何かが抜けている気がしていて、モヤモヤが晴れない」
「この人の話は地に足がついていなくて、ふわふわしている」
「言いたいことは分かるけれど、説得力が弱いように感じる」

仕事をする中で、こんな経験をしたことはないでしょうか。

議論の見通しが悪いときや、言説の内容が曖昧なとき、論点がはっきりとしないとき、物事を十分に理解できていないと感じたとき……。カメラのピントがあっていなかったり、視力の悪い人が眼鏡なしであたりを見ようとして、世界がぼやけて見えたりするような感覚、とも表現できるでしょうか。

しばしばこうした思考の状態のことを「**解像度が低い**」と言います。逆に、明晰な思考ができている状態のことを「**解像度が高い**」と表現します。

筆者は10年近く起業家支援を行ってきましたが、これまで接してきた中で優秀だと思える起業家はまさに「解像度が高い」人たちでした。彼ら彼女らに取り組んでいる領域のことを聞くと、**明確かつ簡潔で分かりやすい答え**が返ってきます。顧客が今困っていることを深く知っていて、顧客は週に何度その課題を体験し、解決のためにどんな競合製品を活用しており、どんな工夫や裏技をほどこして効果的に使っているか、そのときの顧客の感情はどういったものかといった細かいところまで話してくれます。話を聞くうちに**一人の顧客像がはっきりと見えてくる**かのようです。

単に事実を細かく知っているというだけでなく、そこから導かれる**洞察も鋭くユニーク**です。話を聞くたびに「へえ、実はそうだったんですね！」という驚きを提供してくれるので、話に聞き入ってしまいます。その原因分析も明快で、「なるほど、確かに……」と思わず納得してしまうのです。

顧客についてだけではありません。優れた起業家は、市場、技術、ビジネスモデル、そして将来の事業計画といった、**ビジネスで要求される多くの面で高い解像度**を持っています。さらに情報が点としてばらばらに存在するのではなく、それぞれの情報が有機的につながっています。話を聞いているうちに、点在している情報同士が線や面、立体になって見えてきて、はっと気づくような瞬間もあります。そのうえ、**情報が綺麗に構造化されているため、理解も容易**です。

現象の理解が優れているだけではありません。**これからやろうとしていることの布石**も見事です。それぞれの打ち手が歯車のように噛み合っていて、目の前の小さな一手を打つことで、小さな歯車が回り出すと、次々と大きな歯車が回り出し、社会全体が変わっていく、そんな予感すら与えてくれます。

優れた起業家は、そうした**高い解像度に辿り着くのが早い**、つまり、解像度を上げるのが早いことも特徴的です。事業を別の領域に展開しようと思っている、という相談を受けてから少し経ち、次に会ったときに進捗を聞くと、新しい領域でも高い解像度を得ています。

そうした高い解像度を持つ起業家は、顧客を魅了する製品を作り、説得力のある計画を作って投資家を説得し、資金調達に成功しています。

解像度が低いときの症状

一方、まだ何かを始めたばかりの起業志望者の答えは、残念ながら往々にして曖昧な——解像度が低い——ことが多いです。「学生が進路を考えるときに必要な情報が足りず、適切な判断ができていないから、ＡＩを使って一人一人にあった進路情報を届ける」。これはこの数年しばしば出てくるアイデアの一つです。一見正しいようにも聞こえます。しかし、このアイデアだけでは、情報はあるのに届いていないだけなのか、それとも情報自体が存在しない

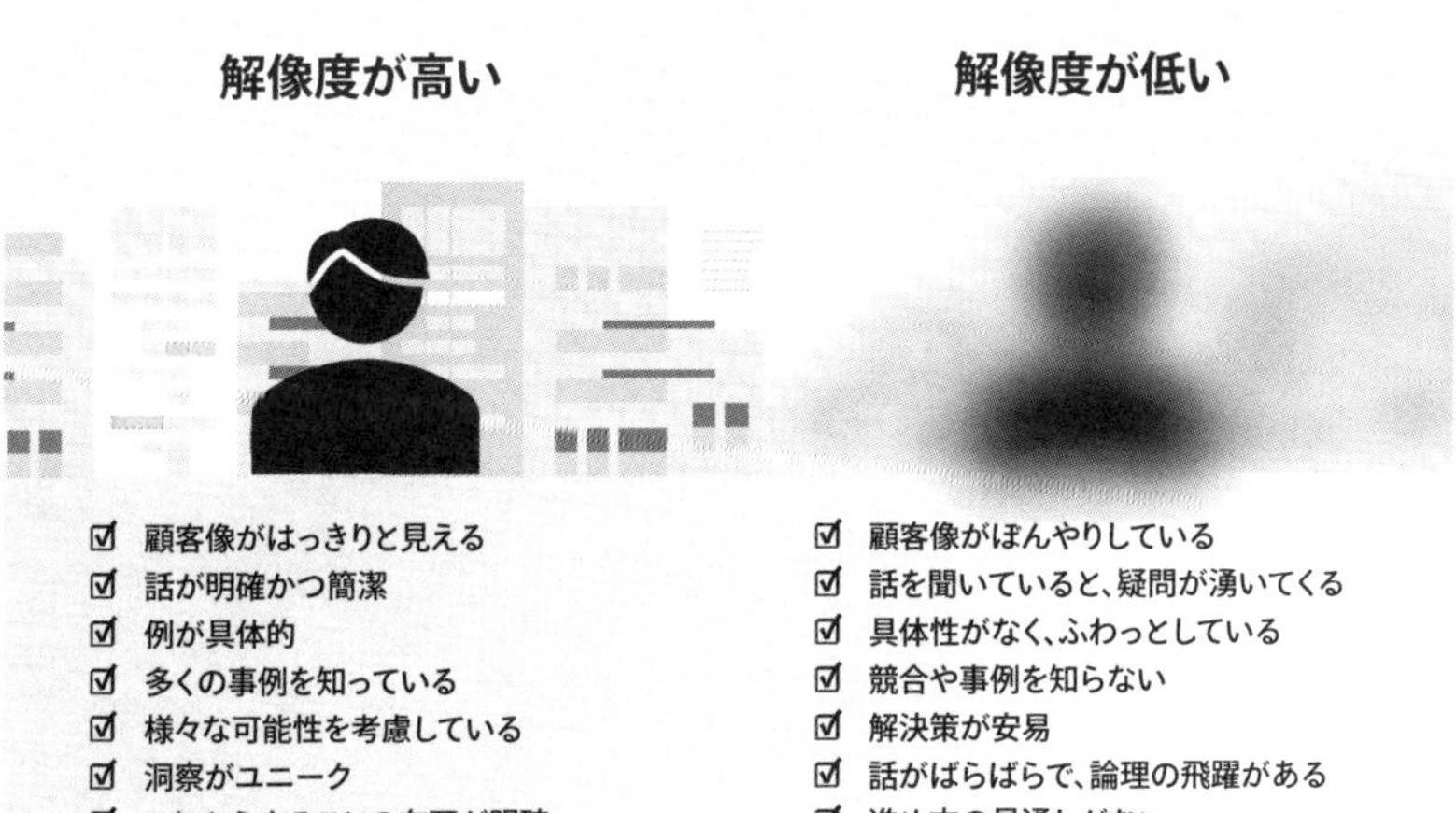
例が具体的
様々な可能性を考慮している
洞察がユニーク
これからやることの布石が明確
顧客像がぼんやりしている
具体性がなく、ふわっとしている
競合や事例を知らない
解決策が安易
進め方の見通しがない

のかも分かりません。そもそも本当に学生は十分な情報を持っていないのでしょうか。足りていないのだとしたら、どういった情報が足りていないのでしょうか。特にどんな学生が困っているのでしょうか。いったいどんなＡＩを作ろうとしているのでしょうか。こんな風に**疑問が次々と湧いてきます。**

詳細を知るために質問をしてみても、まだ解像度の低い起業志望者からは**具体的な答えが返ってきません。**質問に対する答えに微妙なずれがあって、要領を得なかったり、論理的な飛躍があったりするときもしばしばあります。解像度の高い人の話とは違い、課題に対する解決策であるはずの製品が、ほとんど解決につながっていなかったりもします。提示される情報がばらばらで、それぞれの情報のつながりや関連性が見えてくる感覚もありません。**構造化されていないので、理解が難しい**のも特徴として挙げられます。話を聞いていても、まるですりガラスの向こう側にいるような、粗い像しか見えてこないのです。技術的な面を聞いてみても、**具体的には何をつくるのか、どう進めるのか**も分からず、疑問は募るばかりです。

こうしたアイデアの相談を受けたとき、筆者は過去の優れた起業家の思考と行動の軌跡を思い出しながら、アドバイスをします。アドバイスを繰り返すなかで、解像度の高い起業家の思考と行動にはパターンがあることに気づき、それをまとめたのが本書です。実際、そのアドバイスの通り行動した起業志望者たちが、みるみると解像度を上げて、良いアイデアに辿り着いていくのを何度も見てきました。

何個も論理の飛躍がある

＝

課題と解決策の解像度が低い

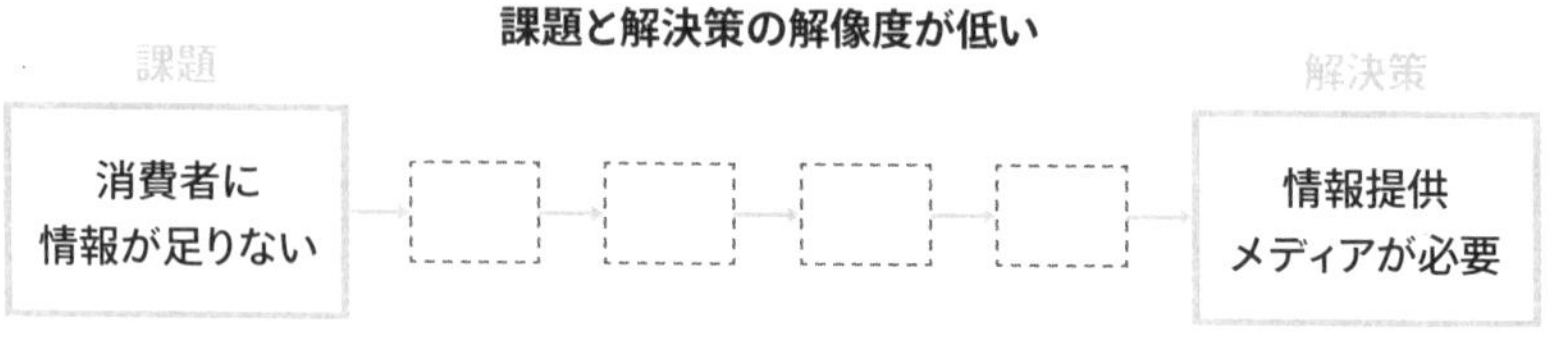

解像度が低いままビジネスをするのは、靄のなかで矢を射るようなもの起業家は解像度の高さが最も求められる仕事の一つです。誰もが見落としている隠れた重要な課題に気づき、それを解決する新しいビジネスを始める。そのためには、誰よりも高い解像度で物事を見て、事業機会を見つけなければなりません。また起業家はしばしばアイデアの方針転換をします。そのときには新しい事業領域についての解像度を素早く上げる必要もあります。仮にアイデアがうまくいって成功の兆しが見えたとしても、企業が成長するごとに、組織作りや資金調達など、これまで経験したことのない仕事は常に湧いてきます。そうした未経験の領域でも、短期間で解像度を上げなければならないのが起業家です。起業家だけではなく、**新規事業の担当者**にも似たことが言えるでしょう。これまで誰も挑戦していなかった社内外の様々な障害を高い解像度で見据えて、常に学び、進まなければならないからです。

起業家や新規事業担当者に限らずビジネスパーソンなら誰でも、解像度を上げる必要に日々迫られます。**製品やサービスを改善して売上を上げたり、業務の生産性を上げたりする**には、解決すれば大きな影響のある課題を特定しなくてはなりません。そのためには、現在携わっている顧客や業務の解像度を上げる必要があります。また、解決策を考えるには、高い解像度で最先端の技術や効果的な打ち手を把握していることも必要でしょう。そうして解像度を上げることで、「この数字を上げればビジネス全体が良くなる」といった勘所をおさえることができるようにもなります。「人材採用で、求める人材像をもっと精緻にしたい」「顧客サポートで、顧客の課題解決をもっと早めたい」というときも、求める人材や顧客の解像度を上げる必要があります。もしあなたがマネジャーなら、部下の仕事の解像度が上がるよう、解像度を上げるための適切なフィードバックをする場面もあるでしょう。

経営層であれば、不確実な環境のなかでも未来の解像度を上げて、経営方針や戦略といった仮説を作り、意思決定する必要があります。同時に、その意思決定の背景を高い解像度で、すべてのステークホルダーに伝えていくことが求められるでしょう。顧客や業界の解像度を上げておくことで、自社の根幹を揺るがすようなリスクにもいち早く気づき、対応することもできます。

このようにどんな仕事であっても、**解像度を上げることで現状への理解を深め、時には新しいビジネスや改善の機会を認識し、時には新たな脅威を見つけて、効果的に業務を遂行できる**ようになります。逆に、**解像度が低い状態で業務や意思決定をするのは、霧のかかった中で射るべき的が見えないまま、当てずっぽうに打ち手という矢を射るようなもの**です。ビジネスは人・物・金といった資源が不足しているのが常であり、矢をむやみやたらに撃つことはできません。だからこそ、射る前にしっかりと霧を晴らす、つまり実行や意思決定の前に、物事を高い解像度で見ることが重要なのです。

本書は、優れた起業家から見出した、解像度を上げる思考と行動のパターンを、起業家に限らないすべてのビジネスパーソンが使えるようにまとめています。基となったスライドは、スライド共有サイトSpeaker Deckでは18万回以上閲覧があり、2021年の中で最も読まれたスライドの一[1]つとなりました。おそらく多くのビジネスパーソンが今求めている内容に合致していたのでしょう。そのスライドを発展させてより詳細にした、解像度を上げるためのコツを、本書を通してお伝えできればと思います。

1 2021 - Most Viewed Decks（SpeakerDeck）での発表によるもの。閲覧数は 2022 年 10 月現在。
https://blog.speakerdeck.com/2021-most-viewed-presentations/
https://twitter.com/speakerdeck/status/1475998693941813249

はじめに　1

1
解像度を上げる4つの視点　15

解像度とは何か　16
解像度が高い人が持っている4つの視点　18
深さ　22
広さ　24
構造　28
時間　30
基本的には「深さ」が足りない　32

2
あなたの今の解像度を診断しよう　39

分からないところが、分かっているか　40
簡潔に話せるか、ユニークな洞察があるか――「構造」をチェックする　43

多面的に話せるか――「広さ」をチェックする　44
その話はどこまで具体的か――「深さ」をチェックする　46
道筋は見えているか――「時間」をチェックする　49
ツリーで可視化してチェックする　50
Column　世界を鮮やかに感じるための解像度　53

3　まず行動する・粘り強く取り組む・型を意識する　57

①　行動なくして、解像度は上がらない　58
②　粘り強く取り組む　68
③　型を意識する　70
上げるべきは、課題と解決策の解像度　74
本書の方法論の全体像　77
Column　どの程度の解像度が必要か？　80

4

課題の解像度を上げる——「深さ」 83

課題以上の価値は生まれない 85

良い課題の3条件 89

症状ではなく病因に注目する 97

深さのレベルを意識する 101

内化と外化を繰り返すことで深めていく 103

言語化して現状を把握する（外化） 106

サーベイをする（内化） 113

インタビューをする（内化） 124

現場に没入する（内化） 139

個に迫る（内化） 146

Why so?を繰り返して、事実から洞察を導く（外化） 150

習慣的に言語化する（外化） 157

言葉や概念、知識を増やす（内化と外化の精度を上げる） 162

コミュニティで深掘りを加速する（内化と外化の精度を上げる） 166

情報×行動×思考の量をこなす 170
Column 数字ばかりを追うリスク 173

5
課題の解像度を上げる——「広さ」「構造」「時間」 177
「広さ」の視点で、課題の解像度を上げる 179
「構造」の視点で、課題の解像度を上げる 205
「時間」の視点で、課題の解像度を上げる 250

6
解決策の解像度を上げる——「深さ」「広さ」「構造」「時間」 263
良い解決策の3条件 265
「深さ」の視点で、解決策の解像度を上げる 272
「広さ」の視点で、解決策の解像度を上げる 283
「構造」の視点で、解決策の解像度を上げる 292
「時間」の視点で、解決策の解像度を上げる 317

7 実験して検証する

実験して検証する 329
解像度を上げた後の課題と解決策も、あくまで仮説 330
MVPを作り、スケールしないことをする 332
身銭を切ってもらって、課題の大きさを検証する 336
システムに働きかけて試す 338
粘り強く改善し続ける 339
行動することで機会を生む 340

8 未来の解像度を上げる

未来の解像度を上げる 343
課題とは理想と現状のギャップ 344
未来を描くために必要な「分析」と「意思」 346
将来世代の視座に立って「あるべき姿」を考える 349
宇宙の視座に立って、人類の課題を考える 352
誰かに取り組んでほしい大きな課題に取り組み、未来を受け継ぐ 354
未来に向けて行動をはじめて、粘り強く考え続ける 356

Column　あなたやチームの未来の解像度を上げる　360
終わりに　363
付録：解像度を上げる型一覧　369

1

解像度を上げる4つの視点

解像度とは何か

あらためて「解像度」という言葉について考えてみましょう。解像度という言葉は、印刷やパソコンのディスプレイ、画像などに用いられる言葉です。ウェブサイトやディスプレイなどでは画素（ピクセル）数のことを指し、印刷の場合は１インチあたりのドット数の密度のことを指します。

たとえばディスプレイの場合、Ｆｕｌｌ ＨＤ（１０８０ｐ）の解像度は横縦それぞれが１９２０×１０８０、合計約２０７万の画素数で構成されます。この一つ一つの画素が発色して、画像を表示します。近年普及し始めている４Ｋテレビの解像度は２１６０ｐとも呼ばれ、３８４０×２１６０で合計約８２９万画素になります。８Ｋになるとさらに増えて、約３３１８万画素です。ディスプレイの場合、一定の面積あたりの画素数が多くなればなるほど、つまり画素の密度が高くなればなるほど、高精細な画像が表示可能になります。

ディスプレイ上の画像は、一つ一つの画素が発色して表示されています。たとえば、縦横２×２の４つの画素という極端な低解像度の場合は、もともと表示したかった画像の大雑把な色の配置しか表示されませんが、縦横１０００×１０００の合計１００万画素を使って画像を表示すれば、かなり高精細に元の画像を見ることができるでしょう。下図のような単純な形であっても、縦横が10×10の１００画素で表示されたハートマークと、縦横20×20の４００画素で表示さ

10×10 ピクセルの解像度でのハートマーク

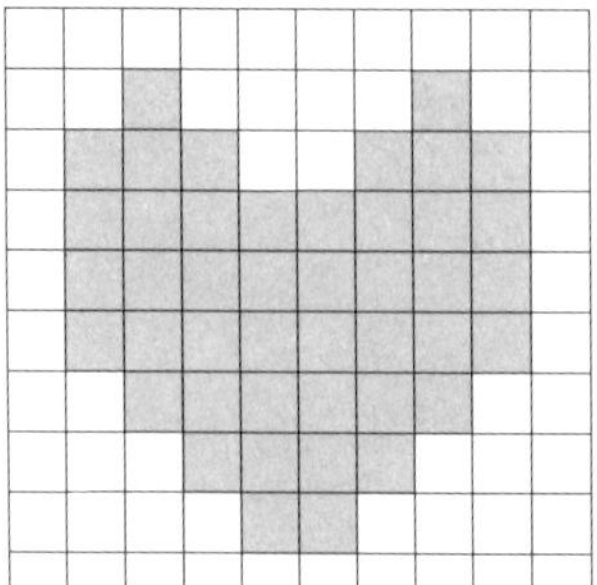

20×20 ピクセルの解像度でのハートマーク

れたハートマークとでは、ハートの形の精細さは明らかに異なっています。

解像度の低い『最後の晩餐』の画像と、解像度の高い画像を比べてみましょう。右の画像はぼんやりとしか見えず何が描かれているか分かりませんが、左の画像であればキリストたちが描かれていることが分かります。はっきりと見えるほうが、解像度が高い画像です。

もともとはこうした意味を持つ解像度という言葉が、昨今ビジネスでも使われるようになりました。「解像度が高い」「解像度が低い」「解像度が足りない」という風に使われ、文脈的には、**物事への理解度や、物事を表現するときの精細さ、思考の明晰さ**を、画像の粗さや精細さのビジュアルイメージを想起させながら示す言葉として用いられるようです。

たとえば、解像度が低いと言われる状態として、以下のようなものがあります。

物事への理解が足りていないように見える。
議論がふわっとしていて地に足が着いていない。
具体的な数字などを挙げられず、説得力が弱い。
抽象論だけで、具体例が挙げられない。

一方、解像度が高いというのは、冒頭で紹介した起業家の例のように、議論や思考も明晰で、顧客や市場の理解も深い状態です。

もともとは別の意味を持つ言葉が転用されるということは、「何かを伝えたい、けれど既存の言葉ではうまく言い表せない」というもどかしさがあり、何とかそのニュアンスを表現しようとしているからではないかと思います。そうであれば、解像度という言葉で表現したいことの内実を探り、整理することで、より有用な概念となるはずです。

そこで本章では「解像度という言葉が指し示すもの」の解像度、つまり解像度という言葉の解像度を、これから皆さんと上げていきたいと思います。

解像度が高い人が持っている4つの視点

解像度が高いとはどういうことか、もう少し詳しく見ていきましょう。

「健康になりたい」という人にアドバイスする場合を例にとって考えてみます。様々な選択肢が思い浮かびます。食事制限かもしれませんし、運動かもしれません。すでに病気にかかっていれば、治療が必要かもしれません。「健康になりたい」というのはあまりにも漠然とした要望のため、答えに窮します。そこでまずはその人に質問をして、現状把握することが必要でしょう。

話しているうちに、どうやらその人の言う「健康になりたい」というのは、「筋肉を付けたい」という要望であり、さらに「上腕二頭筋と上腕三頭筋を鍛えたい」ということが分かってきたとします。すると「そのためにはこの筋トレ」「筋トレと一緒にこのプロテインを飲む」「休息を2日間ちゃんと取る」「最初はこのトレーニングから始めて、1か月後には発展的なトレーニングを試してみる」「もし1つ選ぶなら、この筋トレをするべき」と提案しやすくなるでしょう。

このように**相手の持つ課題を、時間軸を考慮に入れながら、深く、広く、構造的に捉えて、その課題に最も効果的な解決策を提供できていることが、解像度が高い状態**です。

ビジネスの現場でも同様です。たとえば、人材採用では、「コミュニケーション能力が高い人が欲しい」という漠然とした求人を出すよりも、「現場で顧客のニーズを直接聞きながら、システムの要件をまとめられる人が欲しい」とするほうが、より最適な人材からの応募が期待できます。「自社が欲しい人材」や「コミュニケーション能力」というものを要素分解して、どこが重要かを提示できているのは、必要とする人材像や、そもそもなぜその人材が必要なのかという自社の課題の解像度が高いからこそです。

逆に解像度が低い例を挙げてみましょう。「教育が問題だ」という主張はよく耳にします。しかし、これだけでは、教育システム全体を直せば良いのか、教科書を改善すれば良いのか、どういう解決策を取ればよいのか分からず、行動に移すことができません。「教育」という言葉の要素分解が不十分なために、解像度が低い、ぼんやりとした主張だと言えます。この主張をもとに対策などを考えてしまうと、ぼんやりとした中で意思決定をしなければならなくなり、的を射た対策はできなくなるでしょう。

筆者は優れた起業家と接するなかで、解像度の高さに何度も舌を巻いてきました。その解像度の高さが何によって構成されているかを考えたときに見えてきたのが、**「深さ」「広さ」「構造」「時間」の4つの視点**です。先ほどの筋トレの例のように

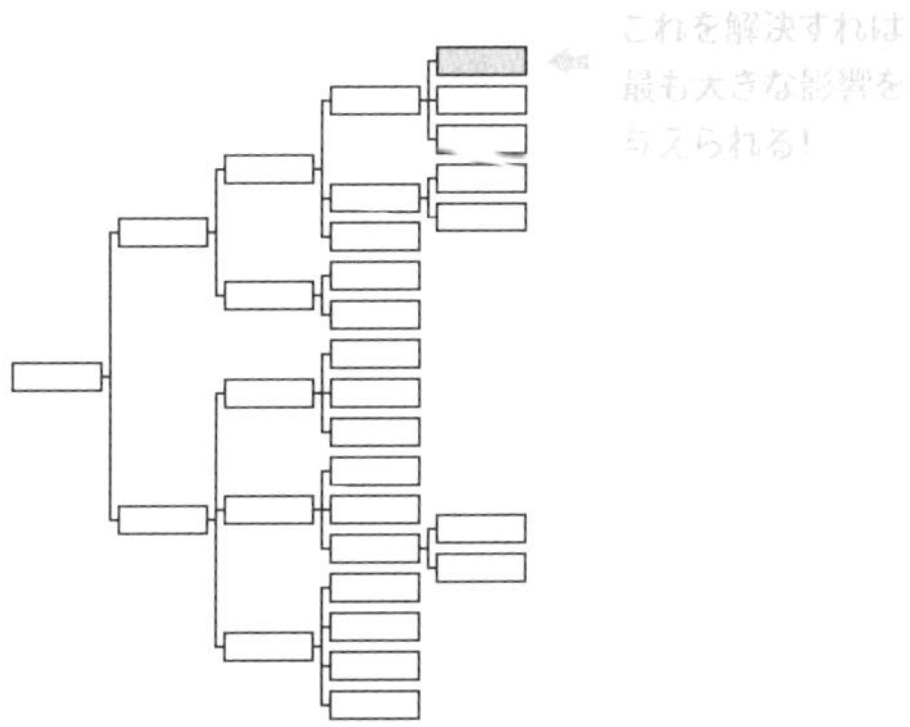
これを解決すれば
最も大きな影響を
与えられる!

「一つの事象を、**深く**、**広く**要素分解したうえで**構造化**し、その中でも特に重要なポイントが特定できている。さらに**時間**の影響も考慮している」のです。

深さの視点とは、**原因や要因、方法を細かく具体的に掘り下げる**ことです。先ほどの例で言えば、筋肉の大まかな位置だけではなく、種類まできちんと特定できていて、それぞれがどのような特徴を持つのかまで把握できている状態です。

広さの視点とは、**考慮する原因や要因、アプローチの多様性を確保する**ことです。先ほどの例で言えば、単に筋トレを提案するだけではなく、食事や休息へのアドバイスも含まれています。それ以外にも、トレーニングを補助するトレーニングギアの選定といった、直接的にトレーニングに関わること以外の要素も含んだ広い視点で検討することもできるでしょう。

構造の視点とは、**「深さ」や「広さ」の視点で見えてきた要素を、意味のある形で分け、要素間の関係性やそれぞれの相対的な重要性を把握する**ことです。筋肉量を増やすという目的に対して、どのような要素が関係しているか、そのつながりの強弱も把握できていることが、構造の把握

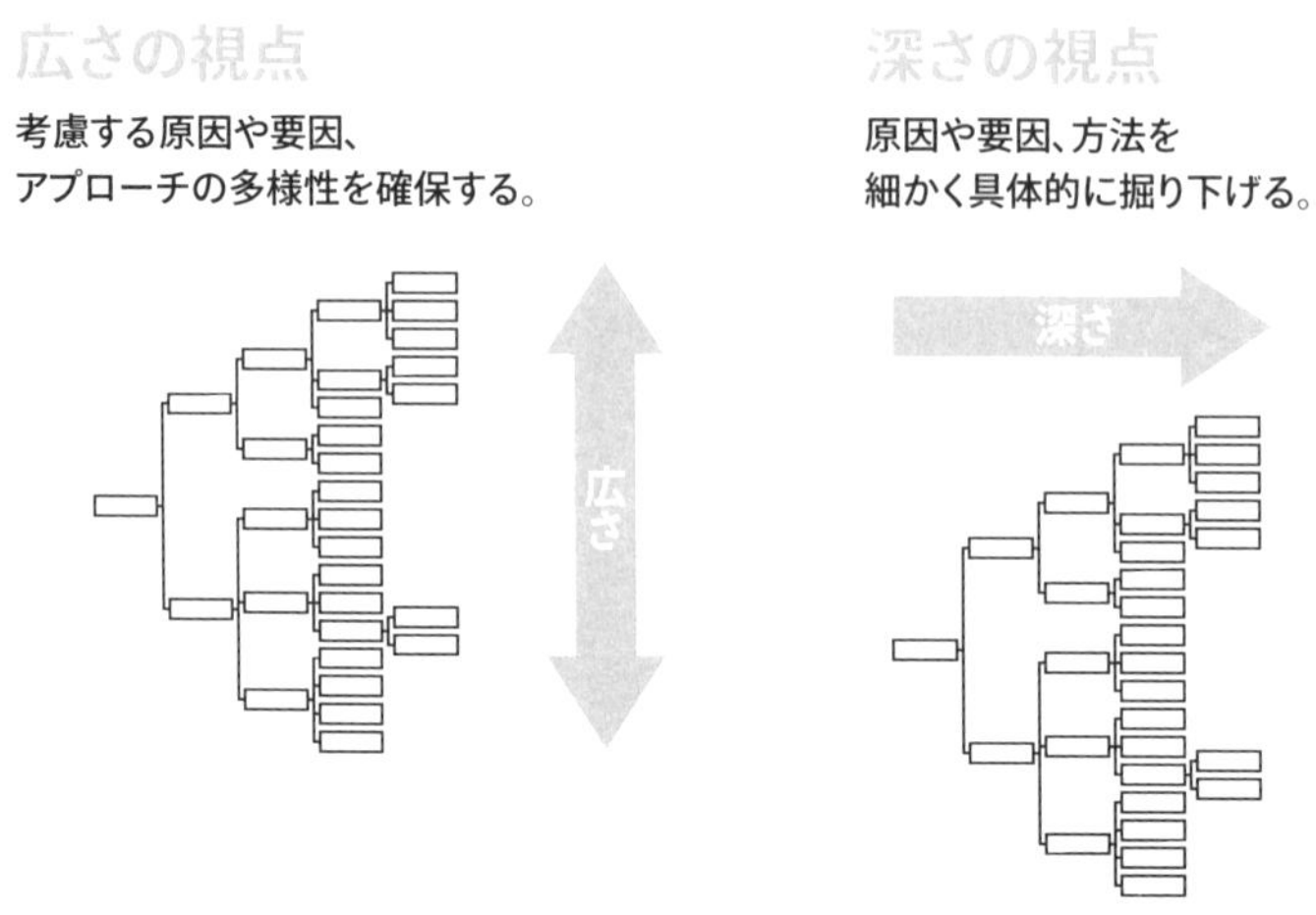
深さの視点
原因や要因、方法を
細かく具体的に掘り下げる。
深さ
広さの視点
考慮する原因や要因、
アプローチの多様性を確保する。
広さ

です。なかには、確かに少しは効果があるけれど、それほど大きな効果はないトレーニングメニューもあります。トレーニングの習慣がついていない初心者には、細かくメニューを用意するよりも、「とにかくこの一つをやってみよう」という提案のほうが良いこともあるでしょう。様々な選択肢を認識したうえで、状況や課題に応じて提案からあえて省けるかどうかが、構造を把握できていることの一つの指標となります。

時間の視点とは、**経時変化や因果関係、物事のプロセスや流れを捉える**ことです。筋肉がまだついていない時期はどういったトレーニングメニューが良く、徐々についてきたときにはどのトレーニングが良いかなど、時間的な変化やプロセスを考えながらメニューを提案できるかは、時間軸を意識できているかどうかに関係してきます。

このように4つの視点で整理することで、「解像度を上げよう」と誰かに伝えるときにも、「深さ、広さ、構造、時間の中のどの視点に注目すべきか」を整理して伝えられるようになり、より具体的な行動につながるアドバイスができるようになります。

本書では、この4つの視点を用いて、解像度を上げる方法を詳しく見ていきますが、まずは「深さ」「広さ」「構造」「時間」という視点自体をもう少し掘り下げてみましょう。

時間の視点

**経時変化や因果関係、
物事のプロセスや流れを捉える。**

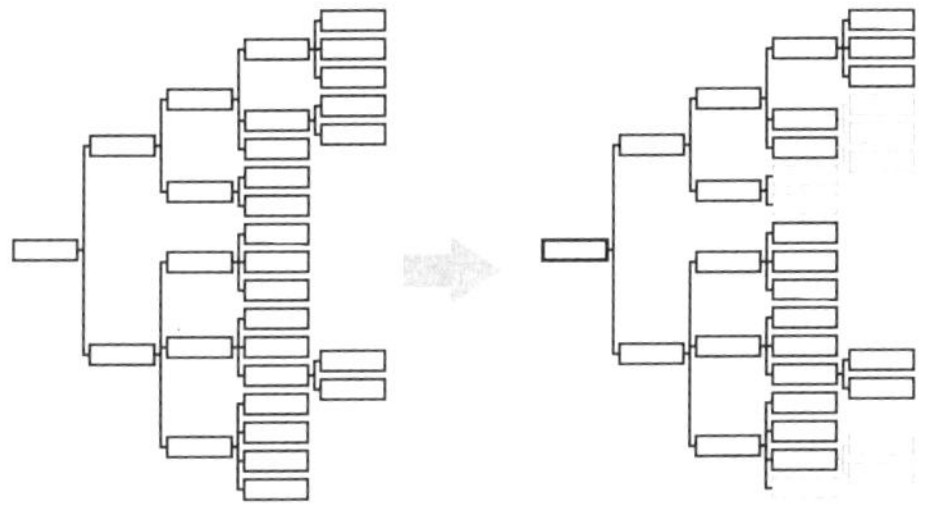

構造の視点

**「深さ」や「広さ」の視点で見えてきた要素を、
意味のある形で分け、要素間の関係性や
それぞれの相対的な重要性を把握する。**

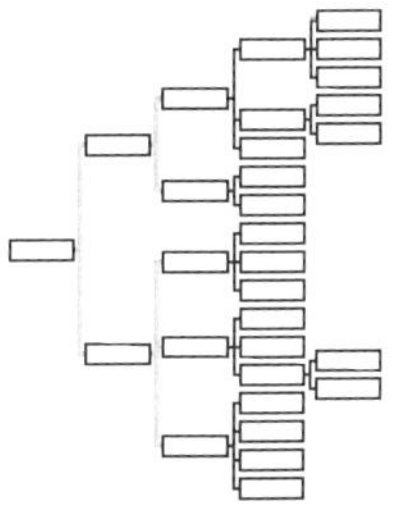

深さ

原因や要因、方法を細かく具体的に掘り下げる。

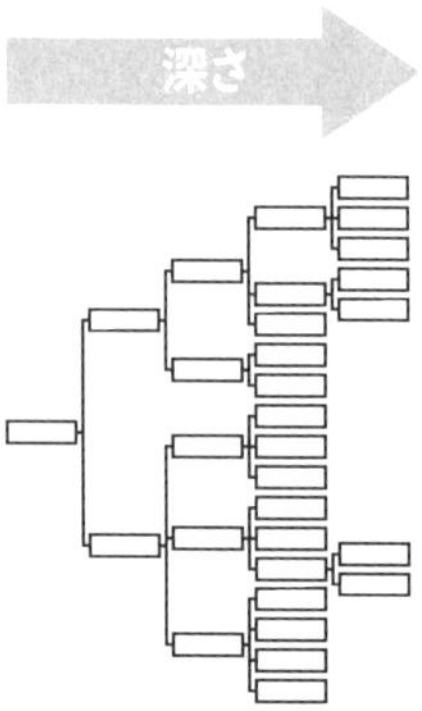

皆さんが美味しい料理を食べたとしましょう。そのとき解像度が低ければ、単に「美味しい料理」としてしか認識できないかもしれません。しかしもし皆さんが料理人であれば、どういった料理名で、どういった素材が組み合わされているかを、見た目や味から判別できるでしょう。魚が使われているのであれば、こういった魚で、この時期ならこの産地のものだから質が良く、その中でも特にこの部位が使われていて、それをこう調理したからこの味になったのかもしれない……といった細かな部分まで把握することができるかもしれません。こうして現場での経験や生の情報をもとに物事を細分化して、美味しさの原因を深く潜って言い当てることができる人は、**深さ**の視点を持っている人です。

深さがなければ、課題を考えるときも何が根本的な問題であるかが分かりません。たとえば「売上が下がっている」という課題を考えるときには、顧客数が減っているのか、単価が下がっているのか、顧客あたりの購入頻度が下がっているのか、などの課題の原因の深掘りが必要です。つまり、見えているものの奥にある原因や可能性を深く掘り下げて把握することで、解像度を上げることができるのです。

高熱が出て、不安な状態で病院に行くことを想像してみてください。医師による簡単な問診の結果、「体温が高いので、解熱剤を出しておきますね」と解熱剤を処方されました。そのときは解熱剤で何とか症状が治まったものの、1か月後また熱が出たとします。今度は前回とは違い、かなりの腹痛もありました。最近食べた鶏肉の火の入り方が少し甘かったのかもしれません。そこであらためて同じ医師を訪ね、そのことを話すと「体温が高いので、解熱剤を出しておきますね」と再び解熱剤を処方されたら、どう思うでしょうか。前回とは違い腹痛があるのに、高熱という症状だけで判断しているこの医師は、真の病因を把握しようとしていないと思うのではないでしょうか。前回は単なる風邪だったのかもしれませんが、今回は鶏肉にあたったのかもしれませんし、まったく別の原因である盲腸などかもしれません。

深さの視点を持った医師であれば、発熱という症状の確認をするだけではなく、多角的かつ詳細に質問をして真の原因を探ろうとします。場合によっては、血液検査や便検査などを行って、細かく具体的に発熱の原因を探り、前回と原因が異なると分かれば、異なる対処をするでしょう。

先ほどの「売上が下がっている」というビジネスの課題でも、「売上が下がった理由は営業訪問回数が少ないからに違いない。営業訪問回数を増やせ」と決めつける人よりも、データを用いながら「売上が下がった理由は、類似商品を売る競合が受注を増やし、獲得顧客数が減ったからだ。その理由は競合が大幅な値引きをしているからで、競合は他商品とのセット購入を見越して大幅な値引きをしているようだ。その値引きに対抗するための対策を打つ必要がある」と話をする人のほうが高い解像度で課題を理解できていると言えます。

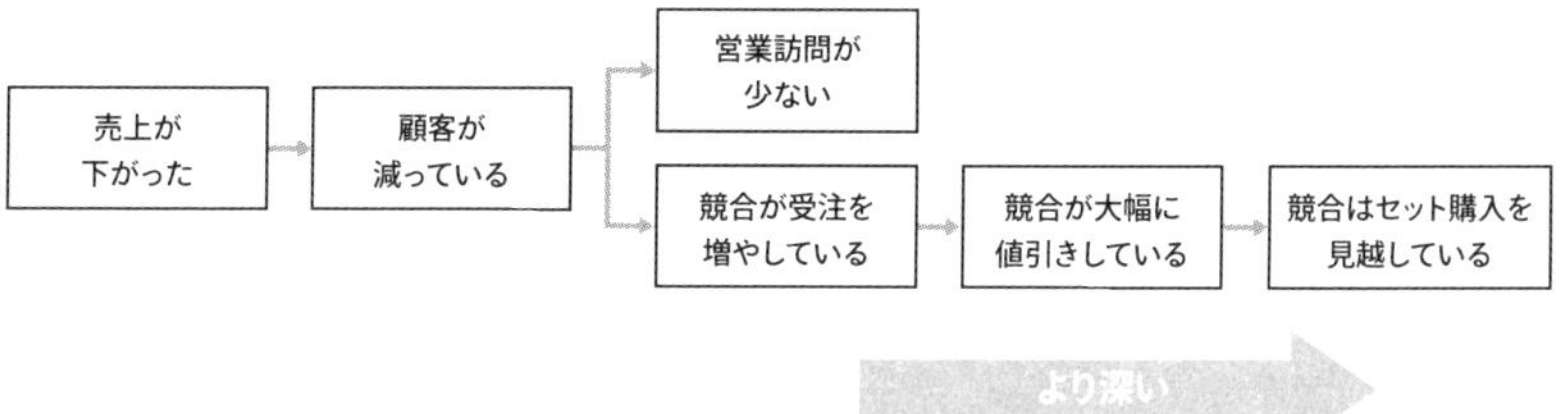

広さ

**考慮する原因や要因、
アプローチの多様性を確保する。**

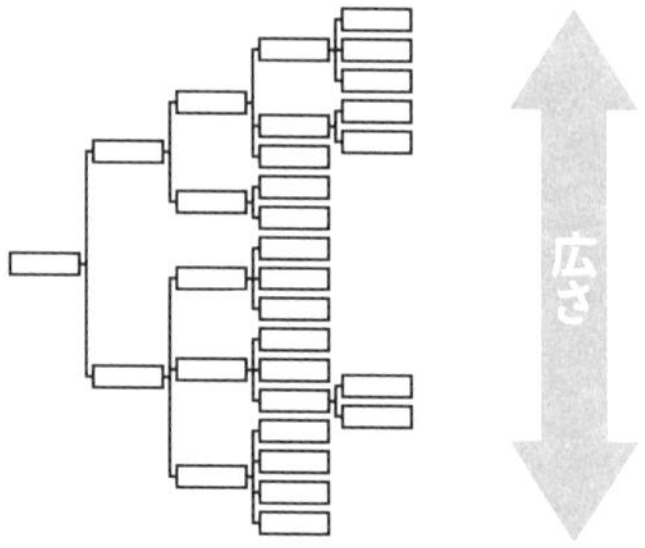

この章の冒頭で『最後の晩餐』の例を挙げましたが、正方形の絵であることに違和感を持った方もいらっしゃるのではないかと思います。実はこの切り取りによって、最初の画像ではこの絵の中で重要な「ユダ」が見切れてしまっています。これでは絵の意味を解釈するのが難しいでしょう。このように、全体の一部だけがよく見えるのでは不十分です。**広さ**の視点が十分でなければ、解像度が高いとは言えません。

料理の例で言えば、飲食店を紹介するメディアの記者は、料理人ほど素材や調理法について深く知らないかもしれませんが、多くの店で食べており、料理の種類を多く知っているでしょう。なぜその料理が美味しいかについて、それぞれの店の料理の特徴と比較して把握できるかもしれません。こうした様々な物事を広く知っていて、美味しさを位置付けることができる人は、解像度の高い人です。

ビジネス上の課題を考えるときにも、**広く原因を把握し、異なるアプローチや視点を幅広く検討することで、もともと考えていたのとは別のところにある原因や可能性に気づくことができます。**

たとえば皆さんが醤油メーカーに勤めており、「もっと醤油を美味しくしなければならない」という課題があったとしましょう。大豆の質が悪いのかもしれませんし、発酵が不十分なのかもしれません。

広さが足りない

周辺の解像度が低い

広さも深さも十分＝解像度が高い

そうした醤油自体の質から、課題の原因を深掘りしていくことが通常でしょう。

しかし、もっと広い視野で検討できないでしょうか。

食事の傾向が変わったり、少人数世帯が増えて、そもそも醤油を使うシーンが減ってきたことに気づく人もいるでしょう。醤油の利用頻度が下がるにつれて、醤油が長く空気にさらされるようになり、従来よりも酸化して鮮度が低い状態で利用されることが増えた、ということもあるかもしれません。

そうして考えていくうちに、「醤油の美味しさ」には醤油そのものの美味しさ以外に、酸化が関わっているのだと、より広く別の原因に目を向けることができたら、「酸化しづらい醤油ボトルにすればよいのでは」という新たな解決策に気づけるかもしれません。[1]

多くの場合、数十年その領域で活躍してきた企業や専門家は、すでに十分な深さの視点を身に付けています。そうしたときには、視野を広げることに資源を振り向けることで、解像度をさらに上げることができるでしょう。

新規事業やスタートアップの場合も、十分な視野の広さがなければ本当の課題に気づくことができません。解決策も幅広く検討できなければ、課題を解決する有効な手立てを思いつくことはないでしょう。解像度を上げていくためには、深く潜っていくだけではなく、広く物事を見ていくことも重要なのです。

1 実際に2009年にヤマサ醤油が、2010年にキッコーマンが、酸化という原因に着目し酸化防止容器を導入、ヒット商品となっています。

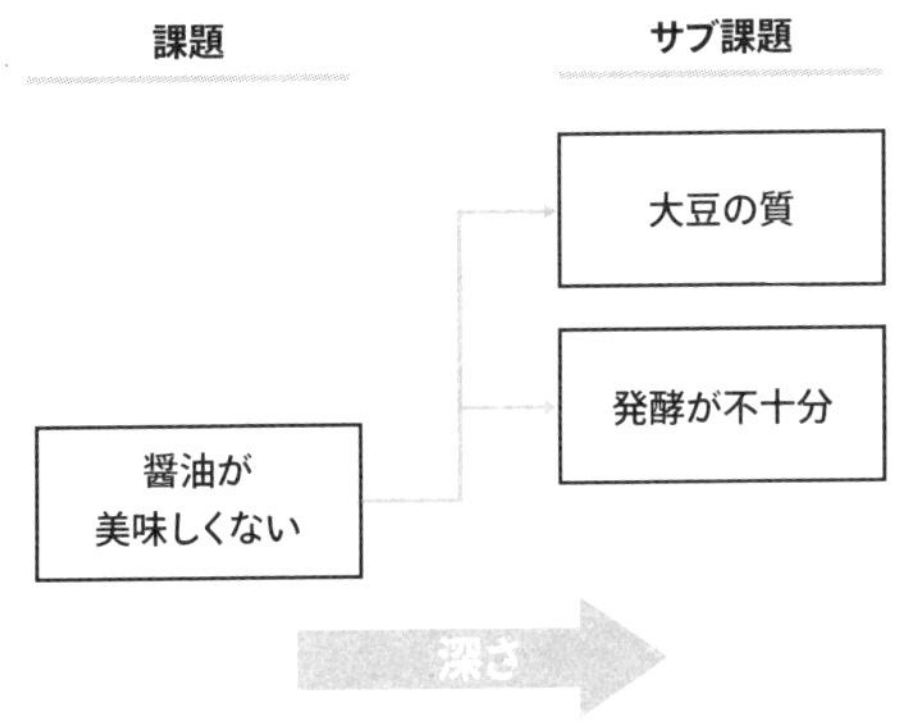
課題
サブ課題
大豆の質
発酵が不十分
醤油が
美味しくない
深さ

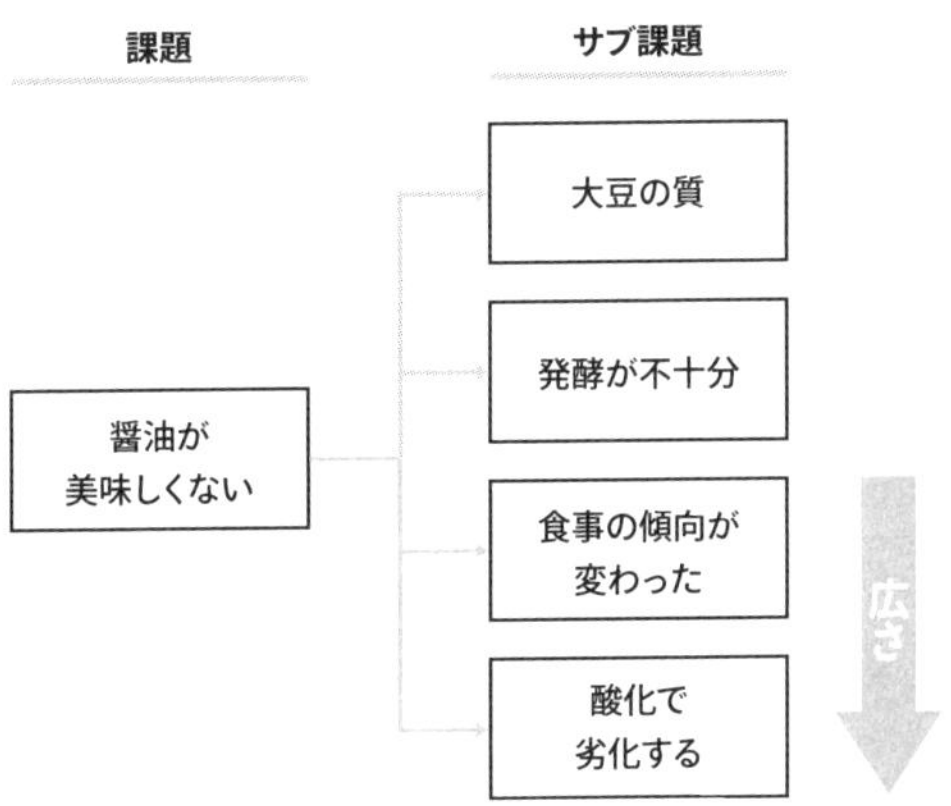
課題
サブ課題
大豆の質
発酵が不十分
醤油が
美味しくない
食事の傾向が
変わった
酸化で
劣化する
広さ

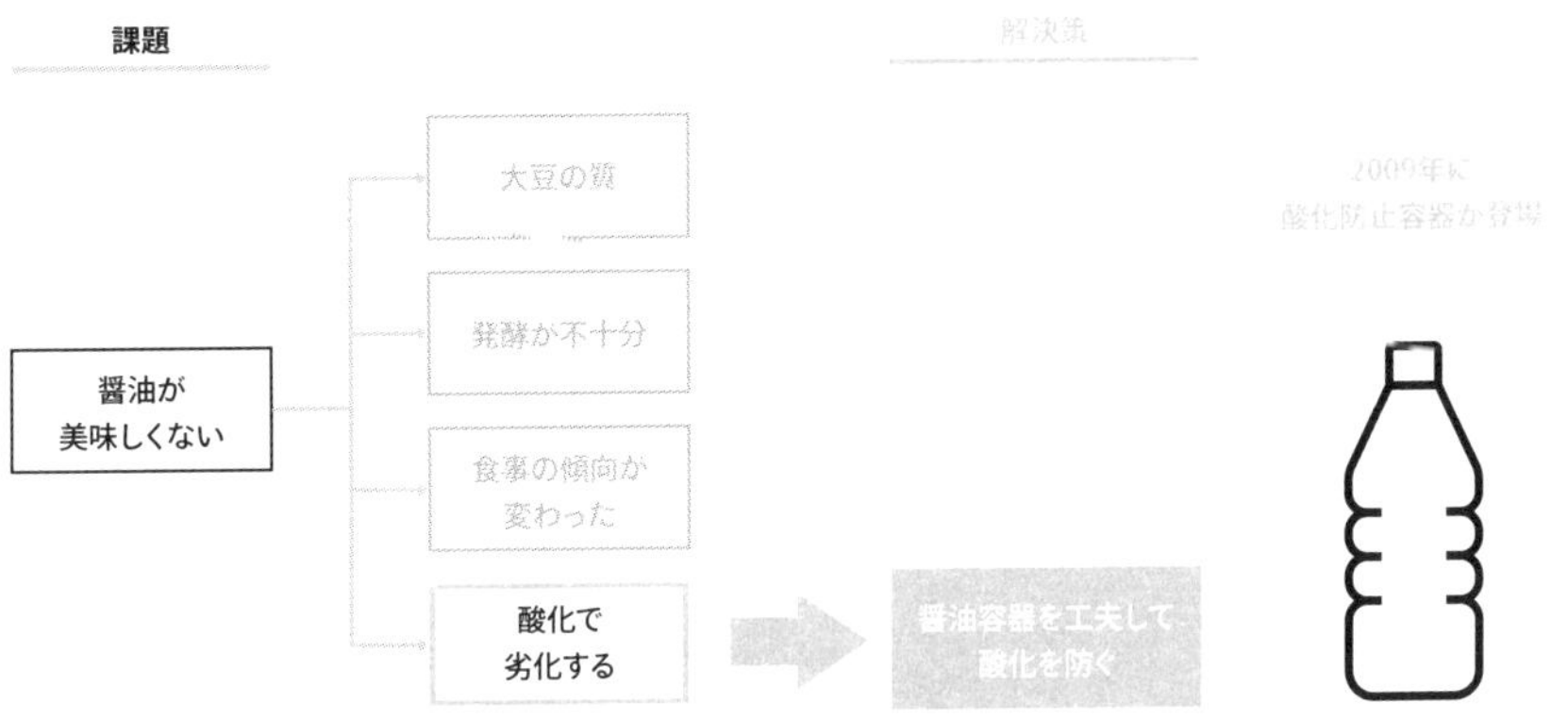
課題
解決策
大豆の質
発酵が不十分
醤油が
美味しくない
食事の傾向が
変わった
酸化で
劣化する
醤油容器を工夫して
酸化を防ぐ
2009年に
酸化防止容器が登場

構造

「深さ」や「広さ」の視点で見えてきた要素を、意味のある形で分け、要素間の関係性やそれぞれの相対的な重要性を把握する。

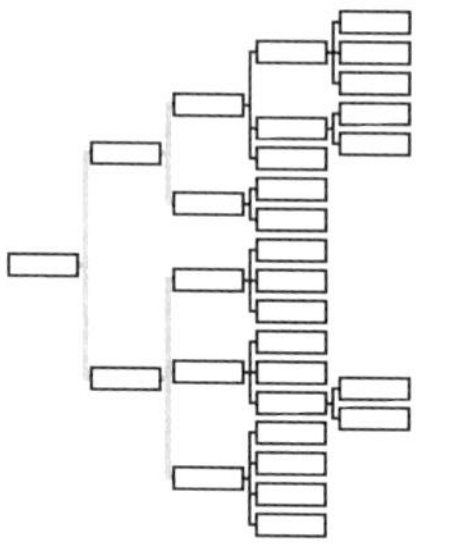

物事の原因や要因、方法を深く、そして様々な領域にわたって広く検討できていたとしても、それらの要素が適切に構造化されていなければ、単なる知識の羅列になってしまいます。構造を把握することで、私たちは要素間の関係性や、相対的な重要性を理解することができます。物事を**構造化して把握する**ことは、解像度を上げるうえで不可欠です。

たとえば、知り合いの飲食店のオーナーから、最近売上が減った原因を調べてほしいと依頼されて、生の売上データの羅列を渡されたとします。数千行にわたるデータを上から順に見ていくだけでは、原因は見つかりそうにありません。その場合、まずは売上のデータを構造化して理解しようと思うはずです。売上を顧客単価×顧客数に分解し、顧客単価をさらに食事と飲料に分け、さらに食事はコースとアラカルト、飲料はアルコールとノンアルコールなど細かく分けていけば、どういった種類の品目の売上が下がっているのかを把握することができます。顧客数については、来店頻度別に分けて、新規、2~3度目、4度目以上のリピーター顧客のそれぞれの割合を見て、どういった人たちの来店頻度が下がっているのかを分析することもできるでしょう。こうして売上を構造的に把握することで、「売上が下がった原因は、新規顧客数がこの数か月激減していることだ」といった課題の根本的な原因を突き止めることができるのです。

新規事業をはじめるうえで先行事例を集めるときも、成功事例や失敗事例を多く、しかも深く知っていたとしても、単に各事例を把握しているだけであれば、解像度が高いとは言えないでしょう。それぞれの事例の**共通する部分はどこで、違いは何なのか、どういった関係性にあり、その中でも最も重要なのはどれで、それはなぜなのか**を理解していなければ、それらの事例から新しい洞察を導くことはできず、単なる蘊蓄に終わってしまいます。

課題を理解するうえで、集めた要素を構造的に整理できるかどうかはとても重要です。さらに解決策を提案するうえでも、構造化されているかどうかで、説得力は随分と異なります。

たとえば「人類を幸せにするためにドラえもんを作る」という技術者がいたとしましょう。これはなんとなく正しいように見えますが、「人類を幸せにする」と「ドラえもんを作る」の間には、大きなギャップがあります。仮に技術的にドラえもんを作ることができたとしても、ドラえもんのどういった要素が人類の幸せにつながるのか、この説明だけでは不明だからです。ドラえもんの持つひみつ道具が幸せにつながるのか、ドラえもんとの冒険が幸せにつながるのか、それとも傍に寄り添ってくれることが幸せにつながるのか、幸せとドラえもんを結びつける解決策の構造が整っていない状態だと言えます。深く広く検討した要素を構造化してこそ、解像度は上がるのです。

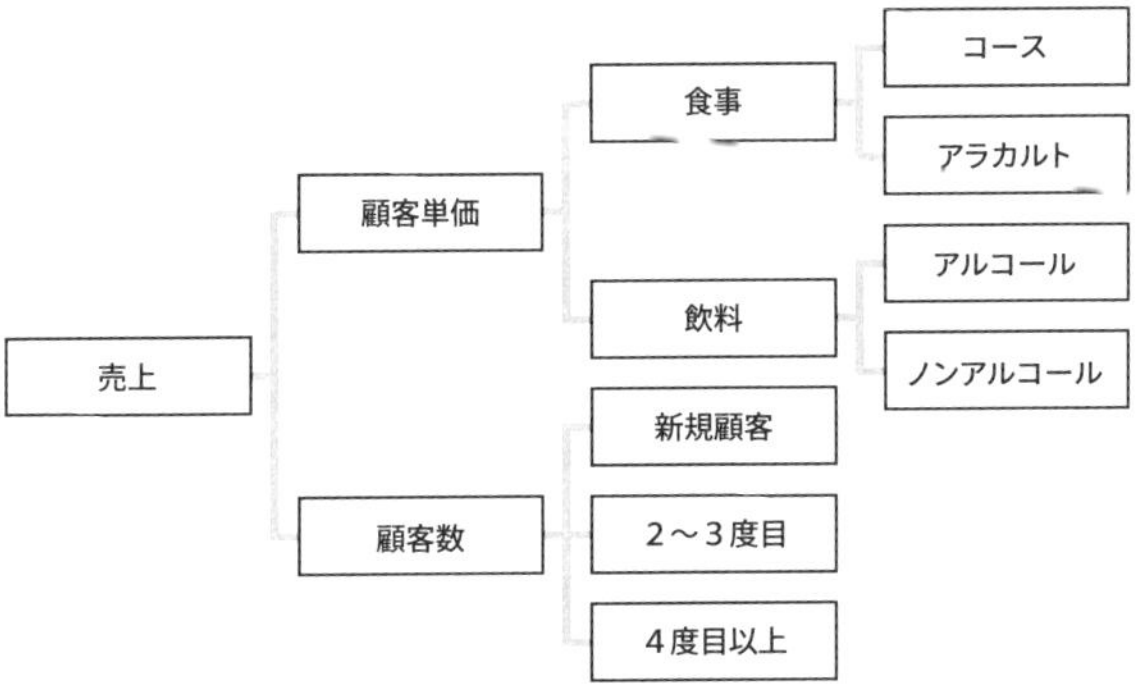

経時変化や因果関係、
物事のプロセスや流れを捉える。

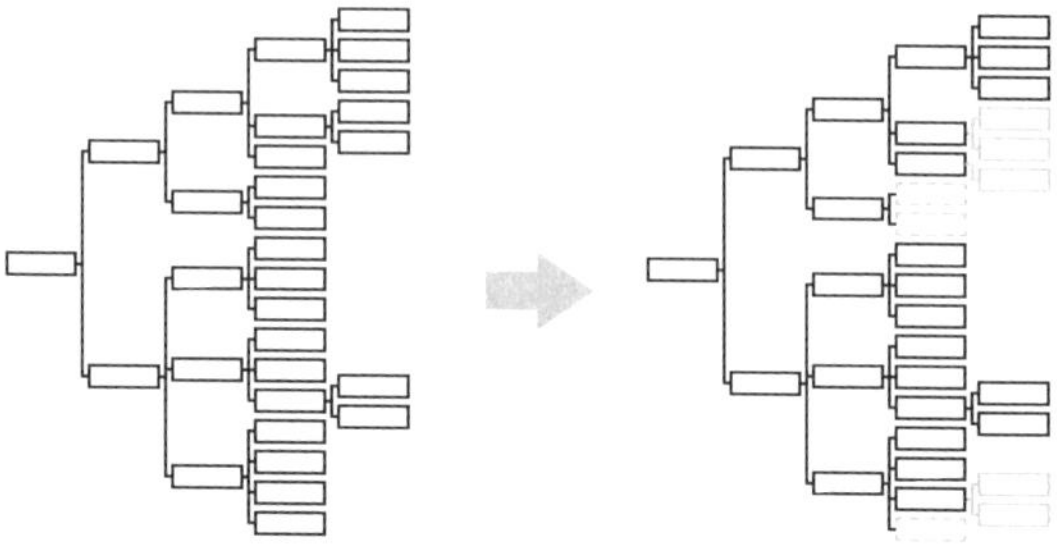

料理の素材は時間と共に味が変わっていきます。果物をあまりに早く摘んでしまうと甘味が足りず、美味しくはありません。でも長く放置してしまうと腐ってしまいます。食肉は、あえて時間をおいた熟成肉が美味しいというときもあります。このように、素材について高い解像度で知っているというのは、一時点における素材の美味しさを知っているというだけではありません。時間経過とともにその味がどう変わっていくかを知っていることも、重要な要素です。

「深さ」「広さ」「構造」では空間をメタファーに解像度を見てきました。言い換えれば、一時点での物事の解像度を上げるための視点でした。しかし忘れてはならないのは、**私たちの世界には時間が常に流れており、解像度を上げる対象となる世界は変わり続け、深さ、広さ、構造は常に時間とともに変わっていく**ということです。

ビジネスは常に時間との闘いです。少し時間が進めば、以前とは異なる課題が生まれてくるかもしれません。たとえば先ほど挙げた、飲食店の売上構造で言えば、新規顧客数の減少を課題として特定し、解決策として新規顧客優遇の施策を打ったところ、今度は新規顧客が増えすぎて、常連客が減ってしまった、なんてこともありえます。**時間が過ぎると顧客の行動は変わり、市場も刻一刻と変わります。**ビジネス上の課題は動く的（ムービングターゲット）なのです。

一時点での物事の深さや広さ、構造をうまく把握できたとしても、その動く的の行き先を適切に予測できていなければ、目標が動いてしまって「分析の時点では正しかったのに、行動をし始めたときにはすでに間違っていた」ということもありえます。

さらに、競合が突然、有効な施策を打ってきて、市場環境が変わることもあるでしょう。自分たちのビジネス活動も市場に影響を与えます。「新規顧客向けに自分たちが値下げをすれば、相手も値下げをしてくるだろうから、そのために事前に長期契約を前提にした値下げキャンペーンにしよう」といったように、打ち手を考えるときにも、時間のことを考慮に入れる必要があります。こうした時間による変化をきちんとおさえられていないと、解像度が高いとは言えません。

ここまで「深さ」「広さ」「構造」「時間」という、解像度を上げる

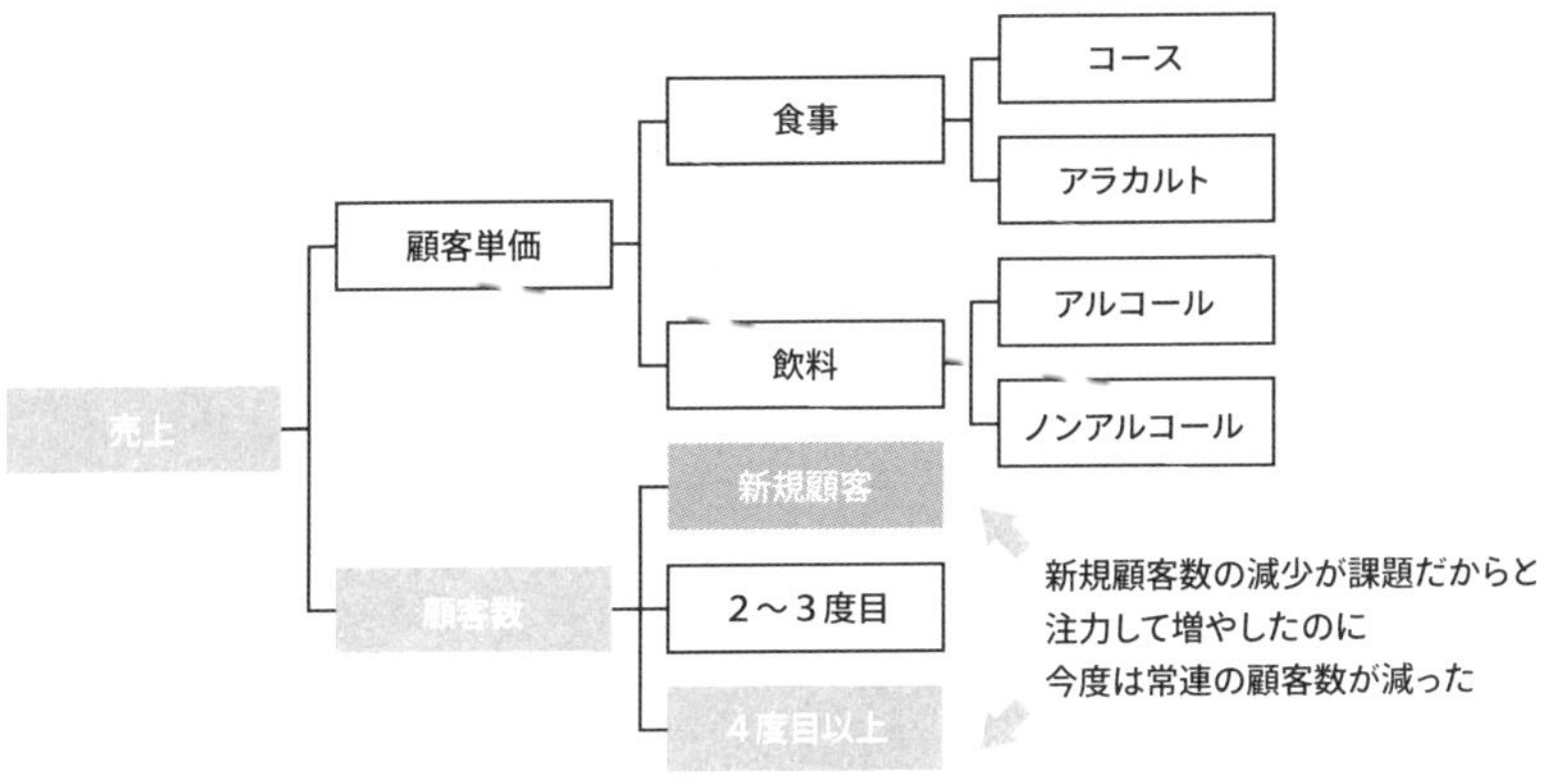

ための4つの視点についてお話ししてきました。

あらためてディスプレイの解像度で考えると、**深さは一つ一つの画素の色の鮮やかさ**、**広さは全体の画素数**と考えられます。画素が鮮やかで多くても、乱雑に配置されていれば、ディスプレイの表示は無茶苦茶になってしまうので、**画素の適切な構造化**も大事です。さらにそこに時間軸を入れることで、**表示が時間とともに移り変わり、静止画ではなく動画**も表現することができます。

基本的には「深さ」が足りない

「深さ」「広さ」「構造」「時間」は、どれか一つに、集中的に取り組めばよいわけではありません。4つが相互に影響しあって、解像度は上がっていきます。

現場に何度も足を運んで、「深さ」を考えるための情報をたくさん得たとします。しかし一定以上深めていこうとすると、現場で起こっている現象の「構造」を分析する必要が出てきます。物事を多く知っていて、十分な視野の「広さ」を持っている場合でも、どの部分を深めていくかの判断をするときには、「構造」や「時間」の分析が必要になります。一方で「構造」の分析だけをして、情報を綺麗にまとめているだけでは、一定以上の「深さ」や「広さ」には辿り着けません。「深さ」「広さ」「構造」「時間」のどれかが足りずアンバランスだと、解像度は上がらないということです。

こうしたアンバランスの中で最もよくあるのは、深さが足りないパターンです。そこでまずは**「深さ」から始める**ことをおすすめします。起業家を目指す方の中でもよく見られたのは、深さの

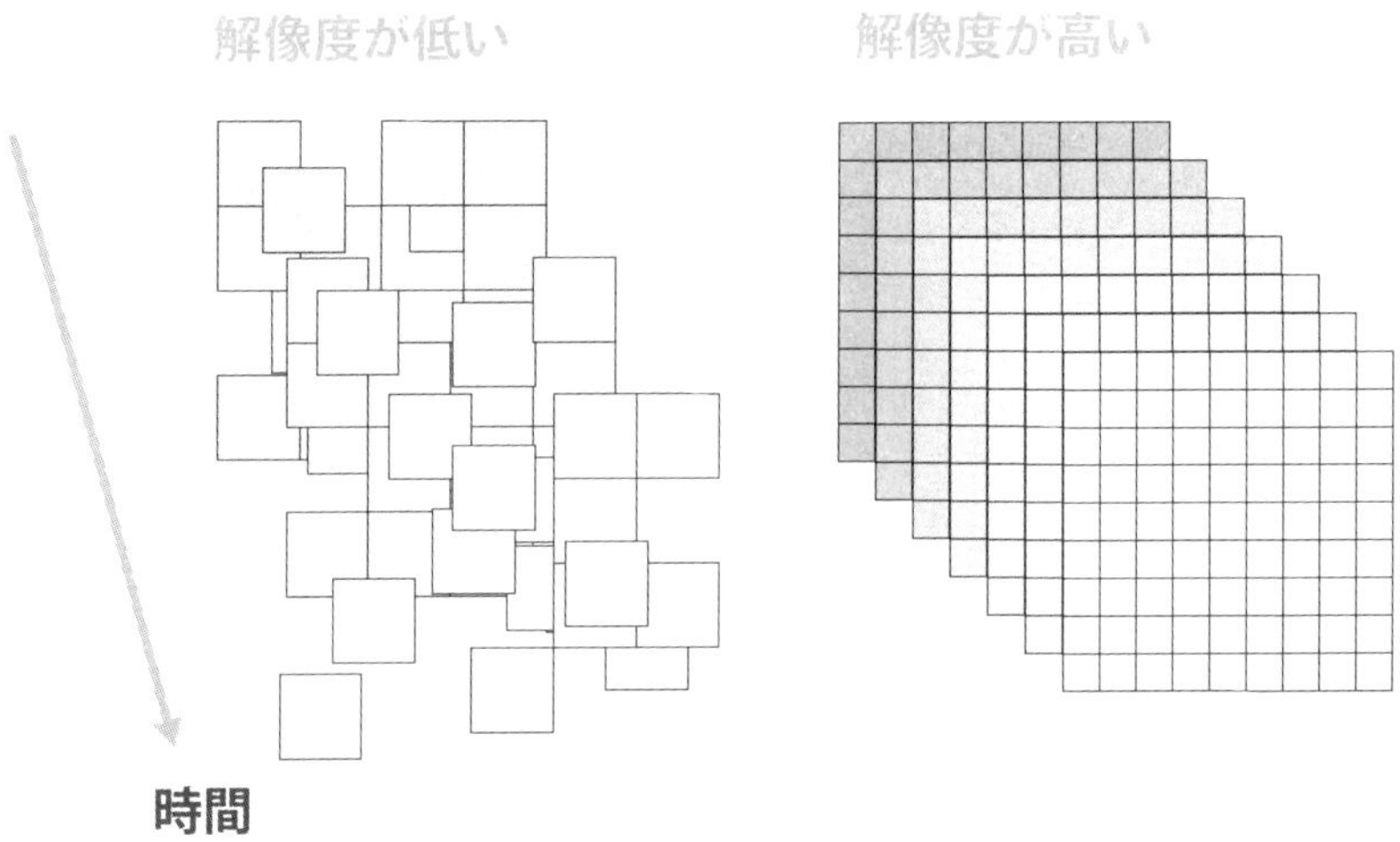
解像度が低い
解像度が高い
時間

不足でした。海外のスタートアップの表面的な真似はできているし、ビジネスモデル自体はありえるかもしれないものの、目の前の顧客の課題についてはほとんど掘り下げられておらず、解決策となる製品の内容もふわっとしている。そんなアイデアの提案はかなり頻繁にあります。起業の初期に受ける相談は、8割以上がそのような深さの足りないアイデアです。逆に言えば、「深さ」に注力することで、頭一つ抜けることができる、ということです。

従来は物事を広く知っている人が重宝されていましたが、昨今はインターネットで検索すれば様々な情報を誰でも獲得することができます。構造化されたレポートや理論などにアクセスするのも簡単です。一方で、「教育の現場で何が起こっているのか」「アプリの改善のために、企業が実際にやったことは何なのか」「起業の失敗の原因は何か」といった**一定以上に深い情報はなかなかインターネットでは手に入らず、希少性が高まっています。**そこでまず、現場に転がる希少で具体的な、つまり深い情報を先に得て、解像度を上げましょう。深い情報を持ち、共有することで、「この人は優れた洞察を持っている」と思われやすくなり、人を巻き込みやすくもなります。そうしてつながった人から様々な情報を得たり、議論したりすることで、広さと構造、時間の視点は後から充実していきます。**まず深さを確保することで、解像度を上げるサイクルが回り始める**のです。だからこそまず「どうやって深めるか」を中心に考えるようにしてみてください。そしてそのためには、思考だけではなく、行動を重視するようにしてみてください。本書が従来の思考の本と大きく違う点は、行動を通した思考を重視していることです。精細な情報を手に入れてより深く思考し、解像度を上げるためには、行動することがとても重要なのです。

次ページの表では、よく見るアンバランスのパターンをまとめました。ホワイトカラーと呼ばれる職に就く人たちに特によく見られる傾向が、広さと構造にこだわりすぎるパターンです。**際限なく調査や分析ばかりしてしまい、現場に行かないために深さを十分に確保できず、解像度を一定以上に上げられない**状況はしばしば見聞きします。また戦略コンサルティングファームや経営企画出身の方の起業では、情報を広く集め、構造化もうまいので、**表面的にはアイデアをうまくまとめられているようには見えるけれど、具体的な顧客の課題を掘り下げられていない**、ということもよくあります。つまり深さが足りないケースが多いということを、再度強調させてください。何をすれば良いか迷ったら、まずは「深さ」から取り組みましょう。

よくある症状	お勧めの対策
情報を分析しないため、 一定以上の深さと広さに 辿り着かない。	構造化と広さを意識しながら、 情報を集め、分析する。
行動せず、現場に行かないため、 一定以上深まらない。 集めた情報がばらばらで洞察が 生まれない。	深さと構造を意識しながら、 実際に手を動かして行動する。
行動せず、現場に行かないため、 一定以上深くならない。	深さを意識しながら、 足で考え、行動する。
現在の解像度が十分に高くないのに、 未来のことを考える。	現在の解像度を上げるために、 深さ、広さ、構造を考える。

アンバランスのパターン	よく見る行動
「深さ」にこだわりすぎる	現場に行き続けて生の情報ばかり集め、構造化を行わない。
「広さ」にこだわりすぎる	情報集めや人脈を広げることばかりを行う。
「構造」にこだわりすぎる	特定の領域の分析ばかりしてしまう。
「時間」にこだわりすぎる	予測や妄想ばかりしてしまう。

2

あなたの
今の解像度を
診断しよう

具体的な解像度の上げ方に入る前に、ここであなたの今の解像度を診断してみましょう。普段の思考や物の見方、具体的に今取り組んでいる仕事を思い浮かべながら、読み進めてみてください。

分からないところが、分かっているか

新聞やテレビ、インターネットなどで流れてくるニュースや記事などを見て、疑問が湧くことはあるでしょうか。もし**「へえ、そうなんだ」と疑問を持たずに受け取っている**としたら、その領域についての解像度はまだ十分高くないのかもしれません。解像度が高い状態であれば、一つのニュースを見るだけで、「たしかにそのような面もあるけれど、もっと別の面からはこういう意見もあるよね」と他の角度からの見方を知っていたり、「ここは検討できていないんじゃないか」「ここは意図して省いたのかな?」といった、言及されていない部分まで想像したりできるはずです。

分からないところが分からない、つまり、**疑問がない、質問ができない**のは、解像度が低いときの典型的な症状です。学校で先生に質問を求められたときに、「何を聞けばいいのか分からない」という状況を経験したことがある人は多いのではないでしょうか。物事をある程度深く理解できていないと、疑問は持てないものです。逆に、研究者のように特定の分野を突き詰めた人ほど、「分からないこと」や「まだ分かっていないこと」を多く言える傾向にあります。

研究者が論文を書くときには、まず「分かっているところ」を調査で明確にすることで、「まだ分かっていないところ」を把握します。つまり、まずは**「分からないこと」をはっきりと言える**状

今の解像度を診断するために、
分かっていることと、分かっていないことを挙げてみよう

分かっていること	分かっていないこと
新規の顧客が減っている	なぜ？ いつから？ どのくらい？ 同業他社の状況は？　etc.

態にするのです。そのうえで、複数ある「分からないこと」の中でも、相対的にとても重要な部分を特定し、それを解決する意義を説明したうえで、解決策となりうる仮説を立てて検証することで、**「まだ分かっていないところ」の謎を解き明かしていく**というのが、研究者に求められる解像度の高さです。

ビジネスでも同様です。多くの知的生産者は、ビジネスの最前線で起こっている現象を研究し続けて、そこから課題と解決策を考え続ける研究者とも言えます。たとえば売上のデータなどから、新規の顧客が減っていることが分かっているのであれば、なぜ減ってしまったのか、どういったタイミングで顕著に減ったのかなど、分からないところを挙げてみて、それぞれの原因を調査して解き明かしていきましょう。

優れた起業家からは「過去の自分はまるで分かっていなかった」という言葉をたびたび聞きます。その意味を裏返せば、「これまで分かっていなかったことを、その都度努力して解明し、新たに分かり続けている」ということです。まずは分からないことを把握するところから始めましょう。

ここからは、あなたの具体的な事業アイデアや、顧客に自社の製品を提案するときの話し方、自社内の業務を改善するための施策などに関する解像度を診断します。

そのアイデアや提案について、この文章を埋められるでしょうか。[1] 文章を埋めたら、1章で挙げた4つの視点で解像度をチェックしていきます。

［状況］という状況で

［課題］という課題を持つ

［対象顧客］向けの

［製品/サービス名］という

［製品/サービスジャンル］です。

これには［利点］という利点があります。

［既存の代替品・競合］とは違い

［差別化要素］が備わっています。

※社内業務の場合は**「対象顧客」**を「社内の該当するメンバー」、**「製品/サービス名」**を「変更点」にしたり、カスタマーサポートの場合は**「製品/サービス名」**を「顧客に提案する解決策」にしたりするなど、アイデアに合うように読み替えてみてください。

1 Jonathan Rasmusson『アジャイルサムライ――達人開発者への道』（西村直人、角谷信太郎監訳、近藤修平、角掛拓未訳、オーム社、2011）や東京工業大学 エンジニアリングデザインプロジェクト（https://edparchive.esd.titech.ac.jp/toolkit/）を参考にしました。
穴埋めは Jonathan Rasmusson 氏によるインセプションデッキのエレベーターピッチの構成とその日本語版 (https://github.com/agile-samurai-ja/support/tree/master/blank-inception-deck) を主に参考にしています。本穴埋めのライセンスは Creative Commons 表示（バージョン不明）です。

簡潔に話せるか、ユニークな洞察があるか——「構造」をチェックする

枠に入れる言葉がうまく思いつかなかったり、複数の候補が出てきて選べなかったり、冗長にしか書けない場合は、「構造」が十分ではありません。解像度が高いときは、**重要なところを明確かつ簡潔に話す**ことができます。情報の構造化ができているがゆえに、何が重要か分かっていて、重要な情報以外を省くことができるため、要点を言える、というのがポイントです。

自分では自信がある答えでも、実際に人に話してみて、**「それってどういう意味？」「筋が通っていないんじゃない？」**という反応があったら、明確さや構造化がまだ足りないということです。要素同士が論理的につながっておらず、飛躍があるときにも、こういった反応がかえってきます。

解像度が高いときには、**ユニークな洞察**があります。その内容をはじめて聞いた人が、驚いてくれるでしょうか。驚かれないのであればまだ解像度は高くないかもしれません。人に話してみて、**「で、何なの？」「それって何の価値があるの？」**という反応があったら、つまり**人からSo what?を問われた**ときも、ユニークさがまだ足りない状況です。相手が理解できていないだけの場合もありますが、まずは自分の話の構造を疑ってみてください。

事例の羅列しかできていないと、「So what?」の質問を受けることになります。たとえば、飲食店向けのサービスを作ろうとしているときに、飲食店Aの課題はこれとこれとこれで、飲食店Bの課題はこれとこれとこれで……とすべての顧客の課題を具体的に列挙できたとしても、共通項や重要な点は分かりません。「で、それが何なの？」と聞きたくなります。情報は広く持っているし、

そのうちのいくつかは深いものかもしれません。しかし、構造化ができておらず、ユニークな洞察に辿り着けていないので、「で、それが何なの？（Ｓｏ　ｗｈａｔ？）」と聞きたくなるのです。

多面的に話せるか――「広さ」をチェックする

構造化できて、重要な点が特定されていたとしても、ユニークさがない場合もあります。そんなときに足りないのが、「広さ」です。幅広い選択肢の中から、なぜこれを選んだのかを言えるのが構造化できている状態だとすると、**「幅広い選択肢」をきちんと知っているかどうか**が広さにあたります。たとえば飲食店経営について解像度が高い人は、飲食店の経営で気にするべきことを数多く知っています。美味しい料理を提供すれば良いというだけではなく、立地や接客、食器や照明、オペレーションなど、様々な観点から語ることができるでしょう。顧客についての視野が広い人であれば、一般的な顧客の行動だけではなく、一見すると不思議にも思える例外的な行動も知っています。広さを持ったうえで構造化もできていれば、その珍しい行動が起こる理屈を整理して伝えられますし、絡まりあった物事の関係性を**多層的・多視点的に説明できます。**

商品やサービスの場合、**競合製品との詳細かつ多面的な比較が言える**かどうかも、解像度の現在地をチェックする有効な方法です。視野が十分に広い人が、自社製品と競合製品との比較表を作ると、様々な評価軸で多面的な比較ができます。かなり多くの行数がある比較表になるでしょう。さらに構造化ができていれば、その中でも特に何が重要なのかも分かるため、優先度の高いメリット順に

顧客にとっての
優先順位高

	自社	競合1	競合2
メリットA	○	○	○
メリットB	○	×	○
メリットC	×	×	○
メリットD	○	○	×
メリットE	×	○	×
メリットF	○	○	○
メリットG	○	○	×
メリットH	○	×	×
メリットI	×	○	○
メリットJ	×	×	○
⋮	⋮	⋮	⋮

解像度が高いときは
競合との差異を細かく指摘できる
&顧客にとって重要なメリットの
優先順位付けができる。

	自社	競合1	競合2
メリットA	○	○	○
メリットB	○	×	○
メリットC	○	×	○
メリットD	○	○	×

「全部が勝っている」は
ほぼありえない。

並べたり、重要なものだけを比較した短い表を作ったりもできます。

逆に解像度が低いと、評価軸が少なかったり、「デザインの良さ」といった抽象的な評価軸でしか比較ができません。また、解像度の低さは、**「競合に対して全性能で勝っている」「競合よりも良い品質で、安く提供できる」**といった言葉として表れることがあります。「全部勝っている」という状況は、圧倒的に優れた技術がなければなかなか実現できないため、ほとんど起こりません。何か見逃している点があるはずで、特に広さが足りないことを疑いましょう。

「競合はいません」というのも、調査不足で競合への認識が甘い可能性が高いです。もし本当にいないのであれば、そもそも顧客が解決したい課題がない、つまり市場がないということかもしれません。顧客に課題があるのであれば、競合製品がなかったとしても、顧客が課題解決に使っている代替品があるはずです。**代替品が何で、顧客は代替品のどの点に不満を抱えているのかを明確に言える**のが、視野が十分に広く、さらに構造化と深さが十分にある状態です。

その話はどこまで具体的か ――「深さ」をチェックする

実は先ほどの穴埋めは表面的な情報だけで埋めることもできます。「状況」に「新規開店をした」、「課題」に「売上」、「対象顧客」に「飲食店」などを入れて、その顧客のための製品を考えることはできるでしょう。しかし「新規開店をした状況で、売上に課題を持つ飲食店向けの製品」というのは、あまりに一般的すぎて、ほとんど意味がありません。埋めた言葉の背景や理由を**どこまで細かく具体的に言えるか**が、「深さ」のバロメーターになります。

5Ｗ1Ｈ（Ｗｈｙ／Ｗｈａｔ／Ｗｈｏ／Ｗｈｅｎ／Ｗｈｅｒｅ／Ｈｏｗ）や6Ｗ3Ｈ（5Ｗ1ＨにＷｈｏｍ／Ｈｏｗ ｍｕｃｈ／Ｈｏｗ ｏｆｔｅｎを加えたもの）で分解して、具体的にきちんと説明できるかどうかをチェックしてみましょう。特に「Ｗｈｏ」や「Ｗｈｏｍ」にあたる**「対象顧客」が曖昧**というのは、解像度が低い新規ビジネスのアイデアでよく見かけます。たとえば、このサービスの対象顧客は「情報が足りない人」だと主張する起業家に対して、「では具体的にどの人が、どんな風に困っていたのですか？　その人の名前を挙げて教えてください」と聞くと、具体的な人の名前を挙げられないことがしばしばあります。一人の顧客の事例を固有名詞で挙げて、その人のことを1時間以上話せるようになっていれば、深さの視点での解像度は十分に高いと言えるでしょう。対象顧客がどういう状況で困っているか、その課題は日に何度起こっているか、どれだけお金を払っているかなどをどれくらい具体的に言えるか、チェックしてみましょう。

ふわっとしていて、多くの事例に当てはまるような、よく聞く話になっているのは、解像度が低いときの症状です。聞く側は、「たしかに正しいのだけれど、深みがない」という印象を受けます。**「情報不足で困っている」「売上**

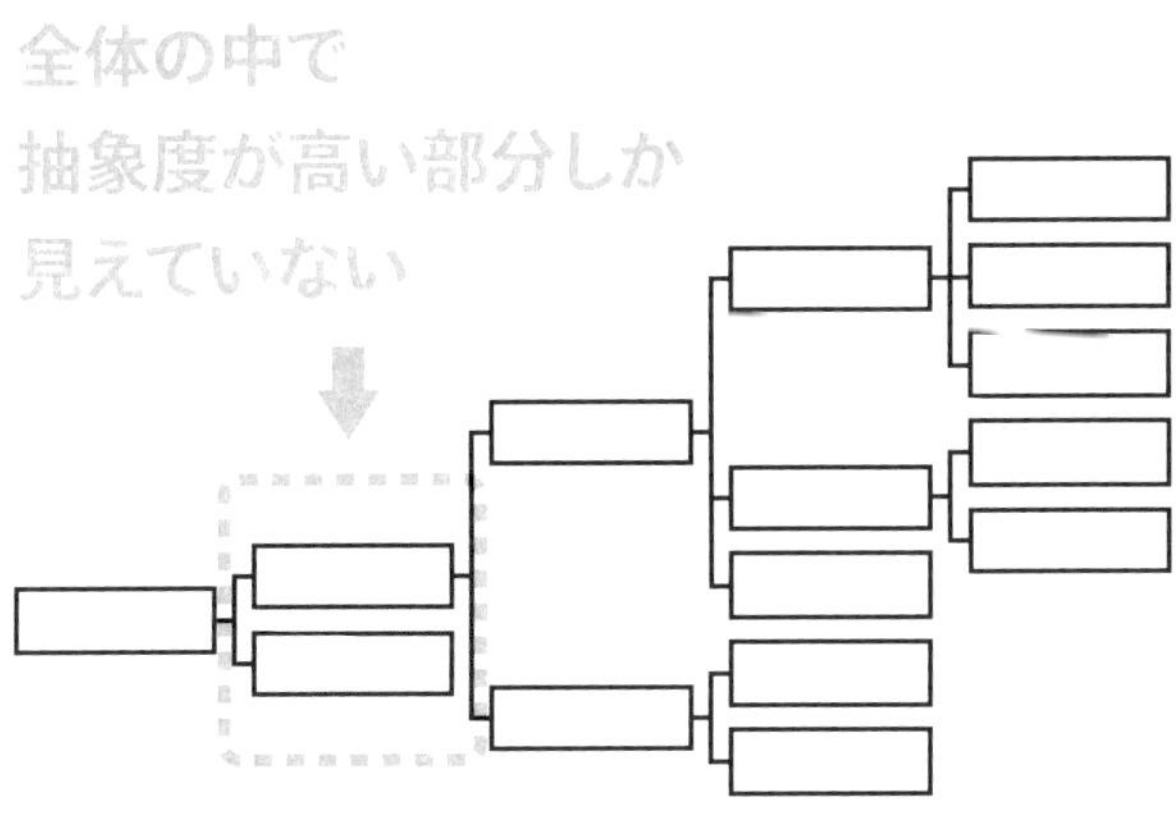
全体の中で
抽象度が高い部分しか
見えていない

が足りない」などの他の業界や領域でも頻繁に聞く課題や、「人は安い商品を買う」「顧客の売上が上がるサービスを作れば売れる」などの何にでも当てはまる洞察は、解像度が低いときによく聞くものです。面接でキャリアの希望を聞かれて、「成長したい」というような、ふわっとした回答しかできないときも、まだ自分のキャリアの解像度が低い状態と言えるでしょう。

もし多くの例に当てはまるような一般的な課題を取り上げるのであれば、**その理由を7段階以上掘り下げられるか**、チェックしてみてください。たとえば「飲食店の売上が上がらない」という課題であれば、その理由は「顧客単価が上がらない」からで、さらに顧客単価が上がっていない理由は「ドリンクが想定以上に売れていない」からで、さらにその理由は「3杯目以降のドリンクが注文されていない」からで、その理由はどうやら「ドリンクの選択肢が少ない」からで、さらにその理由は……と、どこまで深く理由を挙げられるかを考えてみましょう。

解像度が低いときの典型的な症状をもう一つ挙げるとすれば「既存のアプリが使いづらい」から「使いやすいアプリを作る」、「情報が足りていない」から「情報を提供する（メディアを作る）」、「採用ができない」から「人のマッチングをする」、「製品の認知度が低い」から「認知度を高める活動をする」など、**抽象的な課題に対して、その課題をひっくり返しただけのような安易な解決策を提案している**ケースです。課題が残っているにはそれなりの理由があるはずです。なぜ課題が解決されずに残っているのかという、原因の理解への深さが足りない場合にこうしたことが起こりがちです。

道筋は見えているか――「時間」をチェックする

解像度が高いときには、明確かつ簡潔に話せ、ユニークで具体的であることに加え、それを達成する道筋、つまり「時間」の流れが見えています。先ほど穴埋めした製品／サービスについて**短期的な目標は何で、長期的な目標としてどこまで辿り着きたいのか、そこに至るまでの道筋はどういったもので、なぜこの道筋が最適なのか、そして長い道のりの中での途中の到達目標を数値で明確に言える**でしょうか。こうした目標設定や計画策定は、面倒で避けてしまいがちですが、計画が粗かったり曖昧なままでは、物事をスムーズに進めることはできません。それに計画が立てられないことは、目標に至るまでの過程の解像度が、まだ十分に高くないということでもあります。なお、目的やビジョンはある程度定まっているものの、そこに至るためのステップや、**最初の一歩として何から始めれば良いのか分からないときは、そもそもの目的やビジョンの解像度が十分に高くない**場合も多いので注意してください。

自分たちの行動の時間軸だけではなく、**環境の変化についての時間的な見通しがあるかどうか**も、チェックするべき項目です。たとえばビジネスであれば、「競合が特定の動きをしてくれば、自分たちはこう動く」といった事業環境の変化に伴うシナリオや、未来の重要な分岐点を複数挙げられるかどうかを確認してみてください。

ツリーで可視化してチェックする

ここまで、深さ、広さ、構造、時間の4つの視点で解像度をチェックしてきました。こうしたチェックをやりやすくする一つの方法としてお勧めなのが、一度自分の理解をツリー構造で整理してみることです。

課題についての解像度であれば、表面的に表れている課題を出発地点として、その原因となる要素をうまく分けながら右側に挙げていきます（分ける方法については5章の「構造」のパートで説明します）。そして挙げた要素をさらに分解して、右側に追加していきましょう。これを繰り返していくことで、自分の現在の解像度をツリー状の図として表現できます。ツリーがどれだけ右側にのびているかが、**ツリーの深さ**です。深さが7段階以上（できれば10段階）になっていれば、それなりに十分な深さまで分けられていると言えるでしょう。

ツリーがどれだけ上下に広がっているかが、**ツリーの広さ**です。ツリーが広いということは、他の選択肢を言えるということです。

ツリーが直線に近いときは、広さが足りないか、もしくはうまく分けられておらず、構造化できていないということです。「このツリーをもっと広げるにはどう考えたらいい？」「ここを別の分け方にしたらどんなツリーになる？」といった自問自答をするとよいでしょう。特に一番右側にある要素は2つ以上にすることです。でなければ分けていると言えません。

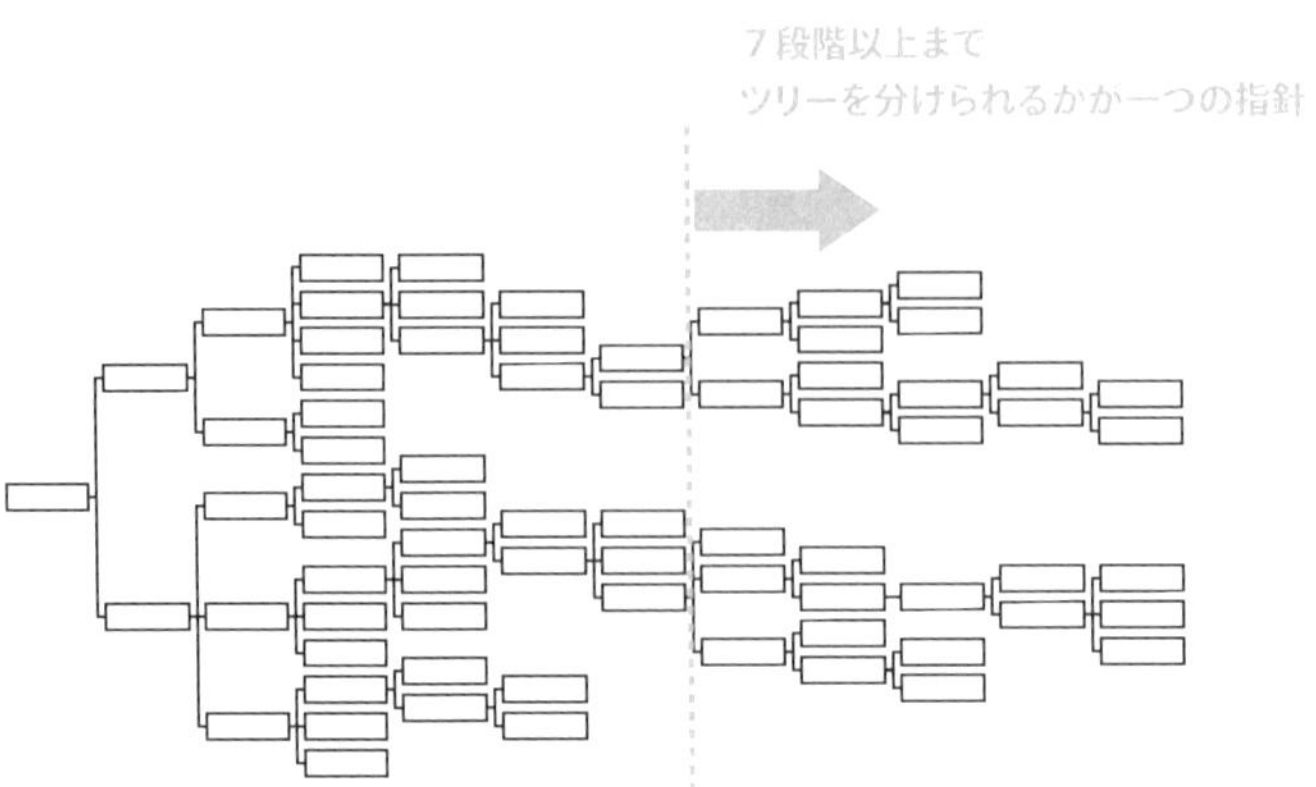
7段階以上まで
ツリーを分けられるかが一つの指針

次に**ツリーの構造**です。構造化がうまくできているとは、漏れやダブりがなく、かつ深く掘っていける分け方になっており、洞察へとつながる構造であることです。もし一定以上ツリーを深掘りできないのであれば、構造を見直してみましょう。

ツリーに深さ、広さ、構造が十分あるときには、**「他にも複数の原因の候補があったけれど、その中でも特にこれが大事で、それをさらに深掘りすると、これこれの複数の原因があり、その中でもこれが大事です。その理由は……」**というように、複数の選択肢を検討したうえで、重要な一つの原因に絞って解決策を考えられます。

最後に**ツリーの時間的な変化**です。時間が経つにつれて、どのようにツリーが変化するのか、それを予想できているかを確認しましょう。

このようにツリー構造で自分の理解を整理してみることは、自分の解像度の現在地を確認するための簡単で有効な手法の一つです。十分な深さ、広さ、構造を持つツリーを描けているか、そしてツリーの時間的な変化も含めて認識できているかを、チェックしてみてください。

広さや構造の足りないツリー

十分広く構造化もできているツリー構造

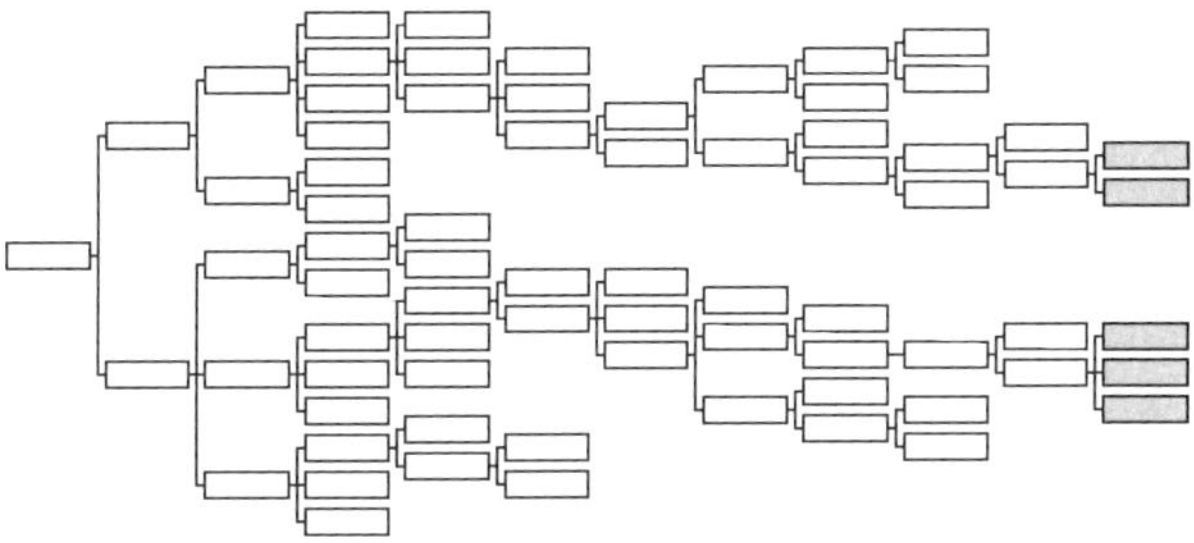

解像度チェックリスト

□ 重要なところを、明確かつ簡潔に話せる。（構造）

□ 自信を持って言い切ることができる。（構造）

□ ユニークな洞察がある。（構造、広さ）

□ 多層的・多視点的に説明ができる。（広さ）

□ 競合製品との詳細な比較が言える。もしくは、代替品が何で、顧客は代替品のどの点に不満を抱えているのかを明確に言える。（広さ）

□ 各要素が、具体的である（特に「顧客」）。（深さ）

□ 短期的な目標は何で、長期的な目標としてどこまで辿り着きたいのか、そしてそこに至るまでの道筋や数値目標を明確に言える。（時間）

以下が当てはまったら、解像度を上げる余地あり

□「それってどういう意味？」「説得力がない」と言われる。（構造）

□「で、何なの？」「それって何の価値があるの？」と言われる。（構造、広さ）

□ ふわっとしていて、多くの事例に当てはまるようなよく聞く話である。（深さ）

□ 安易な解決策を提案している。（深さ）

□ 最初の一歩として何から始めれば良いのかが分からない。（時間）

Column

世界を鮮やかに感じるための解像度

この数十年、私たちは言説の「シンプルさ」を高く評価しすぎてしまっているように思います。「複雑なことを単純に言えるのが頭の良い人だ」と言われて久しくなりました。ユーチューブなどでも、社会の問題に対して「こうだ」とシンプルに言い切る人は人気を博しがちです。

要点をおさえて言えることは、解像度の高さを示す一つの兆候です。しかし、それは**複雑なことをきちんと複雑なものとして捉えたうえで、重要なポイントが何なのかが分かっていてこそ**です。さらにいえば、物事を高い解像度で理解したうえで、相手が理解しやすい適切な解像度でのコミュニケーションをしているからとも言えます。ただしその前に、複雑なものをまずは理解する必要があり、そのときには、複雑に見える専門用語や難しい概念を使う必要がある場面もあります。つまり、その複雑さにきちんと向き合わなければなりません。

たとえば「企業の社会的責任は利潤を増やすこと」というのはシンプルで分かりやすい原則ですが、その考え方だけで会社がうまく運営できるかというと、決してそんなことはありません。様々な経営にまつわる知見や概念、財務に関する知識、製造に関するノウハウなども必要ですし、非常に高度な専門用語を駆使しなければ物事を進めていけない仕事もあります。また、そこで働く人たちがどのような思いで働いているか、株主以外のステークホルダーがどんな考えでいるのか、求められる企業倫理とは何かといった、複雑に関わり合う人々の思いや考えを無視してしまうと、会社はうまく経営できないでしょう。

複雑な問題に対して、シンプルな答えを提供したり、結論を言い切ることにも注意が必要です。その一例が陰謀論です。陰謀論は、陰謀を企てる人が社会を意のままに操っているのだという、シンプルな社会の見方であり、確かに分かりやすくはあるものの、間違っていることのほうが圧倒的に多い考え方です。

思想的リーダーと呼ばれる人たちの中にも、物事を過度に単純化して、世の中を一刀両断することで、人気を得る人もいます。政治でも、一つの主張に対しての人々の賛否の細かなニュアンスを汲み取らず、シンプルに敵と味方、善と悪の二項対立に持ち込んで、人々を煽る政治家もいるでしょう。

人は曖昧さを嫌う認知的完結欲求があると言われています。曖昧で混沌としている状況では特に、シンプルで分かりやすい答えをどうしても望んでしまうのです。しかし、分かりやすさは、時として毒にもなります。私たちは必要に応じて、物事を白黒ではなくグラデーションで捉えたり、分からないものはまだ分からないものとして、その曖昧さや複雑さに向き合わなければなりません。

複雑なものを複雑なままに捉えるためには高い解像度が必要です。難しく、努力も時間も必要でしょう。しかしそれは、世界を色鮮やかに見ることでもあると筆者は考えています。

公園に行って「緑が生い茂っている」という風に認識するか、木の種類の名前まで言えて、さらにその同じ木の中でもこの木はどのように異なるのか、そしてその葉っぱの葉脈の特徴まで言い当てられるか。木の種類や葉脈の特徴まで言える人は、高い解像度で公園を歩き回ることができ、その公園の美しさをもっと楽しむことができます。

食事への解像度が低ければ、「美味しい」「美味しくない」程度しかコメントできません。しかし解像度が高ければ、様々な味の違いを理解できますし、複数のお店の味の比較もできます。その美味しさを言葉にして、誰かに伝えることだってできるでしょう。自分自身の感情への解像度と、表現するための工芸技法への解像度の高さがあれば、アーティストにもなれるかもしれません。

私たちは**解像度を上げることで、世界から受け取る情報の量や質を上げて、世界をより色鮮やかに体験することができます。その結果、より良い表現を用いたり、新しいビジネスの機会を見つけたりすることができるのです。**

それは簡単なことではありません。解像度を上げる作業は、普段生活している世界を意識的に見つめ直し、これまで気にしなかったような物事に注意を向けて、あらためて理解しようと努力することの連続だからです。日々の生活で私たちは、認識をほとんど自動的に行っています。**解像度を上げるためには、そうした日常的な認識の「自動運転モード」をいったんオフにして、「マニュアルモード」で物事を見なければなりません。**面倒ですし、多大な労力や特殊なスキルも必要です。複雑な世界を複雑なものとして捉えようとすると、認知的な負荷は高まります。しかし、日々受動的かつ自動的に処理をしていた世界を、能動的かつ積極的に見なければ、いつも同じ風景をただいつものように見続けるだけになってしまいます。

解像度を上げる試みは、普段いるコンフォートゾーンから抜け出して、世界の複雑さの前に絶望せず進んでいき、常に自分の見ている世界に疑問を持ち続けることでもあります。ときには疑いすぎて、自分の立っている常識という地盤がグラグラと揺れるときもあります。他人からは、ノリが悪くなったように見えることもあるかもしれません[1]。辛い事実を知ることもあるでしょう。モヤモヤがずっと晴れず、長い期間もがき苦しむときもあります。むしろ苦しんでいる時間のほうが長いぐらいです。

でも、**その苦しみこそが世界を理解しようと努力している証であり、世界をより深く知り、より**

1 千葉雅也『勉強の哲学――来たるべきバカのために』（文藝春秋、2017）

深く愛そうとしている証でもあるように思います。その営みは、「世界はこうである」とシンプルに言い切り、そこで満足して思考を止めてしまうよりもずっと尊いのではないでしょうか。

ベートーヴェンが「苦悩を突き抜けて歓喜に至れ」と述べたように、歓喜に至るためには、苦悩があるものです。しかし、先人たちも同じ苦悩を味わい、苦悩を乗り越えるための方法論を磨いてきているのであれば、それを活用することで、苦悩の期間を少し短くはできるかもしれません。本書では、その方法論の一部を、解像度を上げるための型としてまとめたつもりです。

本書で扱う解像度の上げ方が、その苦悩を乗り越えるための手伝いに少しでもなり、皆さんにとって、世界や社会を、そして人の心や営みを、より鮮やかに知るためのヒントとなることを願っています。

3

まず行動する・粘り強く取り組む・型を意識する

今の解像度の状況は、いかがでしたか。ここまでは解像度という概念の解像度を上げてきましたが、いよいよここからは実践です。本章ではまず、解像度を上げるための基本姿勢を見ていきます。ポイントは**「まず行動する」「粘り強く取り組む」「型を意識する」**ことです。①なぜ「行動」からはじめる必要があるのか、②「粘り強く取り組む」とはどういうことか、そして③「型」とは何なのかを解説したうえで、最後に実際のビジネスにおいて何の解像度を上げればよいかについて、お話しします。

① 行動なくして、解像度は上がらない

本書は思考に関する本に見えるかもしれません。思考に関する本は、情報や思考についての示唆が多くなる傾向にありますが、これまでの筆者の経験上、解像度を上げるためには情報と思考だけでは不十分だと感じています。実際、多くの情報を持っているにもかかわらず、そして優れた思考能力を持っているにもかかわらず、高い解像度に辿り着けていない人を何人も見てきました。

そうした人たちに共通しているのは、**行動が足りていない**ことです。

高い解像度には、**「情報」と「思考」と「行動」の組み合わせ**で至ることができます。さらにこの3つにはそれぞれ量と質の両面があるため、「情報」「思考」「行動」の「量と質」を高めていくことによって、高い解像度へと辿り着くことができる、と言えるでしょう。

料理を例にこの3つの関係性を考えてみましょう。情報は食材であり、思考は料理人の腕、そし

て行動は調理にあたります。良い食材と良い腕を持つ料理人が揃い、調理という行動をすれば素晴らしい料理を作ることができますし、作った料理を食べてもらえれば、食べた人からフィードバックを貰えて、さらに料理を良くしていくこともできます。

しかし腐りかけのダメな食材であれば、どんなに料理人の腕が良くても美味しい料理を作るのは難しく、逆にどんなに良い食材があっても下手な料理人の手にかかると美味しい料理にはなりません。そして実際に調理という行動をしなければ、料理が作られることはありませんし、作った料理が美味しいか美味しくないかのフィードバックを得ることもできません。

解像度も同様です。**思考の材料となる情報が間違っていれば、どんなに思考能力が高くても正しい答えは出せません。どんなに素晴らしい情報を持っていても、思考が下手であれば良い判断はできません。そして良い情報と良い思考を持っていても、行動しなければ何も起こりませんし、結果からフィードバックを得ることもできません。**

情報と思考と行動のすべてのレベルが高いことが理想です。しかし、解像度を上げるうえではまず、**情報や思考がまだ粗い状態でも、行動量を増やす、つまり、とにかく最初に行動しはじめる**ことをお勧めします。なぜなら、行動することで、**周囲や市場からのフィードバックという、本やインターネットではなかなか手に入らない情報**を得ることができるからです。また行動して得られた経験によって、

実感を伴った自分だけの思考も促されるようになります。つまり、**行動量を増やすことで、質の高い情報と思考を獲得するサイクルが回り始める**のです。

皆さんの周りにも、思考はそこまで鋭いわけではないのに、驚異的な行動量によって多くの機会を得て、有名になった人物がいないでしょうか。たとえば自分の考えを外に出すのをためらわない人や、まだまだ下手な段階でも作品を世に出していく人です。生み出すアウトプットの質が最初はそれほど高くなくとも、大量の成果物を生み出していく中で、質の高いものも生まれます。打率が多少悪くても、打席に立つ回数が圧倒的に多ければ、ヒットの総数も多くなるようなものです。そうして大量の場数を積み重ねていくうちに打率も良くなり、登壇や取材などの機会を得られることも増え、そうした機会から人脈を広げて、良い情報を得られるようになって、さらに良いアウトプットを出していくようになる、といったサイクルが起こっているのです。傍から見れば、単なる幸運のように見えるかもしれません。しかしそれは単なる幸運ではなく、幸運に恵まれやすい場所へと自ら動き、さらに行動によって自分で手繰り寄せたものだとも言えるでしょう。

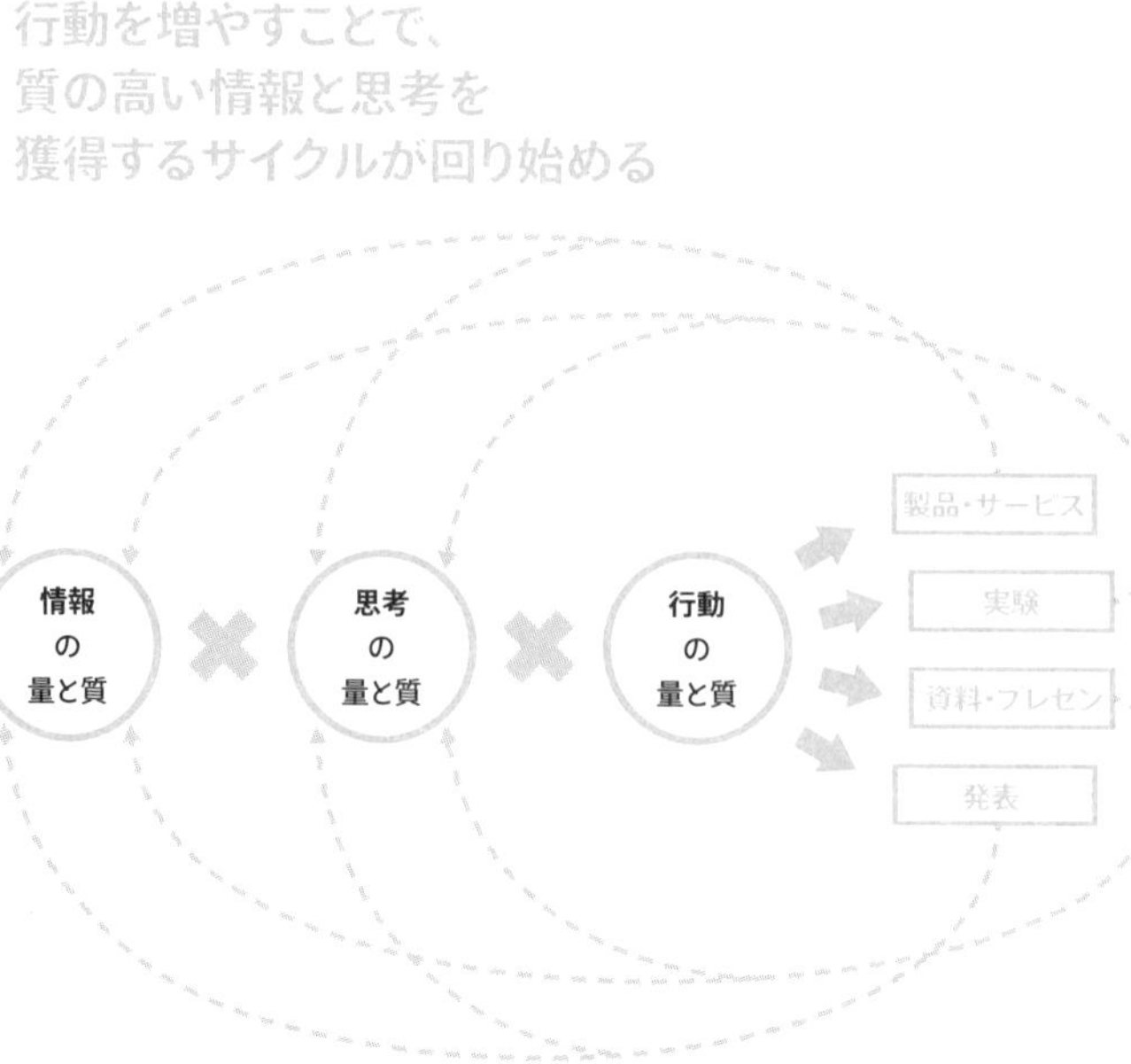

企業でも同様のことは起こります。たとえば、圧倒的な営業力で多くの相手先に営業をして、営業活動の中で顧客から新たな情報を得て思考の種とし、製品やサービスに反映していく企業です。こうした企業は、あまり考えていないように見えますが、実は圧倒的な行動量を通して解像度を上げている会社だとも言えるでしょう。

起業も同様です。市場の選定は起業において最も大事な選択の一つですが、最初から有望な市場を当てにいける人はそう多くありません。経験に裏打ちされた、思考や情報に長けたベテランのビジネスパーソンですら市場選定は誤るのですから、若い起業家が自らの才覚や思考だけで良い市場を選ぶことは至難の業です。だからこそ、若い起業家は行動し続けて、現場から希少な情報を手に入れることで、有望な市場を見つけているのです。

作品をアウトプットして共有することで、そこから仕事や起業のアイデアにつながった例はよくあります。建機の遠隔操作システムを開発しているARAVというスタートアップの代表の白久レイエス樹氏は、開発した自動運転技術の実験成果をSNSで共有し、それを見た建設業界の方から「建機で応用できないか」という相談を受けたのがきっかけで、建機の領域での起業に至りました[1]。自動運転の技術はできていたものの、公道での走行のハードルが高くビジネス化できずにいたなかで、主に私有地で使用される建機であれば、ビジネスとして成立できる、という手応えを得たそうです。自ら手を動かしアウトプットする、そしてそれを公開するという行動をしたからこそ、自動運転という技術の活用可能性の解像度が上がったのです。

スタートアップには、**Minimum Viable Product（MVP）**という考え方があります。実用最小限の製品、という意味です。**最低限機能するものを作り、それをユーザーに使ってもらい、ユーザー**

1 建機の遠隔操作と自動運転で建設現場のDXを推進　ARAV株式会社（東大IPC、2021年6月4日）
https://www.utokyo-ipc.co.jp/story/arav_interview/

からのフィードバックを経て学びを得るサイクルを回すのです。このＭＶＰを早い段階で実験的に出して、市場や顧客からフィードバックを得ながら進んでいくのが、２０１０年代前半のスタートアップの成功パターンでした。

ＭＶＰを理解するために、車を例にとって見てみましょう。図の一番上のように、部品から徐々に作り上げていくのはＭＶＰではありません。１段階目のタイヤだけでは機能しないからです。また、最終的な自動車と全く異なる自転車やバイクを作り始めるのも、ＭＶＰではありません。最終的なユーザー経験が異なりすぎますし、解決している課題も異なることが多いからです。

ＭＶＰは、３段目のものです。エンジンの代わりに人が押すことで、車を動かしています。そうすれば、最もコストがかかるであろうエンジンの部分を作ることなく、シンプルな車体を作るだけで、「密閉された空間で、座ったままで移動する」という最終的に得られるユーザー経験を素早く提供できます。早さや乗り心地、デザインという点での性能は悪くとも、最低限の課題解決が

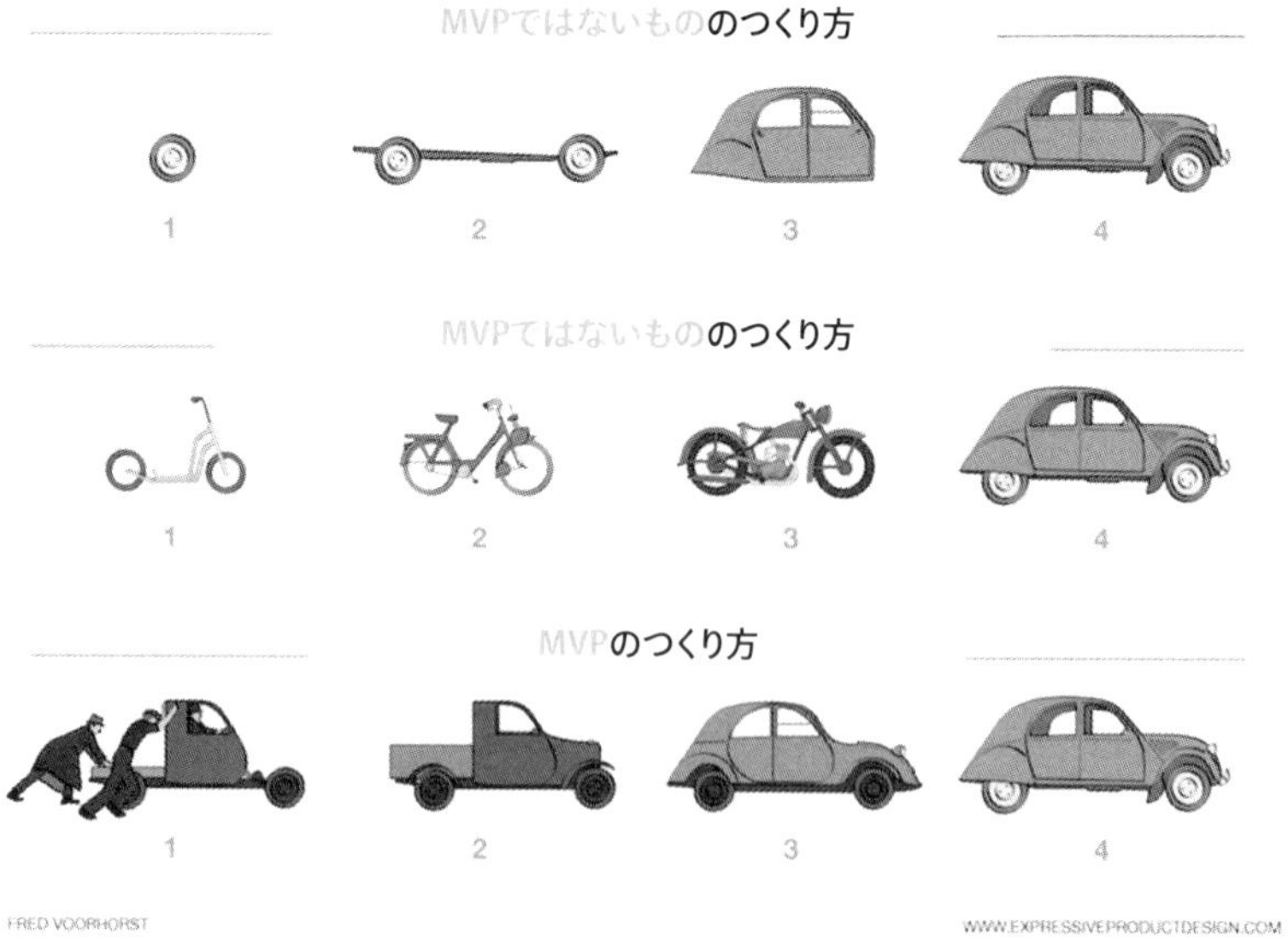

Fred Voorhorst “MVP - not "bike to car" ”（Linkedin、2016年5月18日）を翻訳。
https://www.linkedin.com/pulse/mvp-bike-car-fred-voorhorst/

できる最小限の製品を作る、というのを満たしたのが、MVPです。

MVPを作ってリリースすることは、まさに行動しはじめることで、解像度を上げていく方法と言えるでしょう。

実際のMVPの例も見てみましょう。diniiという飲食店向けのサービスを行っているスタートアップは、初期に飲食店の事前予約・注文アプリ事業に取り組んでいました。そのときのMVPは、ユーザー側から見えるアプリの部分だけをそれっぽく作り、実際の店側の予約システムは作らない、というものでした。ユーザーがアプリ上でボタンを押すと、チャットツールでアプリ開発者に通知がくるようにして、その通知を見た開発者が電話で店の予約をしたのです。これなら予約などの複雑なシステムを作ることもなく、また店舗の店員向けの新規システム導入用のトレーニングも必要ありません。作業開始後5日目にMVPのリリースができて、学びが始まりました。その学びを使ってさらに改善していった結果、作業開始から3週間後のユーザーのアプリの継続利用率は64%、そして24日目には最初のエンジェル投資が決まったのです。

MVPの考え方は、作るものが製品ではなくても、そしてスタートアップでなくても活用できます。たとえばプレゼンテーションであれば、Minimum Viable Presentation（これもMVP）、実用最小限のプレゼンテーションを作ることができます。グラフはまだ十分綺麗ではないけれど、

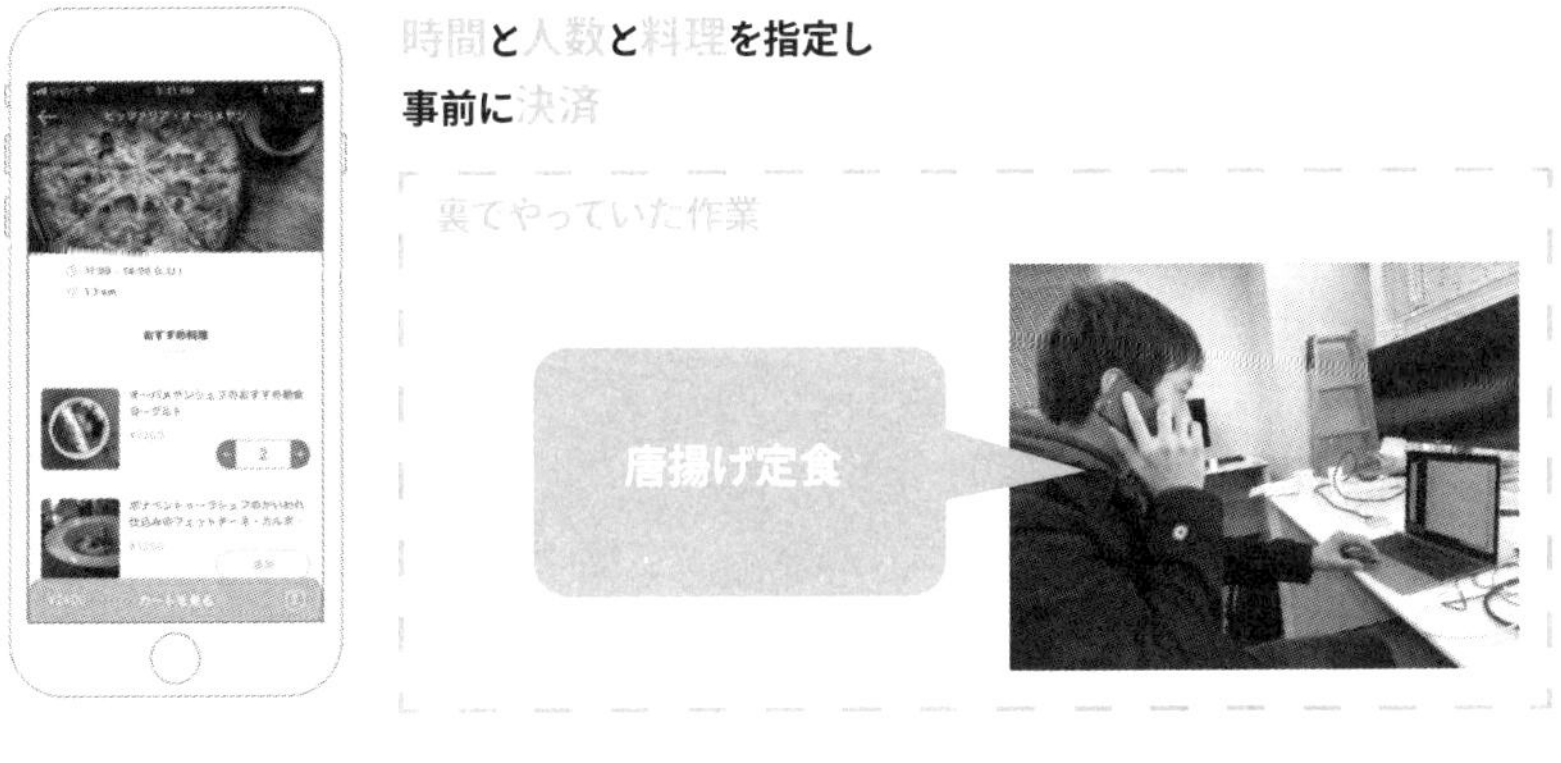

株式会社 diniiの当時の資料から転載

最低限のデータは入っていて、スライドのタイトルにはメッセージラインだけはあり、言いたいことは伝わる、そんなものが実用最小限のスライドです。顧客に納品するプレゼンテーションに比べれば、完成度としては20%程度かもしれませんが、そうしたスライドを作り、社内の関係者や信頼できる顧客に見せて反応をもらうことで、多くの学びが得られます。

完成度が高いプレゼンテーションを最初から作ろうとしてしまうと、長い時間がかかってしまいます。図を綺麗にしたり、誤字脱字をチェックしたりする完成度を高める作業には、たいてい想定していた以上に時間がかかってしまうからです。95%の完成度まで作ったあとに内容の方向性が間違っていたことを指摘されると、その作成時間がまるまる無駄になってしまいます。そうしたことを避けるためにも、まずは最小限のものを作ってリリースして、実験をしてみるのです。

私たちはつい、周りから批判されないように、完璧なものを作ってから周りに共有しようとしてしまいがちですが、それではしばしば無駄が発生してしまいますし、改善の機会を逸してしまう、ということです。多くの場合、目標は自分自身が批判されないようにすることでなく、成果物を良くすることのはずです。そうであるのなら、最低限のものを早く作り、周りに共有して、周りからの批判やフィードバックを活かしながら成果物を改善していったほうが、より良いものを作れますし、早く進めます。

その他にも、Minimum Viable 企画書、Minimum Viable ロボット、などなど、様々な場面でMVPの概念は使えます。**「何が最小限の実用可能なものなのか?」「フィードバックが得られる最小限の行動とは何か?」**を問い、行動に移すことで、解像度を上げるためのフィードバックループに入ることができるのです。

アウトプットやＭＶＰの作成は比較的小さな行動です。より大きな単位での行動として、関連する領域で実際にビジネスをしてみることがあります。これも解像度を上げるためにしばしば取られる一つの方法です。

高齢社会に適した情報インフラを構築するスタートアップ、エス・エム・エスの創業者である諸藤周平氏は、50年や１００年の時間軸で成長する市場を長期的に考えて、高齢社会に関する事業を始めることを決めたうえで、短期の時間軸ではリサーチを重ねるよりも実際にビジネスを始めたほうが洞察を得やすいと考え、手堅く利益が得られる事業から参入して業界に対する洞察を得ていったそうです。[2] 実際にその領域で行動をすることで、市場の解像度を上げていったのです。

まずは業界の情報サイトを始めて、そこから業界のネットワークを築き、より深い課題に気づいていったという話もしばしば聞きます。建設プロジェクト管理サービスを提供するＡＮＤＰＡＤはその一例です。[3] ＡＮＤＰＡＤの創業者である稲田武夫氏は、建設業界での経験がありませんでした。そこでまずリフォーム会社向けの情報サイトを開設し、建設会社からの信頼と知見を得ながら、現在のサービスの原型となるアイデアの可能性に気づいたのだといいます。また２００９年に創業して、今は東証プライム市場上場企業となったラクスルの創業者である松本恭攝氏も、最初は資本が少なくて済む印刷会社の比較サイトから始め、商流に入り込んでいったと述懐しています[4]（なお、２０１０年代前半は情報サイトが低いコストで始められる、利益の出やすい事業だったから両者とも情報サイトから参入していますが、時代が変われば良い参入方法は変わるであろうことには注意してください）。

仮に最初の事業はそれほど付加価値が高くはないものでも、行動して商流に入り込み、その領域で実際に活動してみることで、学習が始まります。そうした学習の中で、商流を遮っている深い課題に

2 馬田隆明『未来を実装する――テクノロジーで社会を変革する４つの原則』（英治出版、2021）

3【連載 Vertical SaaS の精鋭たち】デジタルシフトは泥臭い。50 兆円の建設産業を変革するアンドパッドの裏側（FastGrow、2020 年 2 月 17 日）
https://www.fastgrow.jp/articles/oct-inada

4 松本恭攝 CEO が語る、「ラクスル」起業への軌跡（GLOBIS 知見録 、2020 年 5 月 18 日）
https://globis.jp/article/7609

気づくなど、解像度が上がることはしばしばあるのです。

ある程度の情報と思考力さえあれば、**行動することで解像度は間違いなく上がります。**一方、起業しようとして良いアイデアに辿り着けなかった人や大企業の新規事業でうまくいかなかった人は、情報、思考、行動の量と質、特に行動が足りなかった人が多いようです。十分な情報収集をせず、深く考えることもなく、そしてなかなか行動もしないと、当然ながらうまくいきません。その中でも特に、行動量が足りないことでの失敗が多いようです。

行動の重要性はなかなか伝わりづらいという面もあります。いろいろと「行動しない理由」を作ることはできますし、知識や思考法を学んだ人ほど、行動を軽視してしまいがちです。MBAなどビジネスに関する情報や思考の教育を受けた人がいるチームは行動することに抵抗してしまい、結果的にビジネスもうまくいかない傾向がある、という調査結果もあります[5]。

もちろん、考えずに行動するだけでは、多くの努力は徒労に終わるでしょう。行動量にも、同じところをぐるぐるとする悪い行動量の多さもあれば、微調整しながらも一定の方向に進む良い行動量の多さもあります。熟慮が必要な状況もあるでしょう。しかし未知の領域や不確実性の高い領域では、熟慮しすぎずに行動することで新たな情報を得て、その新たな情報を用いて思考をし直すサイクルを繰り返すほうが、行動せずにインターネットで情報を集めたり、椅子に座って深く考えることに時間を使うよりも、正しい答えに行きつく可能性が

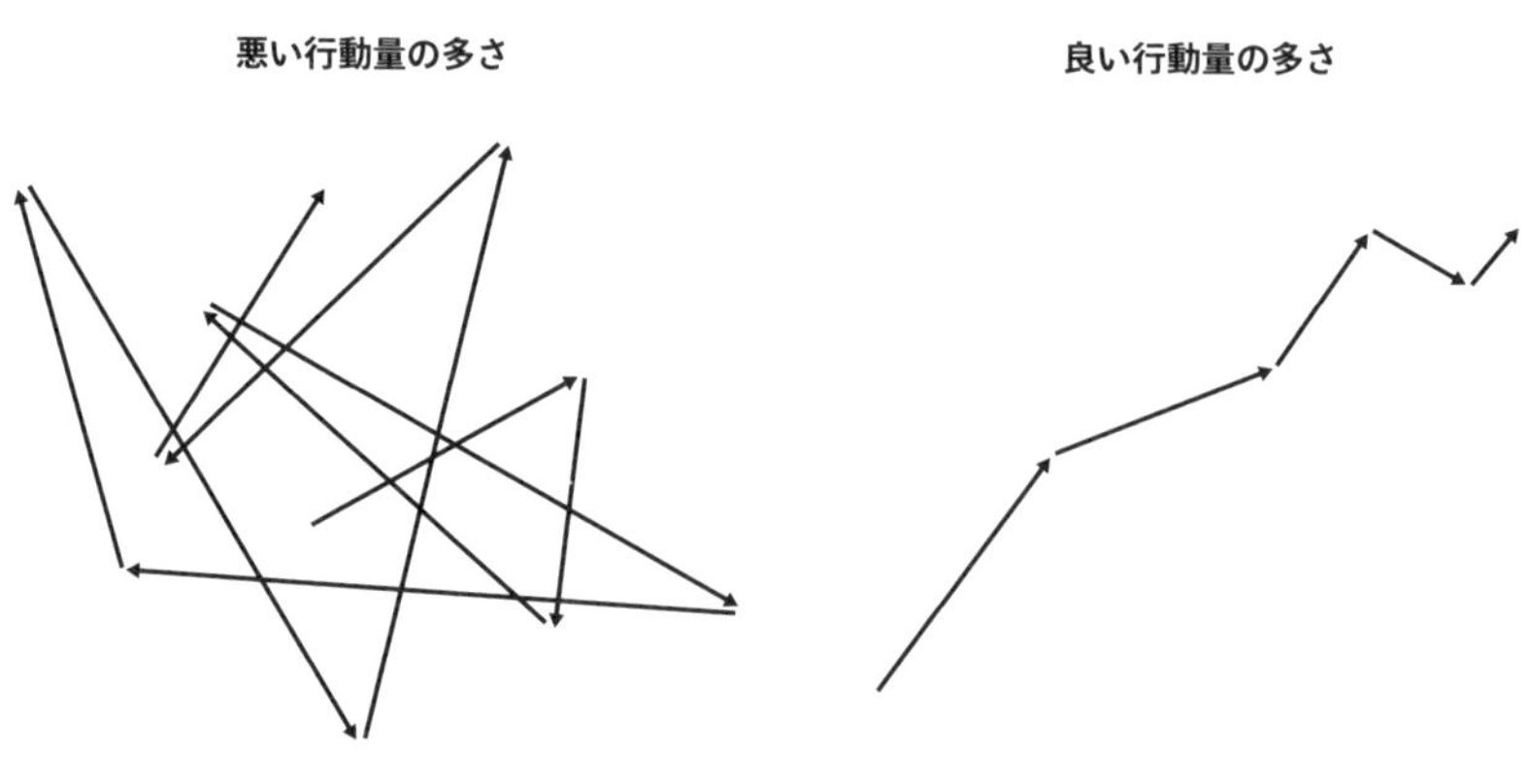

高いのです。

それに、情報と思考に行動が組み合わさると、優れた成果を獲得できます。先ほど挙げた調査でも、ビジネス教育を受けた人がきちんと行動をすると、そうでない人たちが行動するよりも、その後のビジネスはうまくいきやすいことが指摘されています。

そこで情報と思考と行動の間の距離を縮めることをお勧めします。**情報を得たらすぐに思考し、思考したらすぐに行動し、行動をして情報を得たらまた深く思考する、これを短時間で繰り返すことが解像度を上げるコツ**です。

実際、優れた起業家の多くは、行動量と手数の多さが圧倒的なだけではなく、情報と思考と行動の反復スピードも優れています。彼ら彼女らは、何かの情報やアドバイスを手に入れて、それが意味のあるものだと判断したらすぐに実行します。「事業化するには、1週間で5件の新規顧客が必要ですね」とアドバイスされれば、その日のうちに飛び込み営業をするぐらい、情報と思考と行動の距離が近いのです。そうしたスピード感を持つチームは、必ず良いアイデアに辿り着いています。

ここまで行動の重要性をお話ししてきましたが、かといって「行動しよう」と言ったところでなかなか人は行動に移せません。そこで必要なのは、どう行動すればよいのかという「行動の方法論」です。「どう行動するべきか」や「もしこうなった場合はこうする」といった、**実践的な行動のための知識を持つことで、人は行動を起こしやすくなります。**

そこで4章以降では「行動の方法論」を中心に解説していきたいと思います。

5 Michael Leatherbee, Riitta Katila "The lean startup method: Early-stage teams and hypothesis-based probing of business ideas",Strategic Entrepreneurship Journal, Volume14, Issue 4, p.570–593, 5 October 2020 https://doi.org/10.1002/sej.1373

情報と思考と行動の全てにおいて、**時間を十分にかけることも重要**です。起業志望者も含めて、あまりにも多くの人が、高い解像度に辿り着くまでに必要な時間を過小に見積もっています。筆者の周りにも「起業のための基礎知識や手法を学べば、それほど時間をかけずに良いアイデアに辿り着けると思っていた」という方が、それなりの割合でいました。しかし、実践していく中で多くの人が気づくのは、「そんなに簡単に良いアイデアが見つかるわけではない」という、ある意味当然のことです。

もちろん、優れた手法をうまく使うことで、効率的に良いアイデアに辿り着けはしますが、相応の時間は必要です。正しい勉強法で勉強をすれば、効率的に学ぶことはできるものの、一定の勉強時間は必要なのと同じことです。

筆者自身、解像度という言葉の解像度を上げるには、長い時間がかかりました。きっかけは、起業家のアイデアの相談を受けたり、応募へのフィードバックをしたりする中で「解像度が足りていないように思います」というコメントを何度も返していると気づいたことです。そこから、解像度というものはいったい何なのかを粘り強く考えてきました。当初は解像度という言葉への解像度が粗く、どう伝えるべきか四苦八苦していたのですが、何度も考え、考えていることを書き出したり、周りに自分の考えを話してみたりしながら、解像度を上げるためのフィードバックをする場数をこなし、チームメンバーとの議論を通して、「こういう風に言えばもっと伝わる」「解像度というものは、こんな形で構造化できる」ということが徐々に分かってきました。

起業のアイデアであれば、約1000時間、一つの領域に取り組んで初めて光明が見え始める、というのが筆者の経験則です。まず**少なくとも200時間を情報と思考と行動に使わなければ、最初のそこそこ良いアイデアに辿り着くことはできません。最初のアイデアの良し悪しを検証するためには、200時間から400時間ぐらいの活動が必要です。最初のアイデアは間違っていることがほとんどのため、あらためてアイデアを考え直すことにさらに200時間、そしてさらに検証するのに200時間から400時間かけると、それだけで合計1000時間ぐらい**となります。なお、これでもまだ早いほうで、多くのチームはもっと時間をかけて、ようやく優れたアイデアに到達しています。

1000時間必要だとすると、仮に1日8時間働き、1か月あたり20営業日と計算すれば約6か月必要です。もし副業として起業の準備活動をしており、休日を含めても1日2時間程度しか取り組めないのであれば、1年以上かかるでしょう。実際、筆者の経験上、何もアイデアがない状況から、それなりに良いアイデアに辿り着くには、基礎がある人や優秀な人で1年、ほとんどの人は約2年かかっています。その模索の期間中に、大きな方向転換をした事例も数多く見てきました。ただ、多くの人は辿り着く前に諦めてしまいます。良いアイデアに辿り着くためには、頭の良さや優秀さ以上に、粘り強さが必要なのです。

単に時間をかければ良いというわけではありません。難しい本を読んだり、悶々と考え込んだり、時には誰かと深く議論したりといった、情報と思考と行動の質を確保する必要もあります。多くの時間の量と質が必要なのです。物凄く情報を集め、無茶苦茶頭をひねって考え、大量に行動し続けて、初めて良いアイデアに辿り着けます。

解像度を上げるために、これだけ多くの時間がかかるということを聞いて、絶望してしまうかもしれません。でもそれは希望でもあります。きちんとした積み重ねを粘り強くしていけば、そうそう追い抜かれない、ということでもあるからです。ときに天才が現れて、一気に追い抜いていくこともあるでしょうが、天才はそうそう現れないからこそ天才と呼ばれます。であれば、**努力をきちんとすることで、ほとんどの人には負けない解像度の高さを手に入れて、その領域での優位性を維持できる**はずです。

粘り強く取り組み続けることは、解像度を上げるときに、忘れてはならない姿勢なのです。

③ 型を意識する

行動量を上げるために、手当たり次第、できることをすべてやれば良いというわけではありません。行動をするときには効率的な手段やベストプラクティスがあります。まずはその方法を少し学んでから、行動を始めることをお勧めします。それが本書で紹介する解像度を上げるための方法論であり、「型」です。

型とは、先人たちの成功と失敗の積み重ねによって生まれた、ベストプラクティスの塊です。型に沿うことで、効率的に上達することができますし、初心者がよくひっかかってしまう間違いを避けることもできます。

武道や茶道などでは、守破離という言葉があります。まずは師匠から型を学び（守）、次第に自分に合ったやり方を探して試すことで型を破り（破）、そして様々な型に精通することで型から離れて自分なりのやり方を生み出す（離）という順で進みます。この順番が大切で、最初に型をきちんと学ばなければ、次のステップに進んでもあまり効果はありません。もちろん、型破りな人はいますし、起業のような前例のないことをするためには、型にとらわれない行動をするべき場面もあるでしょう。しかし「型破り」であるためには、まずは型を知り、身に付ける必要があります。型が身に付いていない状態で自由奔放に行うのは、型破りではなく、「型なし」です。「型があるから型破り、型がなければ型なし」という言葉もあるぐらいです。

筆者がこれまで見てきた、**急速に解像度を上げたチームも、解像度を上げるための「型」を意識していました。**そうしたチームは、型を学び、愚直に実践したうえで、ときにその型を破り、自分たちなりの型を作っていきました。一方、方法論を顧みず自己流から始めたり、よく考えずにアレンジしてしまったりするチームは、往々にして事業進捗のスピードが遅かったり、良いアイデアに辿り着けなかったりします。

自己流を試したり、型の理解が浅いまま破や離に移ったりしてしまうのは、型の有効性がなかなか実感しづらいからかもしれません。武道や茶道などもそうですが、型の有効性や意味を実感できるまでには、数か月の時間を要することが普通です。それまでは愚直にやり続けなければならないのです。一度手痛い失敗を経験した後に、ようやく型の重要性に気づいたチームも多くあります。型を学んでおけば、避けられた失敗です。

型が時代に合わなくなっていたり、新しい知見から古い型が間違っていることが分かれば新たな型を作るべきでしょう。ただ、それは「破」や「離」の段階ですることです。**まずは型を心から信じて、**

最初の半年間だけでも、愚直に実践し続けてみることをお勧めします。

それに、信じる型があることでチームに迷いが少なくなる、というメリットもあるようです。ピクサーが大切にしている原則の一つに「プロセスを信じよ（Trust the process）」というものがあります。[6]ここでのプロセスとは、ピクサー流の方法論のことです。何かを創造する作業には困難や失敗がついて回りますが、特定のプロセスをうまく使うことができれば、その困難を乗り越えることができます。そして何より、そのプロセスが有効であるとチームの皆が信じることで、チームは迷わなくなり、進み続けることができます。言い換えれば、ミッションとしてのＷｈｙ、何をするのかというＷｈａｔに加えて、**進み方であるＨｏｗについての信念もチームで共有している**ほうが良いということです。

どんなプロジェクトも必ず混迷の時期は来ます。これ以上探してもどこにも答えがないと感じて暗い気持ちになるときもあるでしょう。筆者自身もそうした経験がありますし（この書籍の執筆作業もそうです）、スタートアップの多くがそうした時期を必ず過ごしています。そんなとき各チームが何かの方法論を心から信じて拠り所にするというのは、チームが進み続けるためにも、とても重要なことだと感じています。

そうして粘り強く進み続ければ、結果が表れます。これまで１００名以上の起業志望者や起業家を見てきましたが、正しい方法論（型）を身に付け、情報と思考と行動の量と質を伴った起業家たちは、ほぼ間違いなく、その領域で高い解像度を得ています。その解像度を基に考えたアイデアが、本当に急成長するビジネスになるかどうかには運も関係してきますが、少なくとも、良いアイデアの土台となる高い解像度には辿り着いているのです。

6 エド・キャットムル、エイミー・ワラス『ピクサー流創造するちから――小さな可能性から、大きな価値を生み出す方法』（石原薫訳、ダイヤモンド社、2014）

一度騙されたと思って、本書で紹介した解像度を上げるための方法論を少しの期間、愚直に試してみてください。型に沿って行動を始め、そして粘り強く、時間をかけて取り組んでください。それが解像度を上げるための王道であり、近道です。

ここまでの解像度を上げるためのポイントを一度まとめておきましょう。解像度には「深さ」「広さ」「構造」「時間」の４つの視点があります。そして解像度を上げるときには、「情報」「思考」「行動」の３つをバランスよく回していく必要があります。その中でも特に「行動」が大事です。そして、**型を意識しながら、まずは行動しはじめて、粘り強く取り組み続けることを意識してみてください。**

解像度の４つの視点

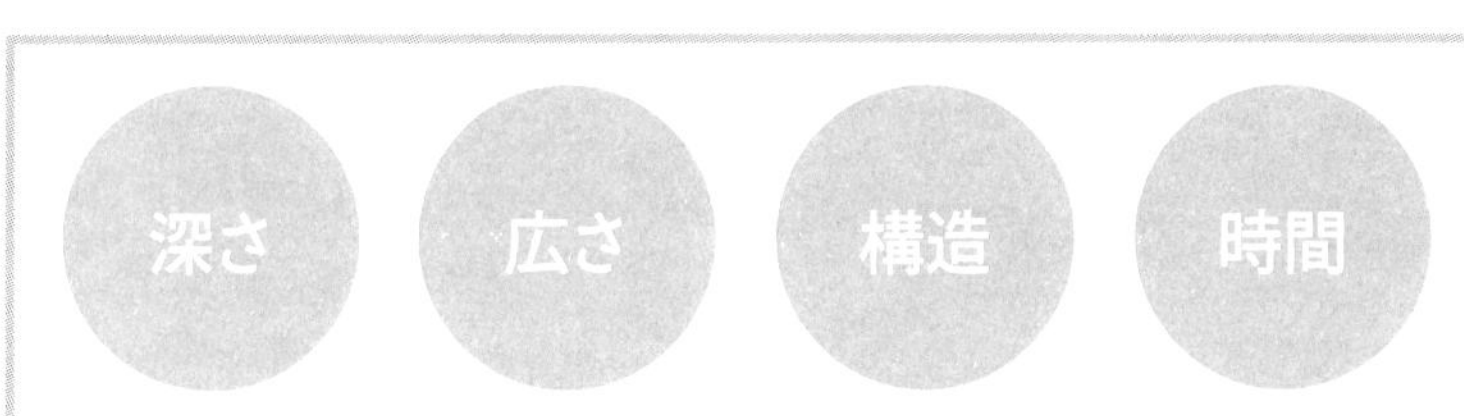

解像度を上げるための３つの基本姿勢

上げるべきは、課題と解決策の解像度

次はビジネスにおいて何の解像度を上げるべきか、つまり、何に焦点を当てて情報、思考、行動のサイクルを回していけばよいのかを考えてみましょう。

まず意識したいのが「価値」です。「付加価値」「仕事でバリューを出した」などの言葉が頻繁に使われるように、ビジネスでは「価値」を生み出すことが求められます。ビジネス上での価値という言葉には様々な定義があり、経済学でも価値について様々な議論がありますが、本書では「**製品やサービスから、顧客が得られるメリットや満足感**」と捉えます。価値には、品質、使いやすさ、セキュリティ、利益増、楽しさなど、様々な面があります。また、一つの製品にはいろいろな価値が含まれています。たとえば、コーヒーカップはコーヒーを美味しく飲むための利便性を上げるという価値もあれば、見た目が良く、所有者の満足感を高めてくれるという価値もあるでしょう。人や状況によって、利便性と見た目、どちらの価値に重きを置くかは異なります。

ビジネスでは、顧客や社会の持つ「課題」を「解決」することによって、価値が生まれます。

B2B（企業向け）のビジネスであれば、顧客の業務上の課題を解決します。B2C（消費者向け）のビジネスの場合は、「掃除を効率的かつ綺麗に行いたい」というような消費者の持つ日々の生活上の課題を製品やサービスで解決する場合もあれば、「誰かとつながりたい」といった精神的な欲求をアプリで満たしたり、「健康を損なったときにかかる費用が不安」という課題を保険という仕組みで解消したりする場合もあります。B2Cのエンターテインメントも、私たちの「楽しみたい」「時間をつぶしたい」という課題を解決するサービスを提供することで、高揚感などの価値を生み

出しています。

課題があり、それに対する解決策があって、両者がうまく重なることで課題解決がなされて、価値が生まれるのです。そして事業者は、生まれた価値の対価として金銭的報酬を貰うことになります。

生まれた価値が大きければ多くの報酬を貰える可能性が高まり、小さければ報酬は少なくなります。手に入れた金銭的な報酬と、課題解決のためにかかったコストとの差分が、自社にとっての利益です。

スタートアップの領域では、課題と解決策がうまく合致している状態のことを「プロブレム・ソリューション・フィット」と呼びます。課題（プロブレム）と解決策（ソリューション）が、うまく適合（フィット）しているということです。

課題と解決策のフィットが大きければ大きいほど、課題解決できた分量は大きくなり、その分大きな価値が生まれます。

逆に課題と解決策がフィットしていなければ、ほとんど価値は生まれません。たとえば音速ジェット機という、最先端の技術による解決策が発明できたとしても、その音速ジェット機の飛行区間がとても短く、消費者の「移動が必要だ」という課題のほんの一部しか

① 課題と解決策がフィットしていない状態

② 課題と解決策がフィットすると課題が解決される

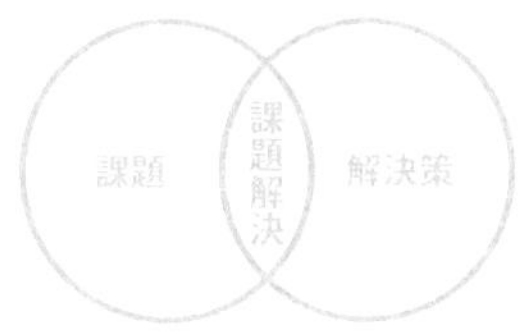

③ 課題解決すると価値が生まれる

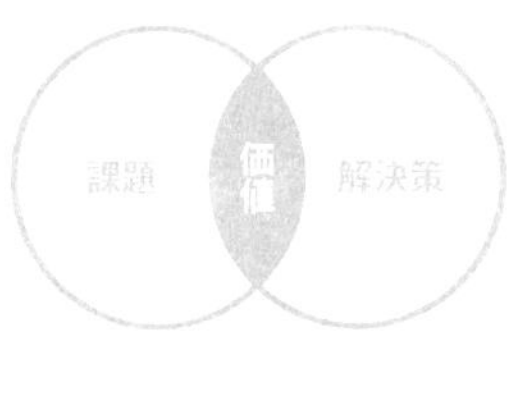

④ 価値の対価として金銭を貰う

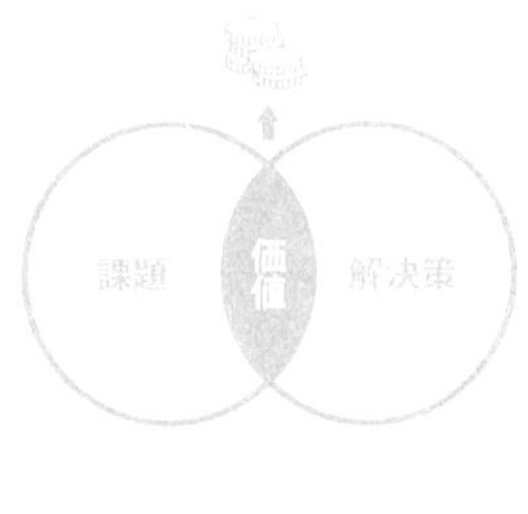

カバーされていないのであれば、音速ジェット機が生み出す価値はほんのわずかしかありません。むしろ技術的にはそれほど優れていない、普通の路線バスなどのほうが、気軽に必要な移動を提供できる分、生み出す価値は大きいかもしれません。

新規ビジネスの初期は、こうした課題と解決策が大幅にフィットする場所や状況を探索することに時間をかけます。言い換えれば、現在うまく課題と解決策がフィットしていない部分を探します。課題と解決策がずれている部分や、市場の中で需給がアンバランスになっている部分を「歪み」と呼ぶこともありますが、**顧客はその歪みのあるポイントに大きなフラストレーションを感じていることが多いので、それを解決することが、新たなビジネス機会となる**のです。

既存のビジネスの場合は、**課題のより詳細な特定や、解決策の技術的な改善を重ね、課題と解決策がフィットしているところをどんどん大きくしていくことで、生み出される価値を大きくする**ことができます。

フィットしていない部分を探すためにも、フィットする部分を増やしていくためにも、課題と解決策の両方の解像度を上げなければなりません。つまり、新規ビジネスであれ、既存ビジ

課題と解決策がよくフィットした分、課題解決の量が多くなり
その分だけ大きな価値が生まれる

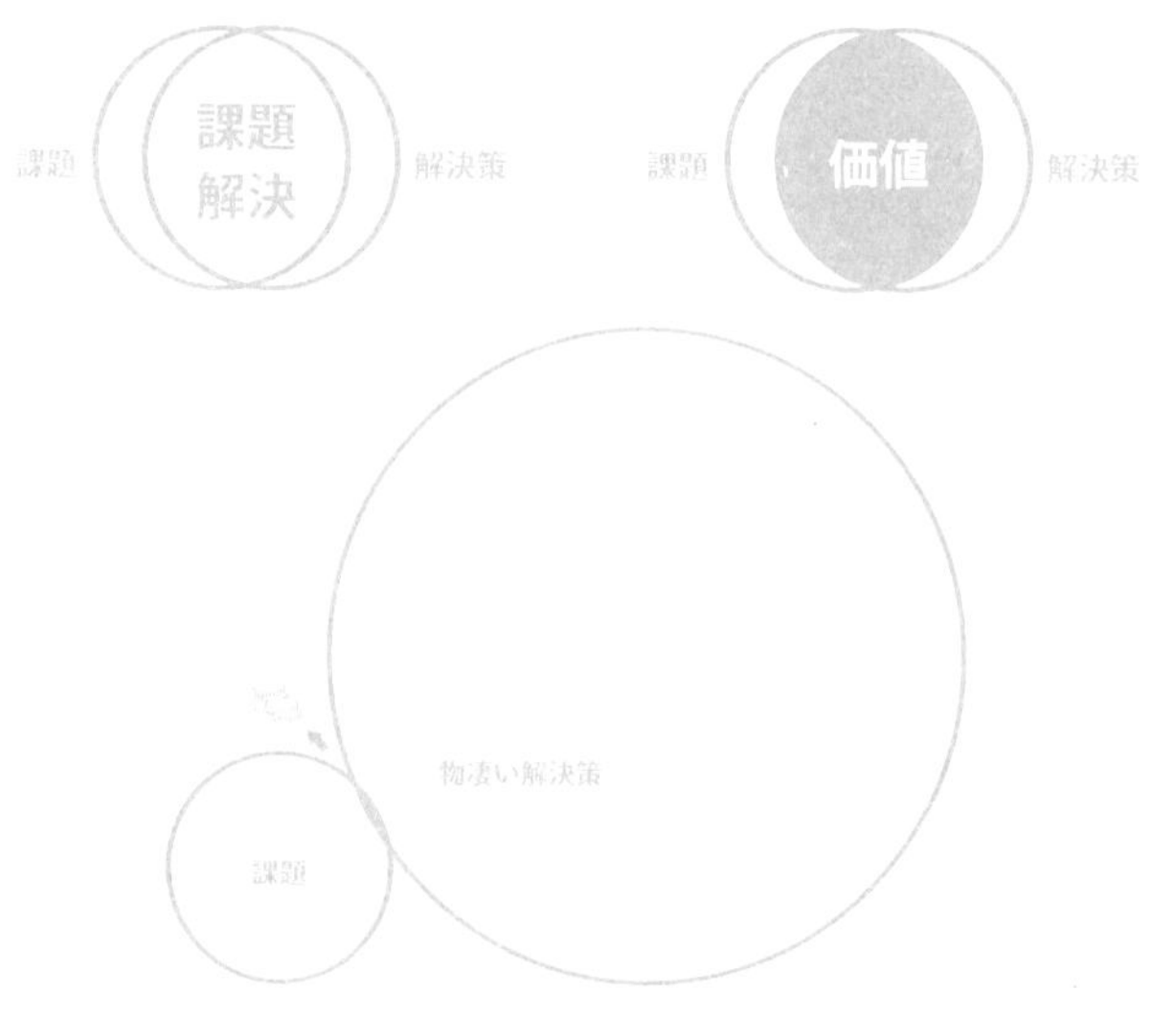

ネスであれ、ビジネスにおいて価値を生み出すには、「課題」と「解決策」の解像度を上げる必要があるのです。業界の解像度や事業計画の解像度を上げることも重要ですが、**まず解像度を上げるべきなのは顧客の「課題」とそれに応じた「解決策」**です。本書ではまず何よりも取り組むべきこの2つの解像度の上げ方について解説します。

本書の方法論の全体像

第1章で、解像度は「深さ」「広さ」「構造」「時間」の4つの視点で上げることができると紹介しました。4~6章では次ページの図にあるとおり、この4つの視点でそれぞれ課題と解決策の解像度を上げるための方法論（型）を見ていきます。

ただし、一度辿り着いた解像度もあくまで仮説でしかありません。そこで7章では一度上げた解像度が実際に正しいのかを検証するための方法についても考えます。そして最後に、8章では未来の解像度を上げるための方法についても考えていきたいと思います。

型は全部で48あります。2章の解像度の診断結果に応じて、「深さ」「広さ」「構造」「時間」のうち、足りていない部分から優先して読んでいただいて構いませんが、多くの人は「課題」に対する「深さ」が足りないので、なるべく本書の順番で読むことをお勧めします。

構造

型24　分ける
型25　比べる
型26　関係づける
型27　省く
型28　質問をする
型29　構造のパターンを知る

型30　解決する範囲を決める
型31　構造のパターンに当てはめる
型32　新しい組み合わせを生み出す
型33　要素間の相性を考える
型34　捨てることで独自性を出す
型35　制約を意識する
型36　他システムとの連携を考える
型37　意図していなかった
システムのふるまいに対処する
型38　ストーリーを描く
型39　雑な構造から描きはじめる

時間

型40　変化を見る
型41　プロセスやステップを見る
型42　流れを見る
型43　歴史を振り返る

型44　最適なステップを見出す
型45　シミュレーションする
型46　好循環を作り出す
型47　長期の視点で考えて、
時間を味方につける
型48　アジリティと学ぶ力を高める

MVPを作り、スケールしないことをする
身銭を切ってもらって、課題の大きさを検証する
システムに働きかけて試す
粘り強く改善し続ける
行動することで機会を生む

		深さ	広さ
解像度をあげるための情報×思考×行動	課題（4章・5章）	型1 言語化して現状を把握する 型2 サーベイをする 型3 インタビューをする 型4 現場に没入する 型5 個に迫る 型6 Why so? を繰り返して、事実から洞察を導く 型7 習慣的に言語化する 型8 言葉や概念、知識を増やす 型9 コミュニティで深掘りを加速する	型15 前提を疑う 型16 視座を変える 型17 体験する 型18 人と話す 型19 あらためて深める場所を決める
	解決策（6章）	型10 プレスリリースを書いてみる 型11 行動可能な単位までHowを問う 型12 専門性を磨いて、新たな解決策に気づく 型13 手で考える 型14 体で考える	型20 使える道具を増やす 型21 外部資源を獲得する前提で広げる 型22 探索に資源を割り当てる 型23 解決策の真の意味を考える

粘り強く取り組み続ける

情報×思考×行動のサイクルを回す検証の方法（7章）

Column

どの程度の解像度が必要か？

ここまでは「解像度が高い」ことがすなわち良いことである、という前提でお話ししてきました。しかし解像度は高ければ高いほど良いというわけでもありません。

どの程度の解像度が必要かは、**最終的にどのような問いに答えたいか**、つまり目的によって異なります。**解像度を不必要に上げようとして、時間を使いすぎない**ように気をつけましょう。

たとえば戦略コンサルティングファームの答えるべき問いは、戦略レベルの問いです。戦略であれば、「広さ」の視点で幅広い打ち手を検討したうえで、それぞれの打ち手の優劣が分かっていれば十分だと言えるかもしれません。もちろん戦略上の重要な点については、「深さ」が必要になりますが、その他の部分はさほど深掘りが求められるわけではありません。

一方、現場の担当者であれば、与えられた領域での深さが必要とされます。たとえばカスタマーサポートであれば、目の前の顧客個人のことを深く知ったうえで、当てはまりそうな解決策を自分の引き出しの中から提案する必要があります。場合によっては、顧客は問題解決を望んでいるのではなく、「話を聞いてほしい」と望んでいることに気づく必要があるかもしれません。日頃から顧客の課題解決を支援するための知識を広く持っておいたうえで、一人一人の顧客の課題を深掘りして、目の前にいる顧客に対して適切なサポートを提供することが、十分に解像度が高い状態と言えるでしょう。

「木を見て森を見ず」と言いますが、人によっては森を見る必要があり、人によっては木を見る必要がある、ということです。もしあなたが木の病気を見る樹木医であれば、木だけではなく葉やその内部を見る必要があるでしょうし、環境破壊を専門に研究する人であれば、木ではなく森を見る必要があるでしょう。職業によっては、もっと違う視点、たとえば木や森ではなく土を見る必要があるかもしれません。「どの程度の深さが必要なのか」「どの程度の広さが必要なのか」を見誤ってしまうと、解像度を上げる作業に膨大な時間が必要になってしまい、そして場合によってはその努力のほとんどが無駄になってしまうのです。

「時間」という視点でも同様に、意味のある解像度の単位があります。ハチドリの羽ばたきの様子を見るには、マイクロ秒単位での解像度が必要かもしれませんが、ハチドリの渡り鳥としての習性を見るには、マイクロ秒単位で追いかけるとあまりに情報量が多すぎて、有意義な示唆にはつながらないでしょう。

目的によって求められる解像度の高さは異なります。目的を達成するために必要な最小限の条件を満たすことを「サティスファイス」と呼ぶことがありますが、このサティスファイスを意識できないと、必要以上に情報を集めてしまったり、不要な労力をかけてしまうことになります。目的の達成のために必要な解像度はどれぐらいなのかを常に自問自答しながら、解像度を「十分に」上げてください。

4

課題の解像度を上げる
――「深さ」

ビジネスで価値を生み出すには、「課題」と「解決策」の解像度を上げる必要があると説明しました。多くの人は解決策を思いつくと、その製品やサービスをすぐに作りたくなってしまいます。私たちはどうやら、課題ではなく、解決策と恋に落ちやすいようです。しかし、**課題を特定する前に解決策を作って磨きこんでしまい、そのあと課題がまったくないことが分かったらどうでしょうか。**課題と解決策がフィットしようがないので、価値はまったく生まれません。解決策を作るのに傾けた努力がすべて無駄になってしまいます。

想像上の、実在しない課題に挑んでしまうのは、どんな人であってもしばしば犯してしまう間違いです。たとえば、Ｑｕｉｂｉというスマートフォン専用のショート動画配信サービスのスタートアップがありました。ディズニーの映画部門の責任者が２０１８年に起業し、さらにイーベイの元ＣＥＯが社長として率いていた会社です。経歴だけで判断すると、顧客が欲しいものや顧客の課題をしっかりと把握できているように見えるでしょう。実際、サービス開始前にもかかわらず、約１８００億円の資金調達をしており、投資家からの期待は高まっていました。しかし、巨額のお金を使ってサービスを開発し、かなりのマーケティング費用をテレビやウェブに使って、２０２０年4月に開始した結果……期待外れの結果に終わり、同年10月にサービスを終了してしまいました。

誰からも欲しがられないような製品を作ってしまったり、必要とされていない機能を作ってしまったりすると、費用的・時間的な無駄が生まれます。だからこそ、**まずは課題の解像度を上げていきましょう。**

課題以上の価値は生まれない

さっそく課題の解像度を上げるための方法論をお話ししたいところですが、その前にそもそも良い課題とは何かについて、整理をしたいと思います。少し遠回りに感じるかもしれませんが、どの課題の解像度を上げるのかを選ぶうえでも非常に大事なので、説明させてください。

課題とは、顧客や市場の持つ問題のことです。英語ではproblemという単語に相当します。不満や不便、不都合など、課題は「不」や「負」と呼ばれることもあります。特に重要な課題のことを、イシュー、論点と呼ぶこともあり、いかに適切なイシューを設定するかが大事だという話はビジネスにおいてしばしば強調されます。研究でも、最も重要な作業の一つは、良いリサーチクエスチョンを出せるかどうかだと言われます。

このように課題や問いが重要視される理由は、**良い課題を選べるかどうかで生み出される価値がほぼ決まる**と言っても過言ではないからです。

たとえば、「お昼ご飯を一緒に食べてくれる人を探したい」という課題を解決するビジネスを始めるとしましょう。解決策としては、お昼ご飯を食べたい人同士のマッチングサービスや、遠隔で一緒にご飯を食べながら会話する動画サービス、お昼ご飯友達代行サービスなどがありうるでしょう。自分自身が一緒に行ってあげる、というサービスも考えられるかもしれません。しかしいずれのサービスにしても、一般的な昼食代が1000円程度だと考えると、おそらく1回あたり300円程度の料金しか取れないのではないでしょうか。

エンジニアの場合、AI等を使った物凄く精度の良いマッチングアプリを開発する、というアイデアを思いつくかもしれません。ロボットが好きな技術者は、一緒にお昼ご飯に行ってくれるドラえもんのようなロボットを作る、という発想をする場合もあるでしょう。仮にこうしたＡＩやロボットのような高度な技術を使ったサービスが開発できたとして、顧客が払ってくれる料金はどれぐらいになるでしょうか。最初は目新しさから１０００円程度払ってくれる人がいるかもしれません。しかし、昼食のたびに食事代の他にその金額を出す人は多くないでしょう。

　前章で「課題がどの程度解決されたかで価値や報酬が決まる」という話をしましたが、「お昼ご飯を一緒に食べてくれる人を探したい」という課題を選んでいる限り、どんなに解決策が技術的に最先端のものであっても、そこから生まれる価値はそれほど大きくなりません。**解決策が課題を完璧以上に解決していたとしても、課題の大きさ以上の価値は生まれないのです。**言い換えれば、解決策が課題に対してオーバースペックであっても、そのオーバーしている部分に追加のお金を払ってくれる人はほとんどいない、ということです。

　課題の選定の重要性は、特に若手や学生の方にはなかなか実感がつかめないようです。それもそのはずです。学校は１００点満点のテストで正答率を上げることが求められる環境です。つまり、課題は自分で選ぶのではなく、誰かから与えられているものが中心で、その解決

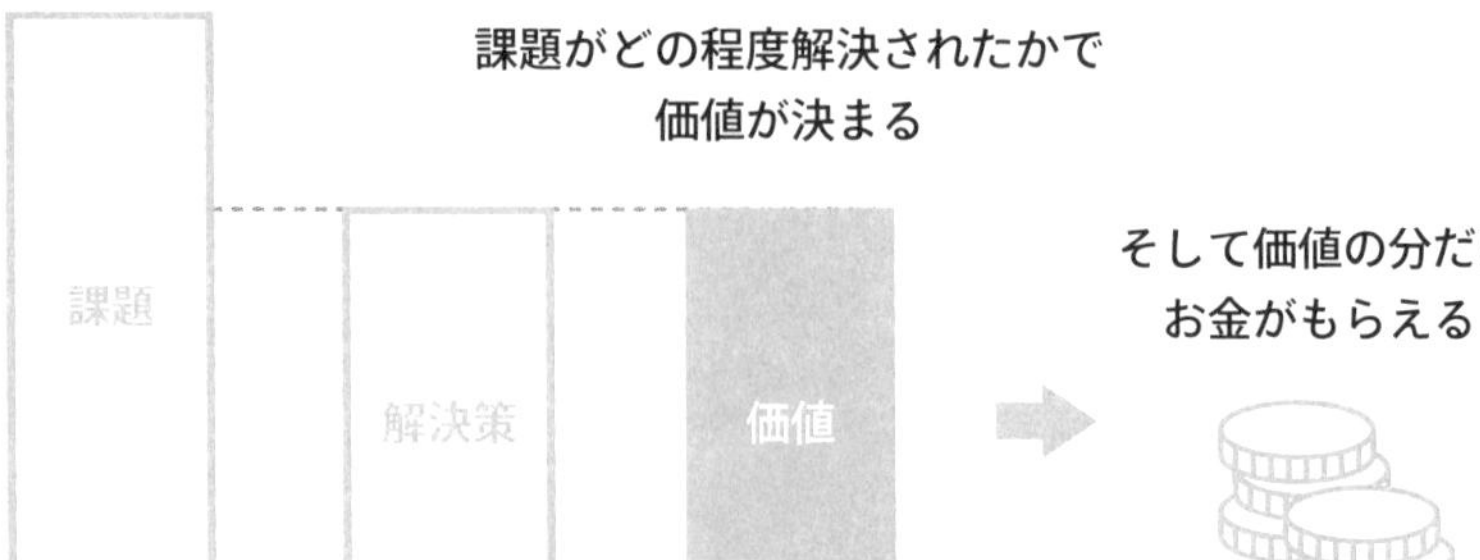
課題がどの程度解決されたかで
価値が決まる
課題
解決策
価値
そして価値の分だけ
お金がもらえる

策の良し悪しを評価されることが圧倒的に多いのです。

新入社員となってからしばらくの間も、与えられた範囲内での課題の解決を行うことが主な仕事です。上司から指示された課題に取り組み、解決策の質を上げ、課題の解決の度合いを高めることがその人の評価を左右します。中堅社員になってくると、求められる解決策の質が上がったり、予算が増えて選べる解決策の範囲が広がったりしますが、基本的には責任を負うのは解決策の質です。つまり、良い質の課題を選ぶことを求められる若手はそれほど多くないのです。

一方、経営層に近づくにつれ仕事内容は「どんな課題を設定するのか」になってきます。歴史のある大企業の場合、従来のビジネスや社内にある資源の延長線上で取り組む課題を考えなければならないという制約はありますが、それでも選ぶことのできる課題の自由度はぐっと高まります。そして課題とおおまかな解決策を決めた後、解決策を細かく考えるのは部下に任せることになります。

言い換えれば、経営層になれば受けるテストを自分で選べるようになる、ということです。100点満点のテストに飽き足らず、1億点満点、1兆点満点のテストを選ぶこともできるのが経営者です。そして100点満点の中で100%の正答率で100点を目指す道を選ぶこともできれば、1兆点満点のテストの中で0・01%の正しい解答を

**解決策が課題に対してオーバースペックでも
課題以上の価値は生まれない**

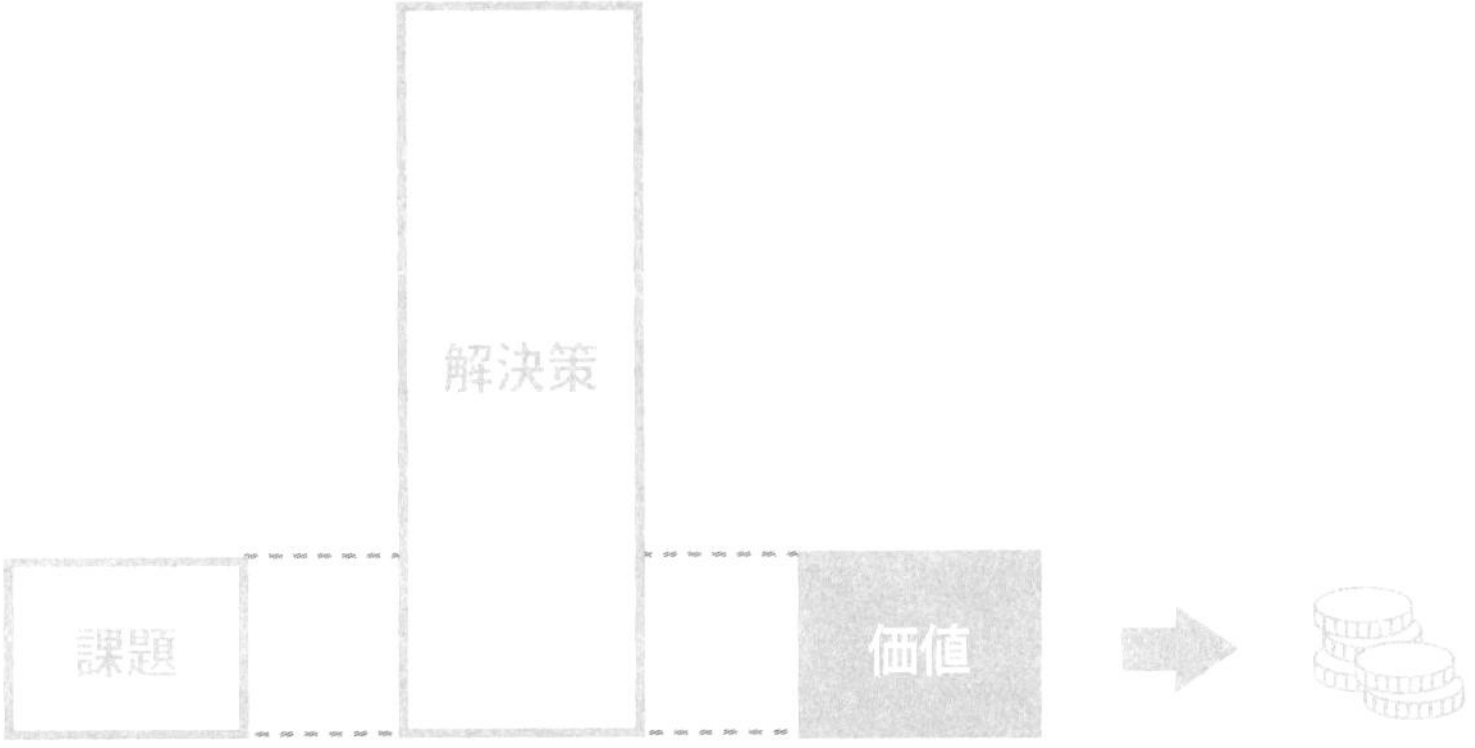

返すことで1億点を狙う、という道を選ぶこともできます。

多くの人を束ねるマネージャーになったり、裁量の大きな仕事を任されたりするほど、今自分が「課題の質を高める」仕事をしているのか、「解決策の質を高める」仕事をしているのか、どういったバランスでそれぞれを行うべきなのかを常に考える必要があります。課題と解決策のどちらの解像度を上げるときなのか、見極める必要があるのです。

なお、起業家であれば、より高い自由度で課題を選ぶことができます。自社に何の歴史もなく、事業領域の制約もないからです。ただし、スタートアップには、少ない資源の中で急成長をする事業を行わなければならない、という制約があります。そのため、これまで誰もが見逃していた大きな課題、もしくは今後大きくなる課題を見つけて、急激な成長を遂げる事業を作らなければなりません。それに加えて、起業家は手元に資金もなければ、大企業の経営者のようにその解決を部下の誰かに任せることもできないので、限られた資源をうまく使いながら、自分の手で課題を解決しなければならないという制約もあります。つまり、少ない資源で解決可能な大きな課題を見つけて、自らの手で解決する、という難しい作業を行わなければならないのです。起業家には大企業の経営者とは別種の難しさがあります。

どのような職業かによって選択できる課題の幅は異なりますが、多くの人は課題を多少なりとも選ぶことはできるはずです。何かに取り組もうとしたときには、**どの課題を選ぶかによって、生み出される価値は大きく変わる**、ということを覚えておきましょう。

良い課題の3条件

それでは、どんな課題を選べばよいのでしょうか。本書では以下の3点を満たす課題が、良い課題であると考えます。

(1) 大きな課題である
(2) 合理的なコストで、現在解決しうる課題である
(3) 実績をつくれる小さな課題に分けられる

ここからはこの3つの条件について見ていきましょう。

(1) 大きな課題である

良い課題の条件の1つ目は、**大きな課題、つまり解決すると大きな価値が生まれる課題であること**です。

課題が価値の最大値を決めることはさきほどお話しした通りです。大きな課題を選んでいれば、その解決策の改善幅だけ、生み出される価値は大きくなります。一方、小さな課題を選んでしまった場合、解決策をどれだけ改善しても、そしてどれだけ高度に解決しても、課題の大きさ以上の価値は生まれません。

先ほどの例で言えば、100点満点のテストと、1兆点満点のテストのどちらに挑むほうが良いのか、ということです。学校での試験は、ほぼ常に100点満点の世界でした。しかし社会に出てからは、私たちは1億点満点の課題や1兆点満点の課題にも取り組むことができるのです。

たとえば環境問題という大きな課題に、環境負荷の少ない電気自動車という解決策で挑むテスラ社は、1兆点満点の課題を設定したと言えるでしょう。すべてをテスラ1社で解決はできないでしょうが、大きな課題に取り組み、その一部の解決がテスラならできそうだと期待されることで、創業から20年も経たないうちに、時価総額が自動車会社のなかで1位となり、世界の企業でもトップ10に入るようになりました。

しかし大きな課題に取り組むのは怖いことです。失敗する可能性も大きく、自分に解決できるはずがないと思ってしまうからです。そのため、大きな課題を選ぼうと心がけなければ、勝率が高く見える小さな課題を選んでしまいます。

ただ、大きな課題に挑むことは、思っている以上に勝率が高い場合も多いのです。誰もが目をそらしていて競合が少ないため、競合に勝つことをそこまで考えなくても良くなります。そして意義のある大きな課題に挑むことで、手伝ってくれる優秀な人も多くなります。ですので、なるべく大きな課題を選ぶことをお勧めします。

スタートアップの場合、最初から大きな課題に取り組むのは難しいかもしれません。そんなときは、**今はまだ小さいけれど、将来大きくなる課題に今から取り組む**のも一つの手です。課題が大きくなるにつれて、自社の製品の価値も増していきます。たと

えば、グーグルはインターネットが普及するにつれて、アクセスできる情報が膨大になり、大勢の人にとって精度の高い検索がより大きな課題になったことで、企業として急激に成長しました。

課題の大きさを考えるときは、強度と頻度の掛け算で考えることをお勧めします。

課題の強度とは、課題が一度起こったときにどれぐらいの痛みを感じるか、解決できなければどの程度の金額を失うか、解決できたらどの程度大きな金額を得られるかといったことです。強度の高い課題のことをバーニングニーズと呼ぶこともあります。髪が燃えていて、それ以外のことを考える余裕もないほど困っている状況や、切迫したニーズのことを指す言葉です。もし皆さんの髪の毛が燃えてしまったら、足元の泥水でも使って火を消そうとするでしょう。綺麗な水が手に入らない状況であれば、泥水のような酷い代替品であっても使いたくなるような課題がバーニングニーズです。

スタートアップでは特にこのバーニングニーズを見つけられるかどうかがポイントとなります。なぜなら、無名の会社が作る完成度の低い製品であっても、切迫したニーズがあれば、顧客は買ってくれるからです。逆に言えば、そうした課題でなければ、顧客は他の有名な企業から製品を買うか、十分に綺麗な水が手に入るまで購入を待つことになります。皆さんがECなどで製品を買うときも、レビュー数がほとんどない、聞いたこともない会社の製品を買うのは躊躇するでしょうが、本当に切迫したニーズがあれば、そんなことは気にせずに購入するのではないでしょうか。

課題の頻度とは、その課題がどのくらい頻繁に起こるかです。人とコミュニケーションをとりたい、という課題は1日に何度も起こります。ゴミ捨ては毎週や数日に1回起こる課題です。年末調整のような、一部の人に対して年に1度しか起こらないような課題もあります。

頻度が多いほど、大きな課題になりえます。グーグルでは一時、歯ブラシテストというものが

課題の**大きさ** ＝ 課題の**強度** × 課題の**頻度**

（例）バーニングニーズ　（例）歯ブラシテスト

あったそうです。歯ブラシのように1日あたり2、3回使うような価値のあるサービスになっているかどうかを、製品の魅力を測る指標にしていたのです。

強度と頻度で課題の大きさを見てみると、たとえば経費精算は1か月に1度の頻度で起こり、忙しい人にはそれなりに強度のある課題です。このため、強度×頻度で考えるとおそらくそれなりの課題の大きさになるはずです。作業を自動化できる手法を解決策として提案すると、もしかしたらよいビジネスになるかもしれません。一方、年末調整は1年に1度しか発生しないため、強度は経費精算よりも多少大きくても、頻度が少ないためそれほど大きな課題とはならず、ビジネスとしてもそれほど大きくはならないかもしれません。

基本的に、人が生活するうえで大きな課題となっているもの、つまり強度と頻度の両方が高い課題の多くは解決されています。たとえば水汲みはかつて人間の生活時間の多くを使う重労働でしたが、今の日本では上下水道インフラによって解決されています。社会が進歩してきたおかげで、今は大きな課題を見つけることが難しくなってきているとも言えます。

ただし、時代や環境によって強度と頻度は変わります。**今の社会になったからこそ、強度と頻度が増した課題**は常に存在します。そうした変化に気づけるかどうかが、大きな課題を見つけるうえでのポイントとなるでしょう。たとえばSNSの発達によって写真をインターネット上で共有する回数が増え、写真加工という課題が頻繁に発生するようになり、写真加工の課題が大きくなったため、解決策としての写真加工アプリの需要が伸びました。

このように時代の流れによって、これまでよりも強度が大きくなっている課題や、頻度が多くなっている課題に目を付けることで、今はまだ小さくてもこれから大きくなるような課題を見つけられるかもしれません。

(2) 合理的なコストで、現在解決しうる課題である

大きな課題であっても、ほんの少ししか解決ができなければ大きな価値は生まれません。そこで「良い課題」の条件の2つ目として、**現在解決しうる課題である**ことが挙げられます。

科学者として有名なニュートンは、実は科学以上に錬金術に時間をかけていて、卑金属を金に換える「賢者の石」の研究や、不老不死にもなれる万能薬について研究をしていたそうです。確かにこうしたものが実現できれば大きな価値を生むでしょうが、最終的に解き明かすことはできず、彼の業績として後世に残ったのは、実際に問題解決ができた科学での業績でした。ニュートンほど優秀な人でも、解けない課題を選ぶとほとんど成果は出ないのです。

ＩＴエンジニアであれば、そもそも何を作るのかという要件定義で技術的に不可能なものを設定してしまうと、どんなに努力してもソフトウェアを作ることはできません。

現在解決しうる課題かどうかの判別には、解決策の知識が求められます。たとえば最先端の技術や専門知識を誰よりも先んじて持っていれば、かつては解けなかった課題にいち早く気づくことができるでしょう。最先端の技術でなくとも、それなりに先進的な技術について周りよりも少しだけ深く知っていれば、そうした技術を知らない人たちが多い領域で優位性を得ることができます。

２０１０年代にＩＴ領域のスタートアップが増えたのも、それなりにＩＴを知っている人たちが増え、様々な業界の業務上の課題をコストの低いＩＴで解決できる、ということに早く気づけたから

です。

また、複数の解決策を組み合わせることで、実は解けるようになっていた、という課題もしばしば存在します。それに気づくためには、幅広い解決策の知識が必要です。

ここでもうひとつ留意したいのが、コストパフォーマンスの観点です。どれだけお金をかけてもよければ、解決しうる課題の幅は広がります。ただし、無尽蔵にお金を使っても良いという場合はほとんどないため、**合理的なコストで解決可能か**という観点、つまりある程度の解きやすさも重要です。課題を解決できたとしても、かかったコストが多大で、そこから生まれる価値に見合わないことはしばしばあります。

課題を工夫すれば、低いコストの解決策で価値を生める場合もあります。たとえばチケット購入サイトには、人気のチケットの販売開始とともに一気にアクセスが集中します。ここで課題を、「先着順でチケットを販売するために、数百万人が一気にアクセスしても間違いなく捌けるインフラを構築する」にしたとしましょう。技術的にはとても難しいものです。しかし、課題を「数百万人がチケットを購入することができる」としたらどうでしょうか。そうすることで、「一定数を超えた場合は、待機室で待ってもらう」「そもそも先着順ではなく抽選にする」という解決方法を許容できるようになります。そうすると一度に数百万人を捌く必要がなくなり、技術的にもコスト的にも楽になります。どうしても先着順でなければならないわけでなければ、より簡単な課題を選ぶことで、より簡単な解決策で、十分な価値を生み出すことができるのです。「何を作るべきか」という要件定義をするシステムエンジニア（ＳＥ）が、実装をするプログラマよりも高給を得る理由の一つは、こうした課題設定こそが、システムの作りやすさや、システムから生まれる価値の多くを決めるからという面もあるでしょう。

この「合理的なコストで、現在解決しうる課題である」という条件と、1つ目の「大きな課題である」という条件を満たすことはとても難しいと言えます。そこで必要になるのが、3つ目の条件です。

③ 実績をつくれる小さな課題に分けられる

最初から「大きな課題」の本丸に直接アプローチするのは、コストもかかり、困難になりがちです。たとえば社会問題に取り組もうとすると、制度や政策を変えなければならない場合も多く、それらはすぐに変更できるものではありません。組織のコミュニケーションに課題があるからといって、はじめから情報共有システムを総入れ替えし、組織構造や会議のやり方などを一気に変えようとすれば、社内で反発が生まれてうまくいかないでしょう。

大きな課題を特定したら、**解決可能な小さな課題に分解して、その中で最も大きな影響をもたらす課題**に取り組みましょう。解決可能な課題に分割できるかどうか、これが3つ目の良い課題の条件です。

大きな物事が動きはじめるのも、まずは小さな成功が起こってからです。スタートアップが投資家から資金調達をするときも、アイデアだけの段階で信じてくれる人はほとんどいません。しかし少しでも実績があり、ユーザーがいれば投資家の目が変わってきます。社会制度を変えようとするときにも、それに近い小さな変化を起こして解決できたという実績や実例があると、議員を巻き込みやすくなったり、政策として通りやすくなります。最初は小さく、徐々に大きな課題に取り組むことを意識してください。

大きな課題を見据えながら小さな課題を狙うときは、大小の課題間のつながりに気を付けましょう。大きな課題として森林の環境問題を解決したいのに、まず解決する課題を「森林の環境問題に対する情報不足」にしてしまうと、本当に取り組みたい課題に辿り着けない可能性があります。森林の環境問題に影響を与える大きな要因は何か、解像度を上げなければつながりは見えてきません。

手元の小さな課題しかまだ見えておらず、大きな課題が見えていない場合もあるでしょう。そんなときは、まず小さな課題を解決してみるのも一つの手です。徐々にそこから大きな課題が見えてくることもあるからです。ただし、小さな課題の中でも、**一部の顧客が強い痛みを感じている課題や、緊急性を感じている課題**を選ぶようにしてください。そうした一部の人にとって強度の高い課題は、大きな課題につながりやすいからです。

大きな価値が生まれる可能性があり、それでいて合理的なコストの範囲内で解決しうる課題を見つけ、その中で小さな実績を出せそうな課題を選ぶ。そのためには課題の解像度を上げる必要があります。

そこで、ここからは「深さ」「広さ」「構造」「時間」の4つの順に、課題の解像度を上げるための方法論を解説していきたいと思います。まずは「深さ」からです。

第1章でお伝えしたとおり、これまで筆者が見てきた事例では、**深さが足りないケースが大多数**でした。深さが足りないことが原因で、仮説や主張に説得力がないことが圧倒的に多いのです。

2010年代に、デザイン思考が注目されたのも、個別具体の顧客理解、つまり「深さ」が足りていないという認識がビジネスの現場にあったからだと思います。そのためまず「深さ」の視点で課題の解像度を上げるための手法から、解説を始めます。特に時間をかけていただきたいところでもあるので、他の3つの視点から独立した章にして、詳しくお伝えします。

症状ではなく病因に注目する

第1章でも触れたとおり、**「深さ」の視点で課題を捉えるとは、症状ではなく、病因を突き止めること**とも言えます。

たとえば体が発熱して39度の熱がある状態は明らかに課題です。この課題に対しては、解熱剤を飲むという解決策がすぐに思いつきます。しかし熱が出ているのなら、何らかの原因があるはずです。それが「病因」です。その病因は風邪かもしれませんし、インフルエンザかもしれません。熱中症かもしれませんし、盲腸かもしれません。その場合、根本的な治療のために注意を払うべきなのは、その病因のほうでしょう。

病気だけではありません。肥満という症状の病因は、運動不足なのか、食べ過ぎなのかは、同じ人であっても様々な理由がありえます。食べ過ぎだとすれば、朝昼晩のどれなのか、あるいは間食が多いのか。晩御飯を食べ過ぎているのであれば、普通の晩御飯なのか会食が多いのか。普通の晩御飯でも食べ過ぎているのであれば、その原因は仕事のストレスなのか、それともお皿が大き過ぎるのか……などなど、症状の原因に深く分け入っていくことで、問題の川上へ川上へと遡り、私たちは病因、つまり本当の課題を突き止めることができます。そして、その病因にアプローチしてこそ、根本的な解決が可能になるのです。一方、表面的な課題、つまり症状だけに着目して解決に取り組んでも効果は薄いでしょう。このように、個人レベルで考えれば症状と病因の違いはすぐに分かり、病因のほうを把握しなければ効果的な対策は打てない、という発想に自然になれるのに、ビジネスの現場ではしばしば症状と病因を混同してしまうようです。

たとえば、会社のマネージャー陣が「従業員のモチベーションが下がっている」という課題を設定し、「全社で合宿に行く」という解決策を提案したところ、それを聞いた部下の多くが「なんで?」と冷ややかな空気になってしまった、というような話を聞いたことはないでしょうか。ここで「なんで?」となってしまうのは、表面的な症状から解決策を一気に導いてしまっているからです。「モチベーションが下がっている」という症状の病因は、給料が低いせいかもしれませんし、マネージャーが機能していないからかもしれません。真の病因を考えないまま、つまり「深さ」の面で解像度が十分でないまま、表面的な解決策に飛びつくと、第三者からは不思議な行動に見えてしまいます。しかし当人たちはそれに気づかず、「良い合宿にするためにはどうすればいいか」などと解決策の詳細を考えることばかりに時間を使ってしまう、という状況はしばしば見かけます。

新規事業や新しい取り組みなどでも、同様のことはよく起こります。スタートアップのアイデアでも、症状レベルの話を「自社が解決する課題」としてしまい、その症状が起こっている病因について考えが至っていないことがしばしばあります。もちろん最終的にそうした症状は解決されるべきなのですが、症状をそのまま課題として設定してしまうと、何も解決できないことのほうが多いのです。

ビジネスにおいて症状と病因の混同で最も多いのが、**市場の課題と顧客の課題の混同**です。市場の課題は症状で、顧客の課題が病因と考えてみると、課題の深さが十分かどうかが見えてきます。

たとえば皆さんが人材マッチングビジネスを始めたいとしましょう。「人材の需給のマッチングがうまくいっていない」という課題を設定し、「マッチングをうまくいかせるために、人材紹介業を始める」ことを解決策としてビジネスを始めると、おそらく険しい壁にぶつかるでしょう。マッチングがうまくいっていないという市場の状況を症状として捉え、それが起こっている原因である顧客の課題、つまり病因を探り当ててそれを解決しなければ、良いサービスを作ることはできません。病因は「働きたい時間が合わない」という場合もあれば、「賃金形態が合わない」ということもあるでしょう。それらを特定してはじめて、良いサービスを作れるようになります。

「課題：オンライン診療が日本では普及していない→解決策：オンライン診療アプリを作る」「課題：機会損失が○○円という試算がある→解決策：業界の業務効率化に取り組む」なども、市場の課題、つまり症状から解決策を短絡的に導いてしまっています。

市場の全体構造や、市場にある不満や不便さを把握すること自体は、機会の大きさを把握するうえでとても大切です。しかし**こうした市場の課題は、企業や個人の**

病気の場合の例
・インフルエンザ
・盲腸

ビジネスの場合の例
・働きたい時間が合わない
・賃金形態が合わない

病気の場合の例
・熱が出ている

ビジネスの場合の例
・人材マッチングが
うまくいっていない

課題の集積や、市場の制度が生んだ「症状」です。**「病因」は、「目の前にいる一人の顧客は、いったい何に困っているのか」というミクロな顧客の課題**です。お金を払うのは顧客であり、顧客の課題が分かっていなければ、適切な製品（病因に対する薬）を作ることができません。そして適切な製品を作ることができなければ、市場の課題という症状を解決することもできないでしょう。

それに市場の分析やデータから見える「市場の課題」の事実は、多くの人が知っています。**他企業と差別化ができるポイントは、そうした誰でも手に入るデータではなく、少数の人しか持っていない顧客の課題への洞察**です。それでもデータのような定量的なもののほうが説得力はあると思ってしまうのか、一定数の人は数字で示される市場の課題だけを語り、これを解決すれば大きなビジネスになると言います。市場の課題というマクロな視点を持っておくことが重要なのは間違いありません。しかし、目の前の顧客の課題を突き止められるかどうか、しかも表面的な課題ではなく、顧客の課題の根本的な原因となっている、ミクロな深い課題を突き止められているかどうかも、同じくらいかそれ以上に重要なのです。言い換えれば、**顧客よりも顧客の課題のことを深く知っているカスタマーマニアになれているかどうか。**これが深さの視点から課題の解像度をチェックするときのポイントです。

課題だと思ったものにすぐに取り組んで解決策を考えてしまうことは、解像度が低いときによく起こります。だからこそ、今課題だと思っているものが「症状」なのか「病因」なのかを意識することで、課題の解像度はぐっと上がります。もし「この課題は症状かもしれない」と思ったら、その根本にある病因を深く探るようにしてみましょう。

深さのレベルを意識する

病因を深く探っていくうえで有効なのが、「深さのレベル」を意識することです。表面に出ている症状をレベル0として、そこから何回深掘りしているのかカウントしていくのです。高熱という症状の病因は風邪だとしましょう。これがレベル1です。風邪をひいた理由は、人からウイルスを貰った、そのときにたまたま体が弱くなっていた、など複数あるかもしれません。これがレベル2になります。さらに体が弱くなってしまっていた原因は、運動不足や栄養不足なのではないか、とより奥深くかつ複数の原因を把握していくこともできます。こうした原因の分析を重ねていくと、課題の原因はツリー状に整理されていきます。

たとえば、従業員から生まれる新しいイノベーションが少ない、という課題があったとします。その原因として「技術開発が十分に行われていない」「従業員同士のコミュニケーションが少ない」といったような課題を挙げることができるでしょう。これが深さレベル1です。いくつかの課題の中からコミュニケーションの問題を考えることにしましょう。そのとき書籍や論文などのサーベイを繰り返して、「会話が少ない」「メールやチャットでの文章のやり取りの量が少ない」と、さらにその原因を深掘りして、課題をより詳細に特定していくこともできます。これを深さレベル2とします。その中でも特に会話に目を向けて、社員にアンケートを取ってデータ分析してみると「社内の人と会う回数が少ない」「社内の人と会ったときの話す時間が短い」と掘り下げるとレベル3、社員に直接インタビューをしてみてその原因を把握すると、話す時間が短い理由として「共通の話題が少ない」「忙しくて雑談ができない」といったより細かな課題が分かってきてレベル4……と、原因を次々に問うことで、解像度を上げていくことができます。

筆者の経験則では、**7〜10ぐらいのレベルの深掘り**ができていないと、重要な洞察を得られず、有効な解決策を導くこともできないようです。ただ、多くの人はレベル2〜3の深掘りに留まり、すぐに解決策の検討に入ってしまいます。課題の深掘りが苦手だったり、課題が決まらないという曖昧さに耐えられず、解決策に飛びついてしまう傾向があるのかもしれません。その結果、的を射ていない解決策を作ってしまう、という事例を多数見てきました。

現在の「深さのレベル」を意識して、十分な深さに達しているかどうかを随時確認しながら、解像度を上げていくことをお勧めします。

先ほどの例で、深さレベルごとに、サーベイ、インタビューなど様々な行動をしていたことに気づいたでしょうか、一定以上の深さレベルに至るには、それに応じた情報、行動、思考が必要です。そこで本章ではそのための型となる9つの手法を紹介します。その前に、これらの手法を実践するうえで意識しておきたい「内化」と「外化」という考えについても少し触れておきましょう。

深さのレベルのイメージ

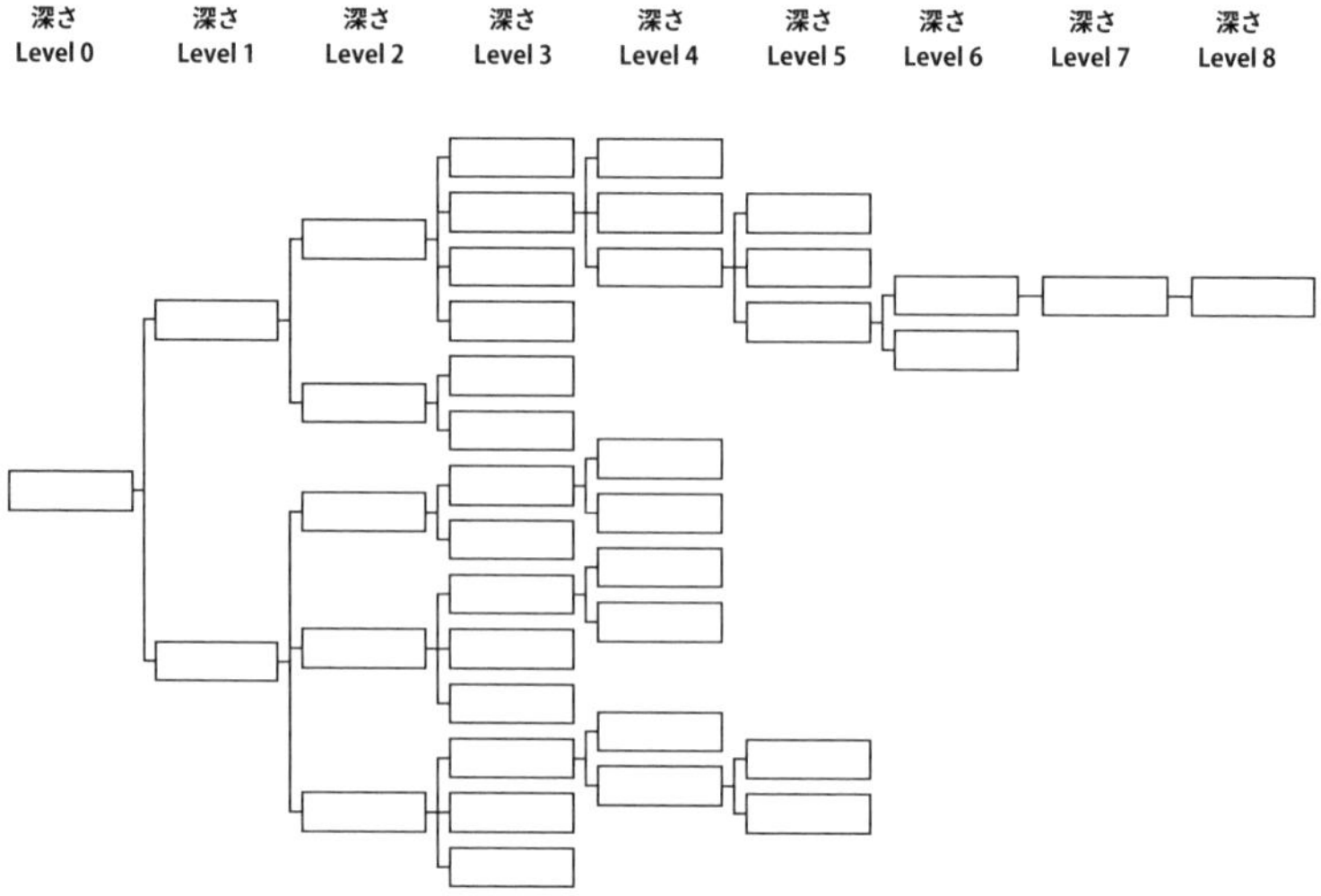

内化と外化を繰り返すことで深めていく

「深さ」の視点で解像度を上げる行為は、学習に似ています。学習のプロセスを考えるときに用いられるのが、内化と外化という考え方です[1]。

内化（internalization）：読む・聞くなどを通して知識を習得したり、活動（外化）後のふり返りやまとめを通して気づきや理解を得たりすること。

外化（externalization）：書く・話す・発表するなどの活動を通して、知識の理解や頭の中で思考したことなど（認知プロセス）を表現すること。

この内化と外化を繰り返すことで、学習は進むと言われています。インプットとアウトプットとどう違うのかと思われるかもしれませんが、内化には内に取り込んで血肉化するニュアンス、外化にはいろいろと試行錯誤しながらこねくり回し、情報が加工されて生み出されるニュアンスがあります。単に内に入れる／外に出すという機械のようなプロセスではなく、血肉化し、生み出すという、人間の認知活動の複雑さを感じていただくために、あえて本書ではこの言葉を使います。

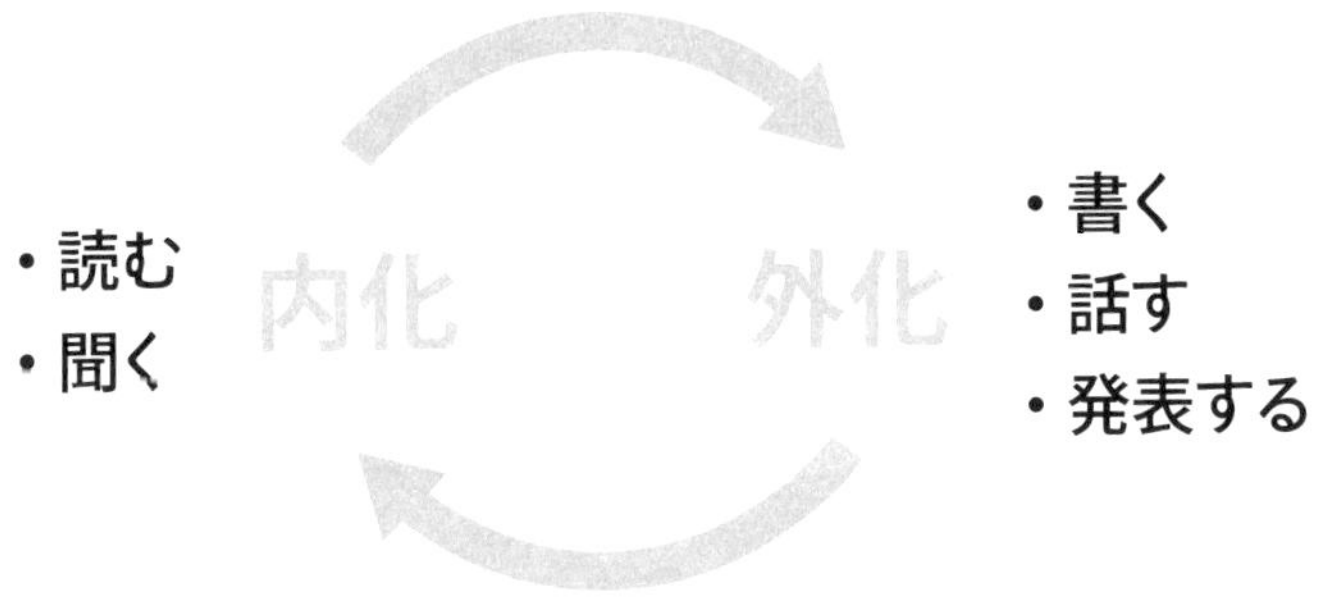

1（用語集）内化・外化（溝上慎一のホームページ内「溝上慎一の教育論」、2018年3月24日掲載 2018年5月31日更新）
http://smizok.net/education/subpages/aglo_00011(naika_gaika).html

深めるというと、詳しく物事を知る、そのために情報を集める「内化」がイメージされがちですが、「外化」、つまり書く・話す・発表するなど、試行錯誤して自分の中にあるものを表現するプロセスも同時に必要です。情報・思考・行動の考え方で言えば、**情報を仕入れるだけではなく、思考し、きちんと行動することが大事**だということです。

桜の花びらが散り、風に舞っている様子を、多くの人は思い浮かべることができるでしょう。では「その美しい風景を、5秒程度のアニメーションにするために、何枚か絵を描いてください」と言われると、はたと手が止まってしまうのではないでしょうか。いざ描こうとすると、どのような花びらの形なのか、どのように舞っているのか、どんな速度なのかなど、実はかなりのことを私たちは見過ごしていることに気づきます。

もし絵心がないから描けないのだと思うなら、一度自分の記憶を頼りに、5分ぐらい「家の周りの地図」を描いてみてください。日々通っているはずの場所でも、道がうまく描けなかったり、縮尺に不安がある箇所もあるのではないでしょうか。そうして描いてみたあとに、あらためて家の周りを歩いてみる、つまり行動してみると、これまで気づいていなかった道や街の景色に気づけます。普段より多く内化できるのです。これが外化の効果です。

「描く」という外化を試みることによって、「見る」という内化の質も変わっていきます。内化と外化は、それぞれがそれぞれを支え合う関係であり、片方だけでは駄目なのです。

本章で紹介する手法は、それぞれ次ページの図のように「内化」「外化」「内化と外化の精度を上げる」に分けられます。内化と外化を行ったり来たりしつつ、日常的に精度を上げる取り組みを粘り強く続けることで、十分な深さレベルに至る、つまり、解像度を上げることができるのです。

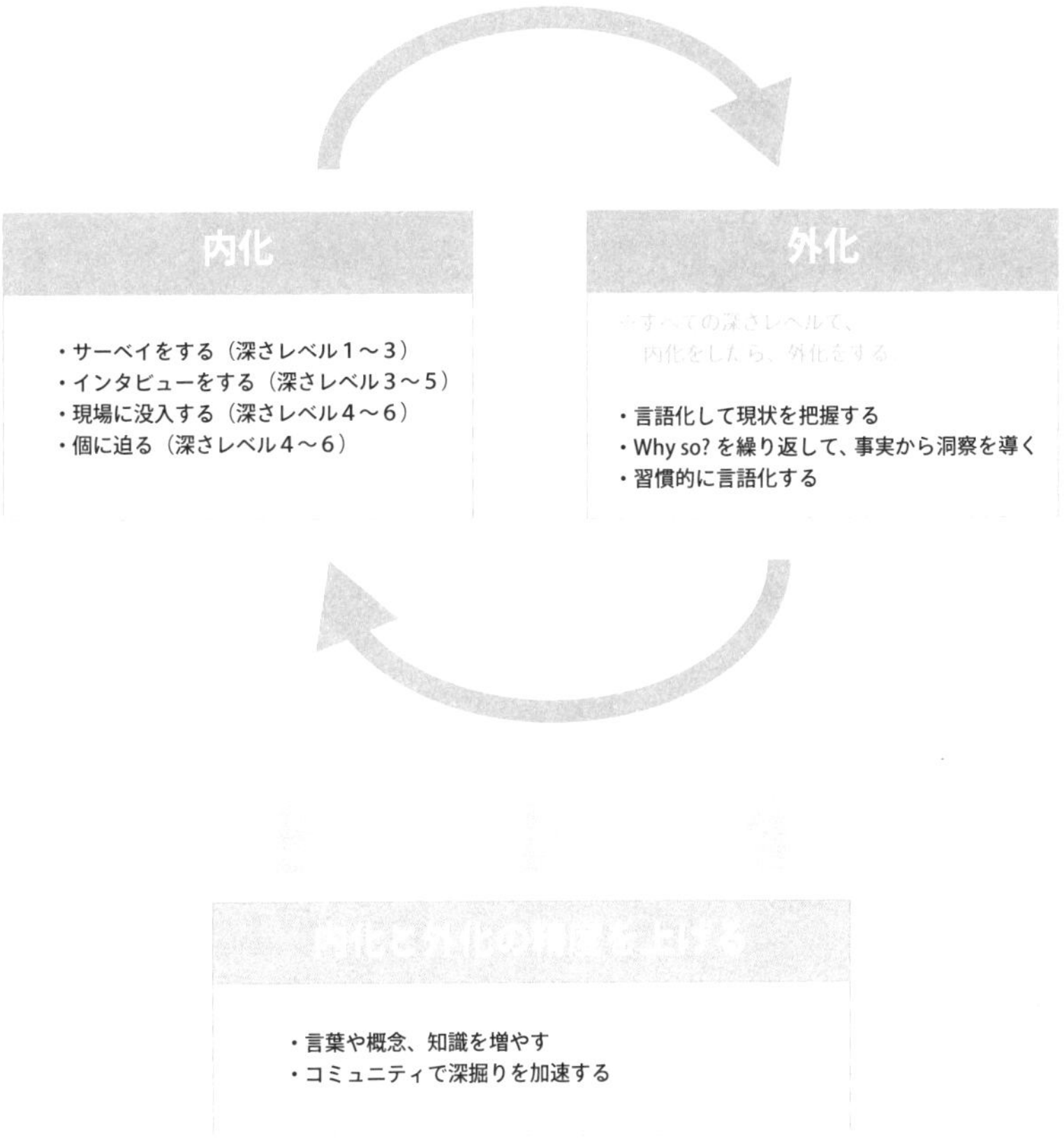
内化
・サーベイをする（深さレベル1〜3）
・インタビューをする（深さレベル3〜5）
・現場に没入する（深さレベル4〜6）
・個に迫る（深さレベル4〜6）
外化
※すべての深さレベルで、
内化をしたら、外化をする
・言語化して現状を把握する
・Why so? を繰り返して、事実から洞察を導く
・習慣的に言語化する
・言葉や概念、知識を増やす
・コミュニティで深掘りを加速する

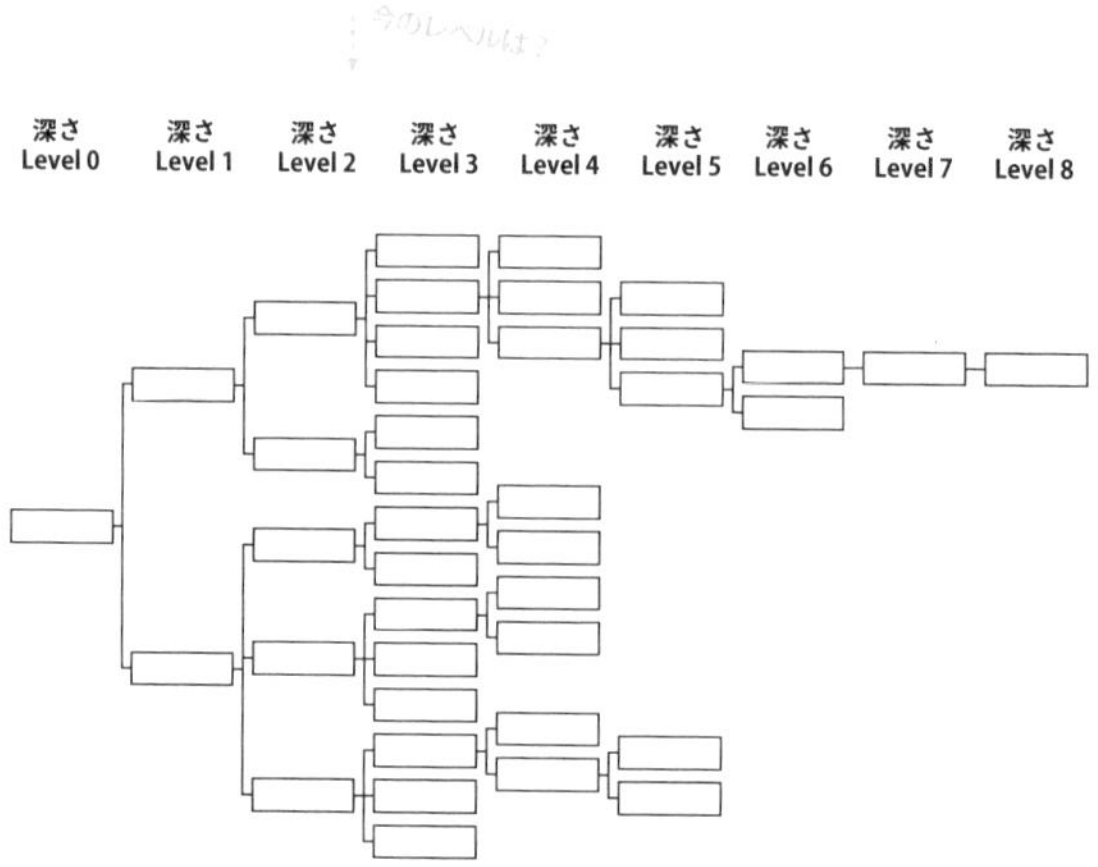

言語化して現状を把握する（外化）

「深さ」の視点で課題の解像度を上げるための第一歩は、意外かもしれませんが、**今自分が考えている課題を言語化する、つまり外化する**ことです。

そうすることで現状の深さレベルを確認でき、闇雲に内化に取り組むことを避けられます。雑巾を絞るようにまずは自分の中にあるものを絞り切って、知識やアイデアが出てこなくなったときにはじめて、乾いた雑巾が水を吸収し始めるように、効率的な内化の準備が整います。さらに、言語化する中でさらに深められる部分に気づき、自然と深さのレベルが上がっていく効果もあります。はじめはもちろん、このあと紹介する内化の手法を行うたびに、実践することをお勧めします。

様々な本で指摘されていることですが、十分に言語化できなければ、まだ十分に考えきれていません。「自分にはもっと深い考えがあるのに、うまく言葉にできない」「自分のアイデアを半分も言語化できない」ともどかしく感じるときは、単にまだ考えきれていないだけである場合が多いのです。

言語化の方法として、「書く」「声に出して喋る」の2つを紹介しましょう。

書く

まず取り組んでほしいのは、**「今、何が最も重要な課題だと思っているのか、それはなぜなのか」を仮説で良いから最初に書く**ことです。

考え抜いた「結果」を書くのではありません。書くことは思考の「過程」です。**書くことで私たちは考える**ことができます。

研究手法を説いた『リサーチの技法』[2]という本の第1章は「紙に書いて考える」です。研究を進めるうえで、何よりも書くことが最初に位置付けられているのです。同書では書くことの目的と効用を「覚えるため」「理解するため」「考えを検証するため」としており、書くことは単に考えた結果を外に出すための行為ではなく、思考の道具として捉えられています。コンピュータサイエンスの研究者サイモン・ペイトン・ジョーンズも、まず論文執筆をしてから研究や実験を始めるべきだと指摘しています[3]。書くことで頭がはっきりして集中でき、理解していないことも明確になるというのです。さらに自分の考えていることを共有可能になるので、協力や批評を得やすくなるというメリットも挙げています。言葉からは少し遠いと思われているデザインの文脈でも、「デザインステートメント」や「プロブレムステートメント」というように、デザインする前にコアとなるものを言語化して書くことが重要視されます。

2 ウェイン・C・ブース、グレゴリー・G・コロンブ、ジョセフ・M・ウィリアムズ、ジョセフ・ビズアップ、ウィリアム・T・フィッツジェラルド（『リサーチの技法』（川又政治訳、ソシム、2018）

3 Simon Peyton Jones「優れた研究論文の書き方――7つの提案（slideshare.net）」（角征典訳、Microsoft Research, Cambridge、2015）
https://www.slideshare.net/kdmsnr/writing-a-paper-seven-suggestions

課題の解像度を上げるためにも、まず可能な限り具体的に書いてみてください。そのとき、抽象度の高い文章で満足していないかについても注意してみましょう。たとえばフリーランス向けのサービスを考えているとき、「フリーランスの人は契約書が書けなくて困っている」という課題は抽象的すぎます。「フリーランスの人は、平均1か月に1度の頻度で契約書を締結する傾向にあり、その8割は秘密保持契約の契約書である。契約書は相手先企業から出てくるが、その内容のチェックを依頼しているのは知り合いの手近な弁護士1人だけなので、本当にきちんとしたフェアな契約になっているか不安で困っている」という風に、具体的に6W3H（Why／What／Who／When／Where／Whom／How／How much／How often）を意識して書いてみましょう。何が課題だと考えているかをきちんと言語化して、その背後にある理由も書き出すのです。そうすることで、どこまで深い理解に至っているかを確認することができます。

様々な選択肢があるのなら、その選択肢もすべて書き出しましょう。筆者が出会った研究室出身の起業家は、自分の持つ技術が応用できそうな市場をとにかく書き出して、その中で大きな市場から順に、どういった課題がありそうかを羅列して、それぞれの課題を検証して進んでいきました。

最初の書き出しは箇条書きでも構いません。ただし、**より詳細に課題を検討するときには、文章として長文で書くことをお勧めします。** 箇条書きを使うと、論理の飛躍や矛盾などに気づきづらいからです。同様に、詳細を詰めていくときには、スライド形式で書くことはお勧めしません。スライドは箇条書きを用いてしまいやすく、文章も簡素になってしまうことが多いためです。箇条書きやスライドは、アイデアの発散や要点を人に伝えるときには便利ですが、考えを収束させていくときには不向きです。考えを深めるときにはワードのようなテキストエディタを使って、前後の文章のつながりを意識しながら、レポートのような長文を書くようにしてください。

書こうとして「何を書けばいいのか分からない」という状態でも、落胆するのではなく、それを認識できただけ前進したと捉えましょう。多少は書けたけれど、それより先のことをなかなか書けないこともあるかもしれません。それはその部分について、まだ考え抜けていないことが分かったということです。もし考えたことの半分も書けないと感じるなら、今の2倍の量を考えましょう。

書くことは失敗の連続です。閃いた思考をうまく書けないもどかしさを感じるでしょうし、**書くことで自分の考えの間違いや、解像度の低さにも気づきます。**失敗を恐れてか、自分の解像度の低さに気づきたくないのか、なかなか書き出せない人もいます。しかし誰しも最初から完璧なものは書けません。書くことはあくまで途中の作業だと捉え、最初は多少適当でも良いと考えて、とにかく書きましょう。言葉の断片でも構いません。とにかく一文字でも一分でも早く書きはじめることをお勧めします。最初に書いた文は、すべて捨てるつもりで、とにかく書きはじめてください。

重要なので何度も言いますが、**書きましょう。書きましょう。とにかく書きましょう。**

書きはじめるハードルを下げるためのコツはいくつかあります。ワードのような広大な白紙に書きはじめるのではなく、エクセルのセルを使って仮説を一行一行リストにしたり、アウトラインエディタなどでメモを取るつもりで書きはじめるのもお勧めです（メモについては、のちほど詳しく解説します）。マインドマップのようなツールを使っても良いでしょう。

言語化の過程はつらいものです。しかしこれまで私が見てきた解像度の高い人は言語化をきちんと行い、短い文章で満足せずに、長めの文章を書いていました。スタートアップでも、投資家向けのアップデートをきちんと書くチームはうまくいく傾向にあります。言語化の努力は裏切りません。

ぜひ試してみてください。

書き出すときには、以下を心がけてみましょう。

主語が明確な文にする ―― 体言止めや箇条書きは、ロジックが曖昧になりがちなので避けましょう。解像度を上げたいときには、きちんと文にすることをお勧めします。また、主語が大きなもの、たとえば「日本人は」「男は」といった主語の利用にはかなり注意が必要です。多くの場合、過剰な一般化で、間違いのもとになりますし、対象が明確ではないので、その後の議論が発散しがちです。

動詞を入れる ―― 体言止めではなく、動詞を入れるようにしましょう。顧客に関連する重要な情報は、名詞より動詞にあります。ニーズは動詞に宿ることが多いため、動詞の選択には細心の注意を払うようにしてください。

明確かつ簡潔にする ―― 冗長になるなら、まだ解像度は高くありません。

名詞は正確に使う ―― 誤った意味で名詞を用いると、余計な議論を生むことになりがちです。たとえば「識別」「認識」「認証」「認可」はそれぞれ似ているものの、すべて異なる意味を持ちます。

形容詞や形容動詞を数値化・具体化する ―― 「とても大きい」「様々な」といった形容詞・形容動詞は避け、できるだけ数値化、具体化しましょう。

バズワードや抽象的な言葉を避ける ―― 「顧客の不満」「ＡＩで解決する」など、具体的な内容が分かりにくい表現や、「民主化する」など、複数の意味に取れる抽象的な語句も避けましょう。理念を語るときには抽象的な語句を使う場合もありますが、課題を実際に解決するには具体性が不可欠です。

言い切る ── 疑問形で終わらせず、言い切りましょう。何を課題としているのかが明確になります。

声に出して喋る

喋ってみることは、書くことと少し異なる効果を持つ言語化の方法です。**自分が今考えている課題について喋ってみてください。言い淀む部分はないでしょうか。もしあるなら、そこがまだ解像度が高くない部分です。**声に出して話すときには、書いたものを基に喋るのも良いでしょう。発表用スライドを作ってみて、実際に誰かにプレゼンするつもりで喋ってみることも一つの方法です。スライドを発表の補助用の資料として作成したうえで話してみるのです。そうすると自分の理解できていない部分、スライド間のつながりの悪さや抜け漏れ、論理のミスなどに気づくことができます。筆者もスライドを多数書いていますが、口頭で発表する機会がなくても、公開前には一度声に出すようにしています。小声だと発言すべき点を飛ばしたり、流れが雑になってしまうので、本番のつもりで喋るのがポイントです。スタートアップに関するエッセイで有名なポール・グレアムも、エッセイを公開する前には必ず声に出して読み上げて、友達に話すような言い回しになっているかを確認しているそうです[4]。そうすることで、不自然な点に気づくことができるようです。

4 Write Like Your Talk（paulgraham.com、2015年10月）
http://www.paulgraham.com/talk.html

喋ってみると、自分の言葉を耳から聞くことになり、その言葉から思考が触発されることもあります。アイデアを喋ってみたら、意外な言葉が自分の口から自然と出てきて、そこから新しい発想が生まれた経験はないでしょうか。言葉を頭の中だけにとどめておくのはもったいないことです。人に聞かれるのが恥ずかしければ、夜の公園を散歩しながら独り言をつぶやいたり、会社の会議室をおさえて一人で喋るのもお勧めです。

こうして書いたり、喋ったりして言語化したものは、ツリー状に整理してみてください。そうすると、今の自分の深さのレベルが見えてくるはずです。また、現時点でもっと深掘りできそうなところがあれば、そこをさらに言語化してみましょう。そうして徐々にまだ分かっていないところや、これ以上の深掘りができなくてモヤモヤするところが出てきたら、その部分を中心に内化に取り組みましょう。

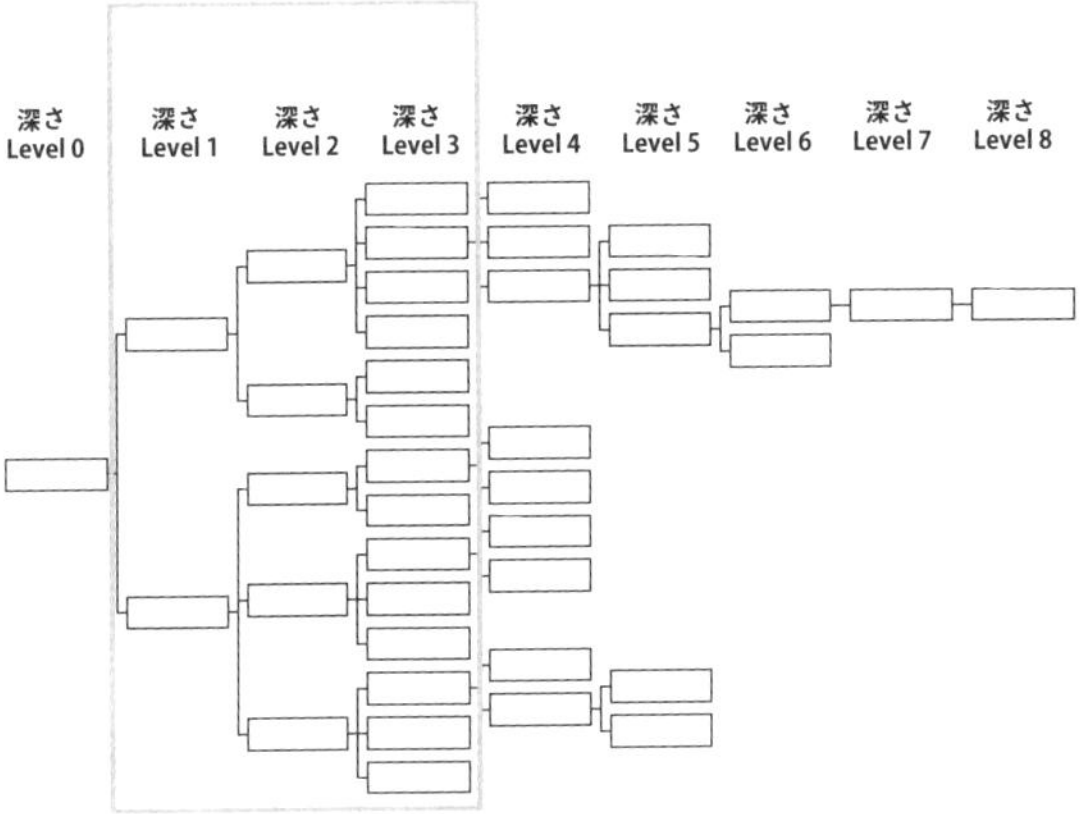

サーベイをする（内化）

言語化をしてみて、**まだ深さレベル3にも至っていない状況ならば、まずは多くの情報を集めて全体像を知る、つまりサーベイする**ことをお勧めします。

「自分の頭で考える」ことが重要視されている昨今ですが、何の情報もない中で考えても何も生まれません。たとえば、環境問題のことを何も知らないまま、「特に解決すべき環境問題は何か」「環境に良いこととは何か」を自問しても、なかなか良い答えには辿り着けません。地図やコンパスを持たずに登山に向かい、地形だけで進む道を判断して、あっという間に迷ってしまうようなものです。時間の無駄ですし、考えがあらぬ方向に行ってしまって危険ですらあります。

最初の探索のタイミングでは、人類の蓄積してきた知識を活用しない手はありません。

ビジネスであれ、研究であれ、勉強であれ、ほかの領域であれ、**解像度が低い原因は単に情報不足・情報整理不足**である場合が多いのです。良質な情報を内化できていなければ、良質な外化もできません。これは当然のことではあるのですが、良質な情報の獲得を意識する人はそう多くないようです。解像度が低い典型的な症状である「何が分からないのかが分からない」状況を脱するために、サーベイをして全体像を知りましょう。

サーベイをして大量の情報を持つことで、**「この情報は何が特異だと言えるのか」「自分の観察した事実は何がユニークなのか」**といった、個別の事象の物事の特徴や差異が徐々に見えてくるようになります。その特徴や差異が、課題を深めるヒントになり、真の病因を突きとめる手がかりになります。大量のデータを学習したコンピュータが画像を認識できるようになるように、人間も意識して大量の情報に触れることで様々なものを認識できるようになります。

宇宙ごみ（デブリ）除去サービスの開発に取り組むアストロスケールの創業者である岡田光信氏は、起業まで宇宙ビジネスとは関係のないキャリアを経てきた中で、宇宙ビジネスを始めるにあたり、「宇宙デブリに関する論文を１０００本読み、主要な教授たちのところに訪問した」そうです[5]。これくらい大量のサーベイをして課題を深掘りしないと、起業に値するアイデアには辿り着かないという一例です。

天性の才能やセンスでホームランを打つ起業家も中にはいます。しかしそれは例外です。**良いアイデアを持つ起業家と、そうしたアイデアに至らない起業家の差は「情報量」で多くの説明ができるのではと思うぐらい、私の知る優れた起業家は大量の情報を集めています。**

しかし驚くほど多くの人がサーベイをしませんし、情報収集を継続的に徹底して行える人はさらに少数です。特に初期は、そもそもサーベイの方法が分からないといった難しさや、馴染みのない用語が頻発して苦行のように感じてしまうせいか、中途半端なサーベイで挫折してしまうことが多

5 岡田光信『愚直に、考え抜く。――世界一厄介な問題を解決する思考法』（ダイヤモンド社、2019）

いようです。「関連するスタートアップのことを調べました」と言われて話を聞いてみると、不十分なサーベイしかしておらず、むしろ筆者のほうが事例を知っている、ということはしばしばあります。

逆に言えば、**サーベイをきちんと行うだけで、トップ20％に入ることは十分できます。徹底的かつ継続的なサーベイを行えば５％に入ることも可能です。**分からない用語は自分で用語集を作り、難しすぎるものは後に回し、分からないなりにサーベイを少しずつ進めていけば、必ずその作業は報われます。サーベイが進めば進むほど、加速度的に情報を処理する速度は上がるので、最初の壁を乗り越えさえすればどんどん楽になっていきます。たとえば、土日の２日間を使うと決めてサーベイをするだけでも、多くの情報が得られるはずです。そうした地道な作業を避けて、優れたアイデアに辿り着けることはほとんどありません。

「情報を仕入れすぎると頭が凝り固まる」「物事を知らないほうが違う発想ができる」「自分の頭で考えたほうがよい」と言われることもあります。確かに凝り固まることには注意が必要です。しかし、素人の発想が合っていることはそう多くありません。「自分の頭で考える」ことで、多くの情報を無視して、陰謀論や間違った答え、反科学的・反社会的な考えに行きついてしまう人も数多くいます。自分の頭で考えるうえでもまずは、サーベイを通してきちんと物事を知ることに時間をかけることをお勧めします。ここでは具体的なサーベイのコツをいくつか紹介しましょう。

サーベイの対象となる情報は、ニュースや市場のトレンド、研究、事例、人、製品など、様々な領域にわたります。その中でも**まずはいくつかの事例に当たってみる**ことをお勧めします。スタートアップのアイデアを考えているのであれば、自分が関心のある課題に関連する製品やサービス、それを提供しているスタートアップをいくつも調べてみましょう。

事例のサーベイが十分できているかどうかの閾値は、関連事例を「100」程度知っているかです。**製品を作るのであれば、まずは自分の事業領域の関連製品を、成功事例も失敗事例も含めて最低100個は言えるようにしましょう。言えるだけではなく、自分の手で触ってみることもお勧めします。**それでようやく競争のスタートラインに立てるぐらいだと思ってください。**300や400以上知ると、ようやく頭の中に地図ができてきます。**多すぎると思われるかもしれませんが、前述の岡田氏のように、多くの起業家はそうしたサーベイを地道に、かつ迅速に行っています。

サーベイをしていくと、自分が思いついたことは「すでにやられている」と絶望してしまうこともあります。実際、すぐに思いつくような疑問や課題はすでに解決されています。しかし、初期は細かい差異が分からないために、すべてやりつくされていると勘違いしてしまうことも多いものです[6]。サーベイを進めて細かいところまで分かるようになれば、解像度が低いころには分からなかった、手つかずの空きスペースが見つかって、それが新しいアイデアへとつながっていきます。すぐに諦めず、深めていってください。

サーベイをするときは、情報を内化するだけに留めないように注意しましょう。それだけでは、

6 Paul Graham「初期の作品」（2020年10月）
などから得ました。
http://www.paulgraham.com/early.html

新聞の記事をざっと読むことと変わりません。外化、つまりサーベイで集めた情報を分析し意味づけることも心がけてみてください。これは「構造」の視点で解像度を上げる行為です（第5章で詳述します）。100個のサーベイを行うだけで疲れてしまって、構造化に手間をかけていないチームは結局優れたアイデアには辿り着きません。逆に、ちゃんと多くのサーベイを行って、さらに構造化をしたチームはほぼ必ず進捗しています。

サーベイ結果の発表機会を無理やり持つのも良いでしょう。特定のフォーマットに加工して外化してみるのも一つの手です。以下は筆者が一時使っていたスタートアップのサーベイのフォーマットです。あくまで一例ですが、こうしたフォーマットを用意しておけば、見るべき視点も固まり、あとで比較して振り返るときも楽になります。サーベイをしながら、自分なりのフォーマットを見出していき、そのフォーマットで100の事例を整理するようにしてみてください。

サーベイは情報を手に入れるうえで大切なものですが、延々とできる作業でもあります。情報の海に溺れないように注意しましょう。10時間や50時間など、**時間を決める**ことをお勧めします。

(Tag) #tag1 #tag2 #tag3 #tag4
(Web) http://
(CrunchBase) http://crunchbase.com/xxx
(調査日) ○年○月○日 (比較対象日) ○年時点のプロジェクト
※あとで見返しやすいように、カテゴリー分けのタグや関連url、サーベイした日時をいれる
スタートアップ名：
一言でいうと何?
画像エリア
誰がどんな状況（6W3H）で使う製品?
なぜ今? 今だからできる理由は?
この製品でどんなアウトカムが得られる?
市場の大きさは? 10年後最大でどうなっている?
この製品のMagic Momentはどこ?
一番大きなリスクは?（過去のものならなぜ失敗した?）

事例のサーベイがある程度終わったら、次は大きめの書店に行き、**自分の課題に関連する業界の本を端から端まで買う**ことをお勧めします。たとえば飲食業のＳａａＳ（Software as a Service：サービスとしてのソフトウェア）ビジネスをしたいのなら、飲食ビジネスに関連する本を端から端まで買います。ＦｉｎＴｅｃｈをするなら、銀行や決済に関連するテーマの本をすべて買いましょう。複数の本を買うと情報が重複している可能性もあり、無駄に思えるかもしれませんが、著者によって異なる視点から同じ物事を見ることができますし、重複しているのなら、その情報は誰の目から見ても重要だということが分かります。そうして業界の構造やトレンドを深掘りしていくのです。

専門書などは高額のものもありますが、事前に1冊３０００円以下のものは全部買う、予算は10万円以内などと決めておいて、その範囲で「悩まずにすべて買う」ことを徹底してください。そうすれば、どの本を買おうかと悩む時間を読む時間に充てられますし、たった数万円と数十時間で、基礎となる情報が手に入ります。

業界紙のバックナンバーを2年分ぐらい読んでみるのも一つの方法です。どのように業界内のトレンドが変化してきたかを一気に学ぶことができます。その業界の数字の感覚を掴むことも意識して読みましょう。

領域によっては、書籍だけではなく、論文を読む必要もあるかもしれません。Google Scholar や Semantic Scholar などを使って、その領域の論文を読み漁りましょう。特許に関することは、特許マップを調べてみるところから始め、Google Patents や J-PlatPat、Espacenet、Lens.org などを使って検索してみてください。また課題への理解を深め、解像度を上げるには、英語の文献に当たることをお勧めします。

本にまだなっていないトピックであればインターネットでの検索から始めても構いませんが、インターネットの情報は良くも悪くも選別されていません。本に掲載されている情報も正しいとは限りませんが、まだ比較的信用できる媒体です。まずは本に数多く当たってみることから始めてみましょう。

最低10ページはインターネットの検索結果を見る

現代におけるサーベイの便利な方法が、インターネットでの検索です。起業志望者の皆さんの相談に乗っていて驚くことの一つは、「起業」という大きな挑戦をしようとしているのに、関連するアイデアの検索すらしない人がそれなりの割合でいることです。近い分野の課題に取り組んでいるスタートアップや、競合となる製品のことを調べていなかったり、調査が不十分だったりすることは往々にしてあります。

取り組みたい課題やアイデアを思いついたら、**検索エンジンで関連するキーワードで検索して、検索結果の10ページ、検索結果の100件ぐらいまでは最低限見る**ようにしましょう。似たような意味の異なるキーワードも複数検索してみて、多くの記事を読んでみてください。できれば**英語のキーワードでも検索してみる**ことを強くお勧めします。そして競合製品や類似製品があれば、可能な限りユーザーとして使ってみてください。

検索にはいくつかのコツがあります。

ダブルクオーテーションでキーワードをくくる

――あいまい検索を避けたい場合、キーワードをダブルクオーテーションでくくって検索しましょう。

専門的なウェブサイトの中で検索する

――スタートアップに関することであれば、TechCrunchやHacker Newsなどのサイト内で検索すると、スタートアップの記事が主に出てきます。サイト内検索の検索精度がいまいちの場合は、グーグルなどの検索エンジンで「site: サイトのURL（半角スペース）検索ワード」というかたちで検索すると、そのサイトの中での検索ができます（たとえば、TechCrunchであれば、「site:https://techcrunch.com/ClimateTech」とすれば、TechCrunchの中の「気候変動に関連するテクノロジー」に関する記事のみ検索できます）。

取り組みたい課題の市場に関する**管轄省庁のレポートや白書を検索する**のも手です。ビジネスであれば経済産業省や内閣府の資料、国際系であればJETROなどの資料が参考になるでしょう。検索エンジンで、「site: サイトのURL（半角スペース）pdf」と検索すれば（経済産業省であれば、「site:meti.go.jp pdf」、内閣府であれば「site:cao.go.jp pdf」）見つけられます。こうした資料からは、国レベルの広い視点での物事を知ることができます。官公庁からコンサルティングファームなどに依頼して作られたものも多く、そうした資料が無償で公開されているのですから、活用しない手はありません。

シンクタンクや戦略コンサルティングファームが出している資料なども参考になります。日本語の資料であれば、『経済レポート』[7]というサイトが便利です。ただしレポートの中には、作成した企業のポジショントークが強く出ているものもあるので、注意してください。

こうした市場の情報は、やろうと思えば延々と調べ続けられますし、公開情報である分、他の人以上に深い情報が得られることはほぼないことには注意してください。あくまで理解の土台づくりだと考え、時間を決めてやりましょう。

動画や講演で最先端の情報を掴む

動画や講演を見たり聞いたりするのは、昨今有効性が格段に増したサーベイの方法です。

動画や講演の優れた点は、「どこが重要なのか」を把握しやすいことです。登壇者がどこに力点をおいて話しているのかは、時間の使い方や資料の流れなどで分かります。今は講演がユーチューブやオンラインイベントなどですぐに視聴できますし、書籍の内容を著者自身が要約して語る動画も多くあります。文章のほうが精緻な議論が可能なため、最終的には文章を読んだり書いたりする必要はありますが、文章を読んで深掘りする前に、まずは動画を見ることで要点を理解しやすくなるでしょう。

２０１０年代の後半から、エンジニアリング分野でもビジネス分野でも、**最先端の情報は文字ではなく、動画や音声で提供され始めている**ように感じます。また、コロナ禍を経て、これまで国際学会やイベントに直接出向かなければ手に入らなかった最先端の情報も、動画や音声で入手しやす

7 経済レポート専門ニュース keizai report.com
http://www3.keizaireport.com/

くなりました。特に英語での動画や音声の情報は、ポッドキャストの普及も合わさって爆発的に増えました。日本語字幕や書き起こされた翻訳も活用して、英語の情報に触れれば、質の高い情報にアクセスできるようになります。サーベイするときには、こうした音声情報や動画情報にもアクセスしてみることをお勧めします。

ここまで解説してきたサーベイの手法は、解像度を上げるための土台づくりです。行動しなければ課題の解像度が十分に上がることはないことは肝に銘じてください。

データ分析をする

サーベイの途中でデータが得られることもあります。こうしたデータを分析して、解像度を上げることもできます。

データには第三者機関によるレポートや統計などの公開情報から、自社の過去の売上データや製品利用状況のデータまで、様々なものがあります。特に自社内のデータは、公開されているデータよりも詳細な情報が分かりますし、社内独自の洞察が含まれるため、自社の現状を理解するうえでは非常に役立ちます。

しかし、**データ分析から驚くような高い解像度の課題を見つけられることや、深い洞察のある仮説に至ることはそこまで多くないように思います。あくまで仮説の検証や、理解の土台を作るためのデータ分析だと考えたほうが良いでしょう。**仮説を持ってデータを見なければ、その意味を深く理解することができませんし、またデータ分析に力を入れ過ぎてしまうと、データの海に溺れてしまって、時間だけが過ぎてしまうことも多くあります。

データにこだわりすぎるあまり、判断を誤ってしまうこともあります。ベトナム戦争が行われていた当時の国防長官であったロバート・マクナマラが、定量的な指標のみに基づいて判断を下そうとして、それ以外の要素を無視したことで、事実上アメリカの敗北に終わったことにちなんで、こうした状態を「マクナマラの誤謬」(「定量化の誤謬」)と呼びます[8]。

データサイエンティストやデータ分析に強い研究者でない限り、まずは手に入るデータを簡単に分析して、ある程度現状を理解したら、定性的な情報に触れることをお勧めします。新規ビジネスの場合は、そもそも自社にデータがなかったり、あったとしても少ない場合が多く、新しい市場で第三者機関によるレポートやデータもないことがあります。そんなときに定性的な情報を得るためのコストパフォーマンスの良い手法が、インタビューです。

8 The McNamara Fallacy――measurement is not understanding
http://mcnamarafallacy.com/

インタビューをする（内化）

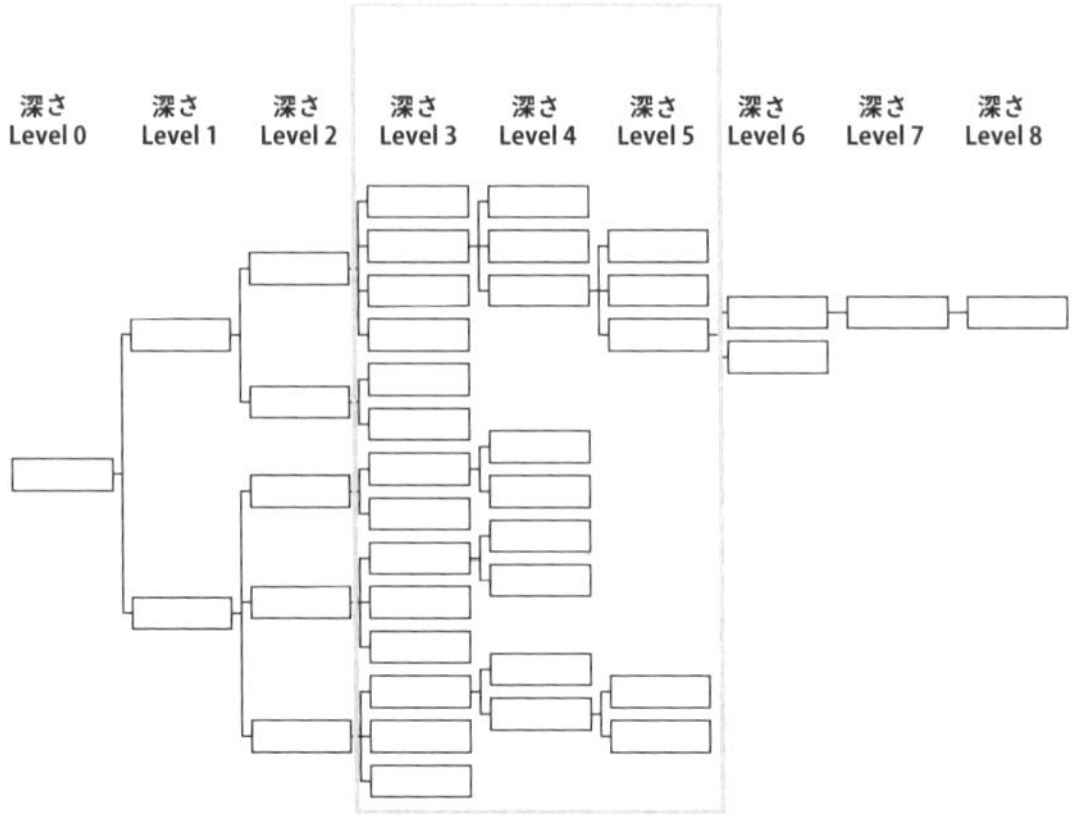

インタビューは最もコストパフォーマンスが良く、様々な職種で使える解像度を上げる行動です。あなたがその時点で持っている（言語化している）課題の仮説について、人に話を聞くことで、新たな情報が得られたり、思考が促されたりして、深さレベル3～5に至ることができます。

たとえば**製品のアイデアを考えるときには、顧客インタビューをすることで、顧客が普段どんな行動をしていて、どんな課題を持っているか深く知る**ことができます。専門的な知識が必要な場合、専門家にインタビューすれば、文章や書籍になっていない最先端の深い知識を得ることができます。

なお、そうした特殊な場だけがインタビューの機能を持っているわけではありません。**営業担当が商談中に顧客の課題を探るのも、ある種のインタビューです。カスタマーサポート担当者が相手の困りごとの真の原因を把握するために対話するのも、社内の業務改善の**

ために従業員にヒアリングするのも、政治家が課題を持つ市民や当事者と話して理解を深めるのも、インタビューと言えるでしょう。つまり、普段から私たちがしていることでもあるのです。しかし、いつもしているからといって、インタビューがうまいとは限りません。話を引き出すのがうまい人とそうでない人がいることからも分かるように、インタビューには巧拙と技法があります。

そこでここからはインタビューの具体的な方法についてお話しします。

意見ではなく、事実を聞く

ビジネスは顧客から始まります。課題を深掘りして解像度を上げるとは、顧客の解像度を上げることでもあります。そして顧客にインタビューをする際、最も気を付けたいのは、**顧客の意見ではなく、事実を聞く**ことです。専門家へのインタビューであれば意見を多めに聞いても構いませんが、顧客相手のインタビューの場合は、まず事実を聞くことに努めましょう。

探偵は容疑者に対して、「この時間に何をしていましたか?」という事実を尋ねて、その事実から犯人を推理します。もし探偵が「あなたは誰が犯人だと思いますか?」と聞いて回り、その意見を統合して多数決で「この人が犯人です」と推理したら、皆さんがっかりすることでしょう。犯人の意見に左右されてしまうかもしれませんし、探偵がいる意味もありません。

これと同じで**顧客の意見を聞いて、その意見の通りに何かを作ったり改善したりしても、たいていうまくいきません。**まずは顧客の事実を把握して、その事実から自分自身で仮説を立てることで、はじめて私たちは価値を出せるのです。スティーブ・ジョブズは、「顧客に何が欲しいか聞けば『より速い馬が欲しい！』と述べただろう」というヘンリー・フォードの言葉をしばしば引用していたようです。顧客が欲しいと言ったものが、「本当に彼ら彼女らが欲しいもの」とは限らない、ということです。[9] 顧客が本当に欲しいものを考えるのは、私たちの仕事です。

顧客自身が認識している課題の解像度や、解決策の解像度がそれほど高くないことはとても頻繁に見られる現象です。**一ユーザーでいると、「なんとなく不満」という認識のまま深掘りせずに、そもそもその課題がなぜ生まれてきているのかきちんと理解していないことも多い**のです。たとえば住民票を受け取るとき、なぜこんなに時間がかかるのか不満を持っても、その原因をきちんと把握している人はほとんどいないでしょう。料理を食べて「美味しくなかった」と思ったときに、その理由を分析する人もそう多くはないのではないかと思います。日々の仕事でも同様に、「出勤時の打刻が面倒くさい」「毎月の交通費精算を忘れてしまう」といった不便や不満を「なんとなく不満」のまま、解像度を上げずに放置していることのほうが多いものです。

仮に顧客が自分で自分の課題を分析したとしても、その結論が正しいとは限りません。病気になったときのことを考えてみてください。私たちは病気による痛みなどの症状自体を訴えることはできますし、聞きかじりの医療の知識を用いて、特定の薬や代替療法を試してほしいと医者に訴えることはできますが、大抵の場合は間違った判断です。症状から真の病因を見つけることは、専門的な知識がなければ難しいものです。だからこそ専門家である医師に相談して、その根本的な原因の把握と的確な解決を求めるわけです。つまり、顧客自身が課題を把握することには限界があり、専門家が事実を基に考えることで、課題の本当の病因に辿り着くことができるのです。これはビジネスでも同様です。

インタビューを実施する人は顧客の専門家、もしくはそうなろうとしている人です。インタビュー

9 より正確には "Some people say, 'Give the customers what they want.' But that's not my approach. Our job is to figure out what they're going to want before they do. I think Henry Ford once said, 'If I'd asked customers what they wanted, they would have told me, "faster horse!"' People don't know what they want until you show it to them. That's why I never rely on market research. Our task is to read things that are not yet on the page."。

する側は、**事実を集めて、その事実を基に考え、自分たち自身で洞察へと変えていきます。**もちろん、顧客の意見から洞察を直接得られることもありますが、**洞察を得るために必要な「思考」を顧客に任せすぎないようにしましょう。**

顧客インタビューでは、基本的には**「過去を思い出させはするが、将来やアイデアは考えてもらわないようにする」**というスタンスで臨んでください。将来の推測は聞かず、現在や過去に行っていることを聞くことで、顧客の意見を極力なくすことができます。

もし抽象的な答えが返ってきたら、具体的な答えを求めてみましょう。**数値で返してもらうようにする**のも一案です。たとえば「その課題はまあまあ大変ですね」と言われたら、「0点から10点の数字で言えば、どれぐらいですか？」「他の課題と比べて、どれぐらい大変でしょうか？」と食い下がってみましょう。曖昧な答えを具体化していく追加質問をすることで、解像度が上がります。

6W3H（Why／What／Who／When／Where／Whom／How／How much／How often）は基本的な事実を確認するうえでの有効なチェックリストです。顧客が課題らしきものを言ったときには「それはいつ、どこで発生した、誰にとっての課題ですか？」「どれぐらいの頻度で起こり、どれぐらい支払いましたか？」と6W3Hを明確にすることで、より精細な事実を手に入れられるようになるでしょう。

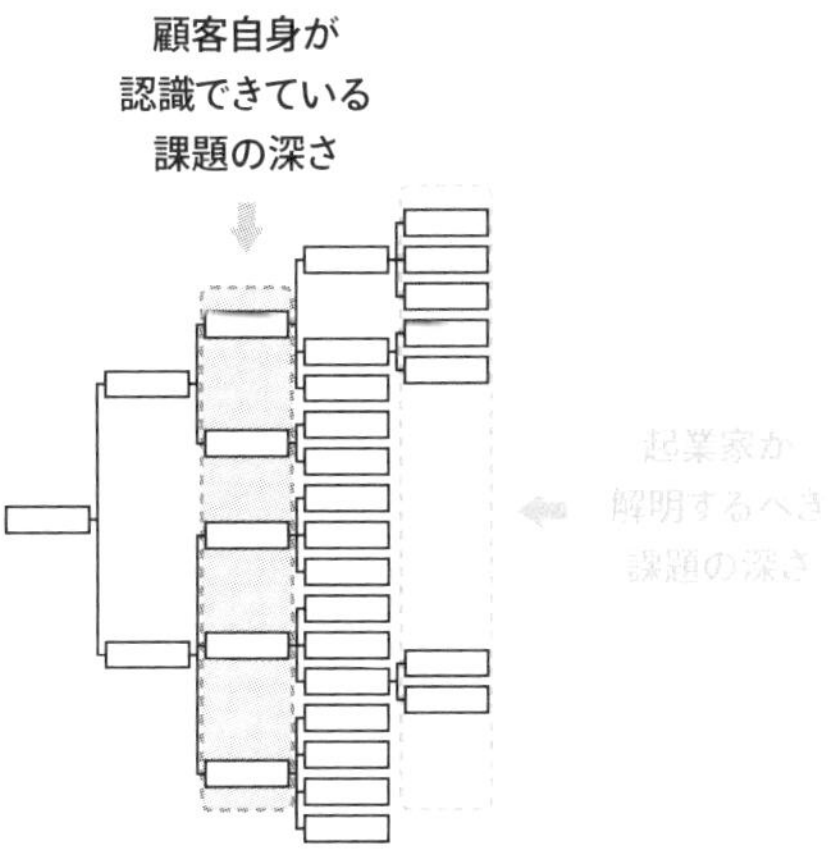

「洞察を引き出すためのインタビュー」となると、普段の雑談とは全く別のスキルが必要です。雑談では会話の流れを止めないようにして、お互いが楽しむことが重視されますが、インタビューでは時には流れを遮って元のトピックに戻り、深く質問して情報を獲得する必要があります。そして知りたい情報を引き出すには様々な工夫が必要です。そのための手法を見ていきましょう。

インタビューには、構造化インタビュー、半構造化インタビュー、非構造化インタビューと呼ばれる3種類の方法があります。構造化インタビューは質問をあらかじめ決めておいて、異なる人に必ず全く同じ質問をしていく手法です。非構造化インタビューは質問内容を事前に決めず、その場その場で質問していきます。半構造化インタビューはその中間にあたり、事前に定めておいた質問に従って質問をしつつ、状況に応じて自由な質問をする手法です。

顧客や専門家にインタビューをするときには半構造化インタビューがお勧めです。**基本的にはどのインタビューでも同じ質問をするので、他のインタビュー結果と比較しやすいですし、脇に逸れることもできるので、興味深い回答があればその場の判断で深掘りもできます。**

半構造化インタビュー前には、質問リストを用意しておきましょう。既存のフォーマットに従って探索的なインタビューをすることもお勧めです。たとえば、スタートアップの養成機関であるY Combinatorでは、『The Mom Test』[10]という本をもとに、以下のような半構造化インタビューを行うことを勧めています。

10 Rob Fitzpatrick“The Mom Test: How to talk to customers and learn if your business is a good idea when everyone is lying to you”（CreateSpace Independent Publishing Platform、2013）
「ユーザーインタビューの基本（Startup School 2019 #02）」（FoundX Review、2019年10月2日）
https://review.foundx.jp/entry/how-to-talk-to-users

あなたが解決しようとしていることに関する、一番の難題は何ですか？

その問題に最後に直面したときのことを教えてください。

それが困難だった理由は何ですか？

その問題を解決しようと思って、したことがあれば教えてください。

これまで試したソリューションのなかで、気に入らなかった点は何ですか？


その他、『リーン顧客開発』[11]にあるものを少し変更して、筆者が起業家によくお勧めしている半構造化インタビュー用の質問は、以下のような構成になっています。


今現在は○○（課題／行動／ジョブ）をどうやって行っていますか？

最後にあなたがその○○に直面したタイミングと状況のことを教えてください。
○○を解決するためにしたことがあれば教えてください。
これまで試した解決策（ソリューション）のなかで、気に入らなかった点は何ですか？

もしドラえもんがここにいて、ひみつ道具で何でもできるとしたら、その○○に対してどんなことをしてほしいですか？　漫画やアニメに出てきていない道具でも結構です。

他に私が知っておくべきことはありますか？

11 シンディ・アルバレス『リーン顧客開発――「売れないリスク」を極小化する技術』（堤孝志、飯野将人監訳、児島修訳、オライリー・ジャパン、2015）

ここでのジョブとは、『ジョブ理論』[12]などで解説されている概念で、「特定の状況において人々が実現したい進捗や、片づけたい用事や仕事」を指します。

またこの質問の中で、ドラえもんのことを聞いているのは、**「欲しいもの」ではなく、理想的な状態を聞く**ためです。「欲しいもの」を聞くと顧客は製品や機能などのアウトプットを思い浮かべますが、顧客を理解するときには、理想の状態や望んでいるアウトカム（成果）を理解したほうがよいため、こうした質問を入れています。

決まった質問をする中で、一般的ではない行動など、インタビュー相手のユニークな事実が出てくることがあります。そのときは時間の許す限り、その部分を掘り下げていきましょう。相手が話したくて仕方がなさそうにうずうずしているような反応があれば、そうした部分も深く聞いてみましょう。

「お、そこは面白いですね。詳しく聞かせてください」という質問が自然とインタビュー中にできれば、新たな洞察を得るところまで来ており、そのインタビューは成功に近いと言えます。こうした脇に外れる質問ができ、そこから多くの洞察が得られるのが、半構造化インタビューの醍醐味です。

インタビュー相手は人のつながりを活かしながら、外部からも必死に獲得する

インタビュー相手は知り合い経由で見つけるのが一番効率的です。ただ、知り合いの数は限られているため、すぐに尽きてしまうでしょう。そんなとき、スタートアップの場合、ウェブやＳＮ

12 クレイトン・M・クリステンセン、タディ ホール、カレン・ディロン、デイビッド・S・ダンカン『ジョブ理論――イノベーションを予測可能にする消費のメカニズム』（依田光江訳、ハーパーコリンズ・ジャパン、2017）

Sなどで直接つながりがない人たちに連絡を取ることもあります。初期はなかなかインタビュー候補が見つからず、企業の問い合わせフォームからメールを送ってみたり、現場への飛び込み営業をすることもよくあります。それぐらい必死にならなければ、インタビュー相手はなかなか見つかりません。大変ですが、やり遂げることで解像度は必ず上がります。インタビューを進める中で、**協力的な一人のキーパーソンを見つけると、その人の紹介で一気にインタビュー相手が芋づる式に見つかる**ことも多くあるので、最初の大変な時期をなんとか乗り越えましょう。

GLGやビザスクといった、専門家にインタビューできるサービスをとおして、人に会うのも一つの手段でしょう。しかし数名にインタビューするのに数十万円以上かかることが普通なので、大企業向きのやり方と言えます。お金がない場合は、コミュニティに参加したり、専門家の登壇するイベントに参加して、懇親会で話を聞かせてもらったりするなど、工夫しましょう。

企業向けサービスのインタビューは、**課題を持つ現場の人、決裁権のある管理職の人の両方**にしましょう。決裁権のある人にアクセスしなければ、購入の判断の軸が分かりません。一方で決裁権のある人が現場の課題をきちんと正確に把握できているとは限りません。時々あるのが、管理職や決裁権のある人の話をよく聞いたので、購入はしてもらえたものの、現場の課題やワークフローとは合わず、使われない製品を作ってしまうことです。

専門家へのインタビューでは、事実ではなく、意見を聞くことが多くなります。ただし、専門家や業界のインフルエンサーのような人は、業界全体のことには詳しいものの、細かな現場の課題を知っているわけではないこともよくあります。専門家だけではなく、必ず実際に現場で課題を持つ人たちにも話を聞くようにしてください。

また**1回のインタビューで関係を終わらせないように、プロジェクトの進捗を報告するなど、協力してくれた人には定期的にフォローアップする**ことをお勧めします。同じ人に、2週間ごとや1か月ごとに繰り返しインタビューをさせてもらう約束を取り付けるのも、起業家がしばしば行う有効な方法です。約束したタイミングまでに、必ず事業や製品開発の進捗というお土産を持っていくようにしましょう。進捗がないまま繰り返すと、相手からの信頼を失って次の約束が取り付けづらくなります。それに次の約束が締め切り効果としても働きます。

「インタビュー相手がほとんど見つからない」のであれば、自分の得意ではない領域に手を出そうとしているということかもしれません。本当に興味関心がある領域であれば、自分で何かしらの活動をしているはずで、すでに人のつながりもあるはずです。別の領域に挑戦したほうが良いかもしれません。しかしそれでもどうしてもその領域で挑戦したい場合は、労力と時間をかけてその領域のことに詳しくなっていきましょう。イベントに参加することから始め、徐々にコミュニティに参加してみるのも良いでしょう。介護業界に興味があるなら介護のコミュニティに入ってみる、デザイナー向けのソフトウェアを作りたいのであればデザイナーのコミュニティに参加してみる、場合によっては大学でその領域を学び直してみるなど、少し長期的な視点で取り組むと良いでしょう。コミュニティで人のつながりが得られれば、よりカジュアルにインタビューができるようになりますし、雑談の中で深い悩みを聞けるようにもなります。さらに、そうした取り組みの中からアイデアの議論に乗ってくれる人が出てきたり、一緒に起業する共同創業者候補も見つかったりするかもしれません。

インタビュー相手の「物語」を綴る

インタビューが決まったら、**事前に必ずインタビュー相手のことを調べましょう**。SNSやインタビュー記事、動画などで、その人の人となりを簡単に知ることができます。相手のことをきちんと調べていることをインタビューの際に暗に伝えるだけでも、多少の信頼関係を作れて、その後のインタビューはスムーズになります。特に専門家へのインタビューでは、その人の著書や記事、論文などを読んでおきましょう。

もしチームであれば、**1人は聞く係、1人はメモを取る係**と分担しましょう。聞きながらメモを取ると、メモを取ることに気を取られて良い質問ができなくなってしまいます。かといって大人数でインタビューをすると相手に圧迫感を与えてしまうので、2人が良いでしょう。できれば聞き役とメモ役をインタビューごとに入れ替えましょう。1回のインタビューの中では役割を固定し、次の人のインタビューでは役割を交代するのです。交互に行うことで、お互いの良いところを学ぶことができ、顧客インタビューがうまくなります。

メモをするときは、発言の要点だけではなく一言一句を書き留めるつもりで臨みましょう。「えーと」などの言葉や相槌などもメモすることで、その場の雰囲気や相手がどこで思考したか残すことができ、振り返るときに役立ちます。**インタビュー相手の「物語」を綴っている**のだという気持ちで取り組むのがお勧めです。

インタビューの話をするとよくされるのが、「アンケートのほうが多くのデータが手に入るのではないか」という質問です。大学の授業でも、宿題として顧客インタビューをお願いするときがありますが、「アンケートではなく対面のインタビューをしてきてください」と何度伝えても、アンケートをしてくる人が後を絶ちません。

なぜアンケートではなくインタビューであることが重要なのでしょうか。その理由を、ここでもまた探偵の例で考えてみましょう。容疑者を含む関係者全員にアンケートを取り、アンケート結果で犯人を決める探偵がいたら、その探偵を信じる人はほとんどいないでしょう。医師が患者に「あなたは体のどこが悪いと思いますか？」というアンケートを取ったところで、正確な原因分析ができるとは思えません。しかし多くの回答量を取れるからか、普段消費者として大企業のマーケティングしか見たことがないからか、あるいはアンケートのほうが簡単だからなのか、多くの人はアンケートという手法を過剰に重視してしまう傾向にあるようです。

たしかに、すでに大勢の顧客がいる製品の満足度など、仮説が定まっていて大勢からの回答で仮説を検証したいときはアンケートが効果的な場合もあります。ただ、**アンケートで顧客への理解が深まることはほとんどありません。**あくまで全体の傾向を浅く広く知りたいときに使うものです。

アンケートの自由記述欄で答えてもらったから、これはインタビューだ、と言う人もいます。しかし自由記述欄の回答で得られる情報と対面でのインタビューで得られる情報は異なります。自由記述欄には、はっきりと感じていることしかわざわざ書きませんし、長文を書くのが面倒なので、短文で済ませてしまいがちです。微妙なニュアンスのある回答を得られることは稀です。

一方、**対面のインタビューであれば複雑な情報を得ることができますし、機微な反応を見ることができ、そうした反応こそが大きなヒントになります。**たとえばインタビュー中に顧客が身を乗り出して積極的に答えてくれるときは、よい傾向です。「この作業に物凄く困ってます！」などと課題に共感してくれるときは、強度の高い課題がある可能性が高いからです。製品のことを話して「その製品、今すぐほしいです。ちょっと今からチームの人を連れてきますね」と前のめりの反応があれば、製品のニーズに関する仮説検証にもなるでしょう。さらに、気になる回答があれば、その場で深掘りできるのもインタビューの利点です。アンケートではなかなかこうしたことはできません。

戦略コンサルの思考本ではあまり強調されていませんが、実は重要なこととして、地道なインタビューや実地検分を何度も行うことが挙げられます。そうすることで、クライアントが気づいていなかった観点に気づいたという話は、戦略コンサル出身者からよく聞きます。綺麗な資料づくりや思考法で注目される人たちも、実際には泥臭い作業を通してはじめて洞察へと辿り着いているのです。

繰り返しますが、どんなに面倒でも、できるだけ対面でのインタビューを行いましょう。時間や場所の関係で直接会うのが難しい場合は、オンラインのビデオ会議でのインタビューでも構いません。ただし、ＬＩＮＥなどのメッセージツールを使うことは避けてください。一見インタビューのように思えますが、それは自由記述のアンケートのようなもので、インタビューとは言えません。

スタートアップの初期のチームを見ていると、**新製品を作るための顧客インタビューは30～50人程度にして、ようやくその端緒が見つかる**という印象があります。完璧な仮説ではなく、あくまで可能性のありそうな「最初の」課題の仮説が見つかるまでに必要な人数です。実際、顧客インタビュー数がその後のアイデア改善にかなり密接に関わっていることが示唆されている研究[13]もあります。多くの人にインタビューすることはとても大事なのです。

では、50件のインタビューにはどれぐらいの時間がかかるでしょうか？

1件あたり30分のインタビューをするとします。インタビュー日時の調整やインタビューの記録にはもう少し時間がかかると考えると、インタビュー1件あたり合計1時間ぐらいは必要と見積もれます。そうすると、50人のインタビューをするのには50時間程度かかりそうです。

50人のインタビュー相手を見つけることにも、それなりの時間がかかります。最初の15人ぐらいまでは自分の周りの人たちで何とかなることも多いものですが、それ以上になると広く募集したり、知らない人に話しかけたりしなければならないでしょう。仮に1人のインタビュー相手を獲得するために、平均して1時間ぐらいかかるとしたら、インタビュー相手獲得のためには準備や実施のための時間とは別に、さらに50時間ぐらいかかります。つまり合計すると、50人のインタビューを実施するのに、おおよそ100時間ぐらいを見込む必要があるということです。

100時間使うというのは、かなり多いように聞こえるかもしれません。しかしフルタイムで仕事をしている場合、私たちは週に40時間、ひと月あたり160時間程度働いています。100時間

13 Michael Leatherbee, Riitta Katila "The lean startup method: Early-stage teams and hypothesis-based probing of business ideas",Strategic Entrepreneurship Journal, Volume14, Issue 4, p.570–593, 5 October 2020 https://doi.org/10.1002/sej.1373

はその60％程度の時間です。新規事業担当者が1人いたとして、たった1か月で新規事業の種が見つかるのなら、かなりうまくいっているほうだと言えないでしょうか。実際、大企業の人たちと話すと、新規事業チームが立ち上がってから可能性のあるアイデアに辿り着くまでには、約1年の時間がかかることが多いと聞きます。1か月はとても早いほうだと言えるでしょう。

なお、インタビューを50件やってようやく入り口に立った段階だと思ってください。**顧客インタビューだけで「誰も見つけていないような課題」を見つけることができるのは稀です。あくまで「このあたりに大きな課題がありそうだ」ということを見つけられる、深さレベル3〜5ぐらいまでに至るための手段だと捉えましょう。**

インタビューは解像度を上げる手段であると同時に、顧客候補を獲得する機会でもあります。インタビューを通して、自分たちの事業を知ってもらえるからです。そこから実際の商談につながることもありますし、製品がない場合も、「完成したら連絡してほしい」と言ってくれる人に会えることもあります。ときには、「インタビューを受けるだけではなく、そのプロジェクトに参加したい」という人も出てきます。生まれたつながりは決して無駄にはならないので、どんどんとインタビューをしていきましょう。

最初はインタビューに慣れておらず、うまくインタビューができないかもしれません。得られる学びの量が少なく、すぐにやめたくなってしまうかもしれませんが、それはもったいないことです。数をこなせば、インタビューはうまくなります。型に沿ってインタビューを繰り返しましょう。ときには、上手な人のインタビューを横で見て、その方法を学ぶようにしてください。

インタビューは課題の解像度を上げる最も効率的な手法のため、ここまで多くの紙面を割いて解説してきました。最後に、インタビューの注意点をいくつかお話しします。

顧客インタビューをしていくと、どうやら自分の仮説が間違っていそうだ、と分かってくるタイミングがあります。たとえば、**想定していたターゲット顧客10人にインタビューして、誰も課題を持っていないのであれば、おそらくその課題についての仮説は間違っています。**おおよそ5〜10人ぐらいに行えば、インタビュー結果の傾向は見えてきます。その傾向が見えてきたら、仮説を修正したり、棄却したりして、新しい仮説を作ってインタビューをしましょう。

50人にインタビューすればある程度可能性のありそうな仮説が見えてくる、という話をしましたが、これは最初の仮説のまま50人にインタビューするのではなく、途中で仮説を徐々に洗練させていきながら、良さそうな仮説を見つけるということです。場合によっては途中で仮説を大きく変更することもあります。一つの仮説にこだわりすぎないようにしてください。

新しい情報が得られなくなってきたら、インタビューはいったん終えて、インタビュー以外の手段で深掘りすることをお勧めします。ただ単に理解が浅いところで満足していたり、聞き方がうまくなかったりするケースも多いので、止めるまえにもう一度精査してみてください。またインタビューをいったん止めて他の深める手段に移ったとしても、定期的にインタビューには戻ってきて、顧客行動の変化や情勢の変化に気づけるようにしておきましょう。

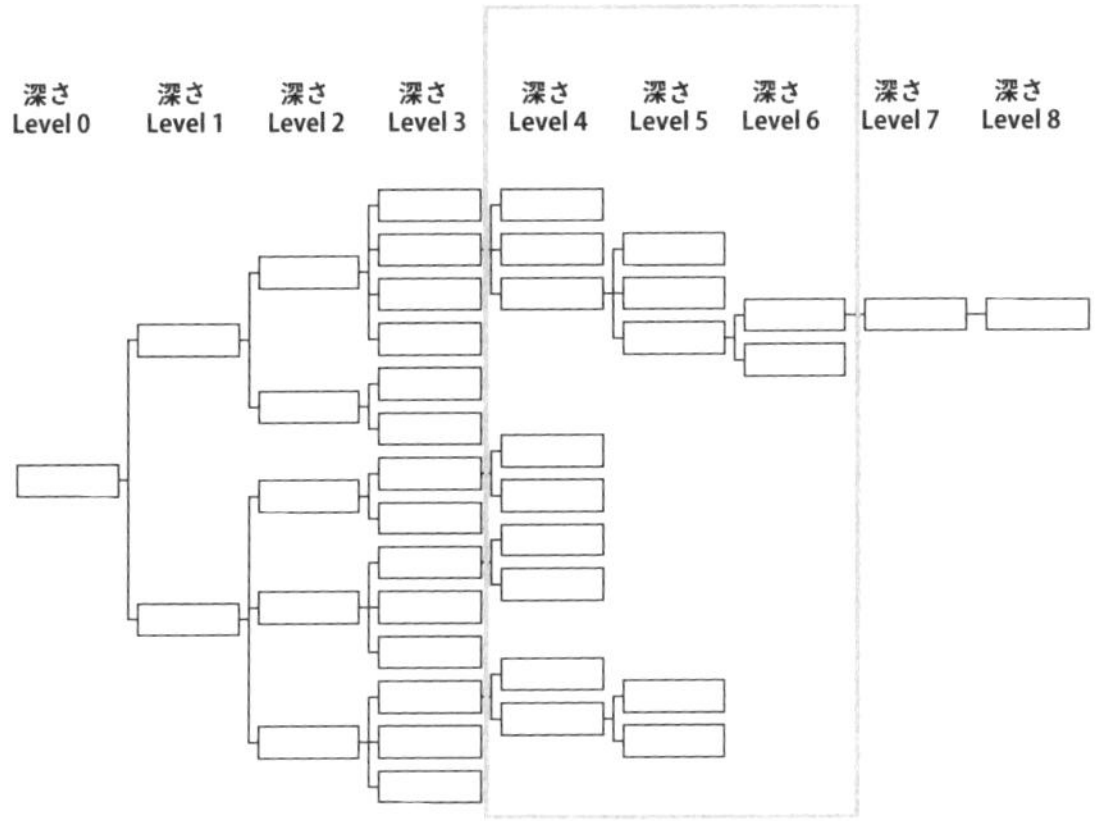

現場に没入する（内化）

インタビューはコストパフォーマンスの良い手法ではあるものの、限界もあります。皆さんが30分のインタビューを受けて自分の仕事について話すとして、それで十分に説明できるかというと、おそらく多くの人がノーと答えるはずです。

インタビューは、あくまでインタビューを受けた人の目を通して見たものや感じたことを、言葉にしてもらって理解する手法です。**スタートアップや新規事業では、これまで多くの人が見逃していたような課題を見つける必要があり、顧客ですら見逃していることや、まだ言語化できていないようなことにも気づかなければなりません。**社内の課題であっても、従業員たち自身が言語化できていないものもあるでしょう。

そこでさらに深掘りするのに役に立つのが、**現場での観察、つまりそこで起こっている現象を自らの目で見たり、自分自身で体験する**ことです。

想定する課題が起こるシーンや、自社の製品やサービスが使われるシーンを観察することで、私たちは顧客の課題を詳細に理解することができます。

ただし単に現場に行って、その場で起こっていることをただ見るだけでは観察とは言えません。これを分かりやすく表現しているのが、名探偵シャーロック・ホームズと助手のワトスンのやり取りです。


「きみはたしかに見てはいる。だが観察はしない。見るのと観察するのとでは、大ちがいなんだ。たとえばの話、この家の玄関からこの部屋まであがってくる階段、きみは何度も見ているだろう?」

「ああ、たびたび見ている」

「たびたびとは、何回くらい?」

「そうさな、何百回となく」

「じゃあ訊くが、階段は何段ある?」

「何段か、だと? 知るものか」

「そらね! きみは観察してないんだ。そのくせ、見るだけは見ている。そこなのさ、ぼくの言いたいのは。ついでに言うと、ぼく自身は階段が十七段あると知っている。見るのと観察するのとを、ふたつながらやっているからだ(後略[14])」

14 アーサー・コナン・ドイル『シャーロック・ホームズの冒険[新訳版]』(深町眞理子訳、東京創元社、2010)

私たちは物事を見ているようで、実はきちんと見てはいません。思考の認知資源を節約するためでしょうが、様々なものを無視してしまっています。そこで「何に注目をするのか」「どう注目をするのか」を意識的に考え、注意深く見ることで、新しい洞察を得ることができます。そのためには、技法を学び、習練を重ねて、毎回きちんと準備することが必要です。いくつかのヒントを紹介しましょう。

まず観察にもインタビューと同じく、構造化、半構造化、非構造化の分類があります。構造化観察はあらかじめ項目を決めたワークシートに観察内容をまとめていくやり方、半構造化観察ではある程度観察する項目を決めておき、現場では柔軟に対応するやり方、そして非構造化観察は観察項目をまったく持たずに行って現地で観察をするやり方です。優れた観察者となるために、初期は非構造化観察ではなく、きちんと準備する半構造化観察をお勧めします。

インタビューと観察を組み合わせる、文脈的質問法という手法もあります。現場に身を置いて観察しながら、疑問を持ったらその場その場でインタビューをする手法です。弟子が分からないところを都度聞くことで、師匠の動作への理解を深めるイメージです。**弟子入りしたつもりで観察し、聞いてみましょう。**ただ作業中は、相手の邪魔になってしまうことも多いので気を付けてください。

観察の際は**相手の肩越しにものを見る**ようにもしてください。そうすることで**相手の見ているのと同じものを見る**ことができます。ＩＴサービスであれば、肩越しに一緒に画面を見ることで、相手がどのように操作をし、どこで詰まっているのかを確認することができます。対面で座ってしまうと、どうしてもお互いを意識した話し方になりますし、観察

ではなくインタビューになってしまいます。

顧客が競合製品をすでに使っているのであれば、その利用シーンを後ろから見てみましょう。どういうときに詰まるのか、どういったプロセスで使っているのかが分かります。他のツールも併用しながら使っていれば、その2つのツールを統合できるような機能を提供できるかもしれません。

たとえば、画面のスクリーンショットを他人と共有する、という作業を観察することを考えてみましょう。まずはOSの基本機能でスクリーンショットを取り、ファイルに名前を付けて保存して、保存したフォルダとブラウザを開いてファイル共有サービスにアップロードして、誰かと共有するという作業が観察できたとします。顧客はこうした作業を当然だと思っているかもしれませんし、一見普通の手順のように思えますが、複数のウィンドウを行き来するのは煩雑に思えます。たまにする程度なら問題ないかもしれませんが、操作の手順書を作るときなどは複数回行わなければならず、相当な時間がかかってしまいます。であれば、画面のスクリーンショットを取ったら自動的に指定されたウェブの場所に保存されて、共有用URLがすぐに発行されるシステムを開発すれば、50秒かかっていた作業がたったの5秒で終わるようになるかもしれません[15]。このように、顧客の行為を観察することで、顧客すら気づいていなかった課題に気づくことができる可能性があるのです。

現場の観察では、細部に気を付けるのもポイントです。**細部にこそヒントが宿ります**。たとえば、使い終わったハンマーの置き方一つとっても、怪我をしないようにするためだったり、次回以降も手に取りやすくするためだったりと、様々な試行錯誤の末の結果かもしれません。何気ない動作に意味があるときもあります。顧客の動きの背景にある意味や考えを読み取り、深いところへと一歩

15 Helpfeel 社が提供している Gyazo という実際のサービスを参考にして記述しました。ただし Gyazo がこのようなプロセスを通して開発につながったのかは分かりません。あくまで例として参考にした内容です。

一歩進んでいくのが観察です。

現場で観察するときには、**可能な限り写真や動画を撮る**ことをお勧めします。あとで振り返るための記録という意味でも重要ですし、チームメイトにも共有できます。さらに「写真を撮る」「動画を撮る」と意識することで、漫然とした観察を防げるようにもなりますし、日々の観察の成果を写真の枚数や動画の数で確認できるようにもなります。その人や現場のドキュメンタリー映画を撮影するつもりで、撮りましょう。きちんと現場を見ていれば、写真の枚数は1つの現場で100枚を超えます。複数の現場に行けば、あっという間に数千枚以上になることが通常です。500枚に届かないようでは、十分に観察しきれていません。

顧客の特徴的な動作などを、可能な範囲で写真に撮らせてもらいましょう。珍しい動作だけではなく、繰り返し行っている行為や、その前後のプロセスも記録しましょう。もし撮影が何らかの理由でできなければ、スケッチや詳細なメモで残すようにしてください。どんな経緯で顧客がどんな行動を取ったかなど、動作の文脈をメモしておくことも大事です。

観察がうまくできたかどうかは、**観察結果をニュースのように書き起こす、つまり言語化する**とある程度分かります。第三者視点でディテールを書きましょう。たとえば刃物という抽象的な言葉を使わず、ナイフなのか包丁なのかをはっきりさせます。現場でネジを使っているなら、M5なのかM8なのかネジの規格を書き分けましょう。他の人に読んでもらい、そのときの様子が伝わるかを確認してみてください。それで詳細まで伝われば、良い観察ができています。

現場での観察は、数か月間の没入や事前の調整が必要なこともあり、かなり大きい時間的投資になりがちです。そのため、最初から現場に赴くのではなく、サーベイや顧客インタビューを通して、おおよその課題のありかを見つけたあとのほうが、空振りしたときに大きなダメージにはなりません。

観察はコストパフォーマンスという観点では、それほど効率の良い手法とは言えません。しかし稀に、**デスクトップリサーチやインタビューでは辿り着けないホームラン級の発見につながることがあります。**なぜなら細部にこそ、解像度を上げる深い洞察のヒントがあるからです。

そして、デスクトップリサーチでは得られない**最新の情報や機微のある情報**を手に入れることもできます。**実感を持って情報やデータを見ることができるようになりますし、何が重要で何が重要でないのか、といった力点も分かります。既存の情報の新たな見方や切り口も手に入るでしょう。**

さらに現場に行くことで人とのつながりもできて、**その人から価値のある情報を提供してもらうこと**もできます。大きな投資ではありますが、常に選択肢の一つとして持っておくことをお勧めします。

顧客と同じ現場で働いてみる

単に見ているだけでは分からないことも多々あります。そこで**顧客や顧客が日々向き合っている課題を知るために、顧客と同じ現場で働いてみる**というのも、課題を深掘りし解像度を上げる手段です。実際に働いて自分の手を動かしてみることで、顧客インタビューや観察で手に入る「点」の情報がつながって線になり、面になり、そして立体的な情報となって入ってくるようになります。

第三者的な観察者ではなくプレイヤーとして現場に参加する手法は、参与観察と呼ばれます。一時的なアルバイトとして働いてみたり、副業で手伝ったりするのです。

特にB2BのSaaS分野のスタートアップや新規事業では、驚くほど多くの起業家が、サービスを提供する業界の現場で自ら働くという、一見非効率のように思える経験をあえてしています。創業者にその業界での経験がない場合、特に多いようです。たとえば町工場向けのサービスを行うために実際に町工場で働いてみたり、建設会社向けのサービスを作るために建築現場で働いてみたり、ホテルの価格提案サービスを作るためにホテルの事務員として働いてみたり……などなど、実際にその現場で働き、顧客のペインを自分自身で感じたうえで事業の種を見つけています。

E la Carteというレストラン向けのソフトウェアを作っていたスタートアップの創業者は、レストランの仕組みを学ぶために給仕係として働きました。[16] また農産流通のＳａａＳを開発するkikitoriというスタートアップは、サービスを開発するにあたってまず自分たちで実際に青果店を始め、いわば自分たち自身が顧客となることによって課題が見えてきたそうです。[17] **ＩＴなどの新しい汎用技術を利用したビジネスの場合、技術を持っている人が現場で働いて課題を探すことで、新しい技術で解決可能な顧客の課題に気づける**ことも多いのです。

サービスを作る前に1日に2つの現場を掛け持ちして、複数の現場を経験する起業家も少なくありません。現場で課題をいくつか見つけ、自社の持つ技術で解決できそう、かつ大きくなりそうな課題を選び、そこを中心にビジネスを組み立てていくのは、急成長するスタートアップではよく使われる手法です。

スタートアップというと、おしゃれなオフィスでコーヒーを飲みながら、パソコンの前に座ってプログラミングで問題を見事に解決していく、といった様子を思い浮かべてしまうかもしれませんが、課題探しのときにやっていることは地道で泥臭いことが多いのです。それほどまでに深く入り込まないと、スタートアップや新規事業に必要な解像度に辿り着けないということです。

16 "How to Get Startup Ideas", paulgraham.com, 2012年11月
http://paulgraham.com/startupideas.html

17 青果店経営から見えた課題――、kikitoriが取り組む農業流通SaaSとは?（Coral Capital、2021年1月6日）
https://coralcap.co/2021/01/kikitori/

自分が過去に働いたことがあり、課題などを熟知している領域で起業する場合は、あらためて現場で働く必要はないかもしれません。しかしその場合、業界慣行にあまりにも慣れ過ぎてしまって、課題が見えづらくなっているかもしれないので、一度違う視点から自分の経験を見るように工夫してみてください。

なお、現場で作業をするだけで、何かが分かるかというとそんなことはありません。**必ず事前に仮説を持って現場に行く**ようにしましょう。さもないと、単に現場で作業するだけになってしまいます。

個に迫る（内化）

インタビューからさらに課題の解像度を上げるうえでお勧めなのが、**1人の顧客に集中して深掘りする**ことです。そうして**「個に迫る」ことで新たな気づきを得られる**からです。

1人の人にインタビューを繰り返せば、その人の課題や行動を深く知ることができます。何に悩んでいるか、モチベーションは何なのか、キャリアをどう考えているかなど、課題の周辺にあるその人個人の情報もきちんと理解すれば、より高い解像度に至るためのヒントを得ることができるのです。

スタートアップのアイデアを考えるときに、「自分の欲しいものをつくれ」というアドバイスがされることがあります。なぜなら、自分自身という個に迫ることで、良いアイデアに辿り着ける

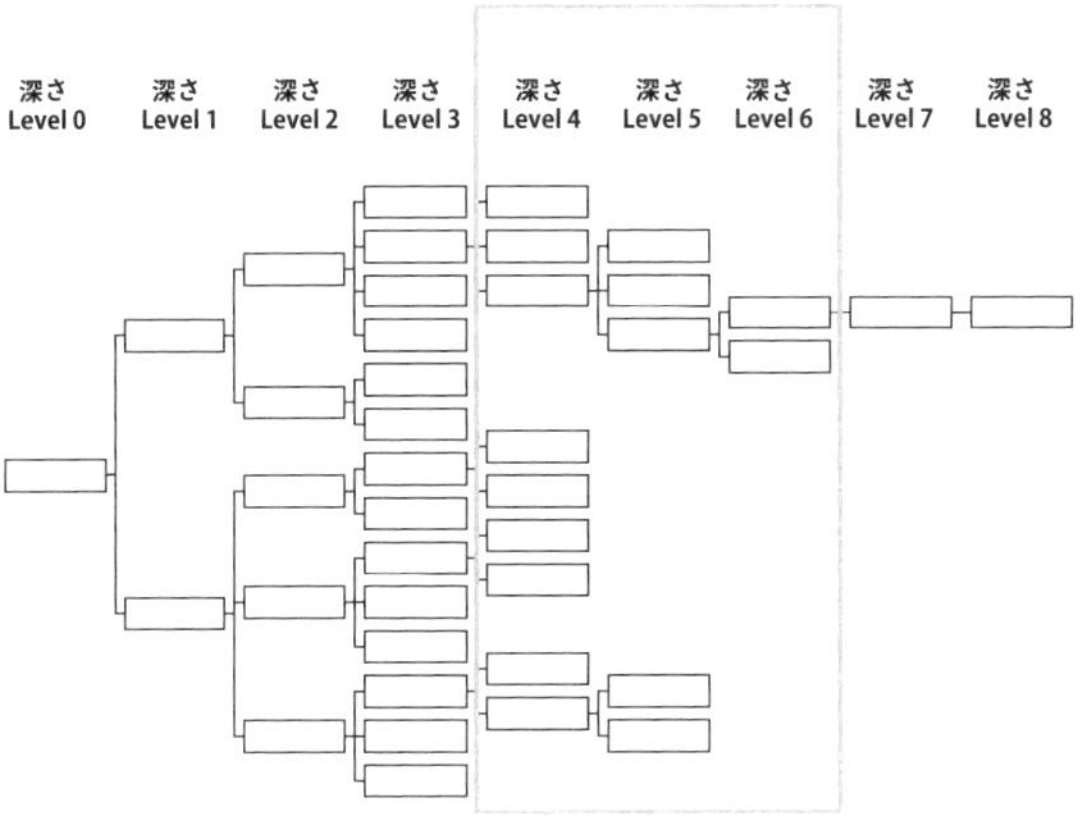

ときがあるからです。フェイスブックやツイッターも、創業者たちが欲しいものを作った例です。

「大勢からのほどほどの好きをもらうよりも、少数の顧客からの深い愛を得たほうが、事業としては成長しやすい」と言われます。[18] たとえばペットのSNSというアイデアを聞くと、ペットを飼っている人は何となく良さそうだと思うかもしれませんが、これだとペットを飼っている人のどんな課題が解決されるのか、解像度が低くて分かりません。そうした**「少しだけ好きになりそうな人が多いアイデア」は大抵失敗します。**すぐにユーザーが離れてしまうからです。ほどほどに好かれるサービスを無理やり拡大させようとして、ユーザー獲得を頑張ると、あまりニーズを持っていない人たちが入ってくるようになり、その層は初期ユーザー層よりもさらに早く離れます。だからこそ最初期は少数でも熱狂的なユーザーを獲得しなければなりません。そうした人たちからの深い愛を得るためには、その少数の人たちのことを深く知る必要があり、そのために個に迫る必要があるのです。

18 "How to Get Startup Ideas", paulgraham.com、2012年11月
http://paulgraham.com/startupideas.html
「スタートアップの始め方とスタートアップを始める理由」、FoundX、2018年9月21日
https://review.foundx.jp/entry/how_and_why_to_start_a_startup

課題や解決策らしきものを見つけたときも、特定の個人に当てはめてみると、そのアイデアの良し悪しをすぐに検証できます。たとえば請求書管理サービスの新しい機能を思いついたときに、**「この機能をあの人は欲しがるだろうか」と具体的な人を思い浮かべて考えてみる**のです。

企業の事例を分析するのも「個に迫る」方法です。ＭＢＡでよくある、ケースを基にした授業も、こうした個の分析からの学びを得るための方法と言えるでしょう。スタートアップや新規事業でも、事例分析は有効です。スタートアップが初期にどのように成長していったかの事例を１００から２００程度知っておくと、自分たちの状況にあった戦術を選ぶことができるようになります。可能であれば、単に事例を読んで分析するだけではなく、その企業の人たちや関係者にも話を聞くことをお勧めします。直接話を聞くことで、なかなか表に出てこない失敗談やその当時の雰囲気などの情報も提供してもらえます。失敗した原因を一般論にとどまらず、個別に語れるかどうかで、その事例への自分自身の解像度をチェックすることもできるでしょう。

個に注目するときには、**極端なケースや外れ値、例外に目を向けてみる**のも一つの手です。

たとえばタイプライターは、全盲の人というある種のエクストリームユーザーに目を向けたから発明された製品だと言われています。全盲の人の手紙を書きたい、綺麗な字を書きたい、という欲求からタイプライターが発明され、その欲求が実は多くの人にも共通するものだったので、タイプライターは広く受け入れられたそうです。最近、マイノリティに分類されるユーザー向けにデザインをするインクルーシブデザインが注目されているのは、包摂的なデザインプロセスを採用することが、メインストリームのイノベーションにもつながり、新たなビジネス機会になるかもしれない、という期待もあるからでしょう。

極端に先進的なことに取り組む人に目を向けるのも一つです。たとえば環境に良いことを徹底的に行っている人がいれば、その人がどういう行動を取り、何にお金を払っているかを調べてみましょう。スタートアップの領域でも「今、週末に愛好家たちがやっていることが、10年後の普通になる」と言われます[19]。数十年前、コンピュータを持ち歩く人はほんの一部の愛好家たちだけでしたが、今では多くの人がスマートフォンというコンピュータを持ち歩くようになりました。

従来のパターンには当てはまらないものや既存の考え方では説明ができないものは、新しい変化の兆しなのかもしれません。**製品を異常なまでに使っているヘビーユーザーや、想定外の使い方をしているユーザー**も、個に迫る価値があります。想定外の使い方をしてでも、どうしても解決したいバーニングニーズがあるのかもしれないからです。奇異な行動を発見したら、新たな機会として捉えましょう。

ここまでインタビューと観察、個に迫ることについて解説してきました。共通するのは、「**足で考える**」ことです。現場に足繁く赴き（つまり、行動し）、顧客や課題と直接向き合うことで、様々な情報や思考のヒントが得られます。インターネットや本から得られる情報は限られています。足を使って情報を獲得し、足を使って考えることは、特に深めていくときに有効な手法であり、こうしたことを面倒くさがらずにできるかどうかが、十分な深さに辿り着くことができるかどうかの分かれ道になることも多いものです。周りに差をつけたいときには、ぜひ積極的に試してみてください。

19 What the smartest people do on the weekend is what everyone else will do during the week in ten years（cdixon、2013年3月2日）
https://cdixon.org/2013/03/02/what-the-smartest-people-do-on-the-weekend-is-what-everyone-else-will-do-during-the-week-in-ten-years

Ｗｈｙ ｓｏ？を繰り返して、事実から洞察を導く（外化）

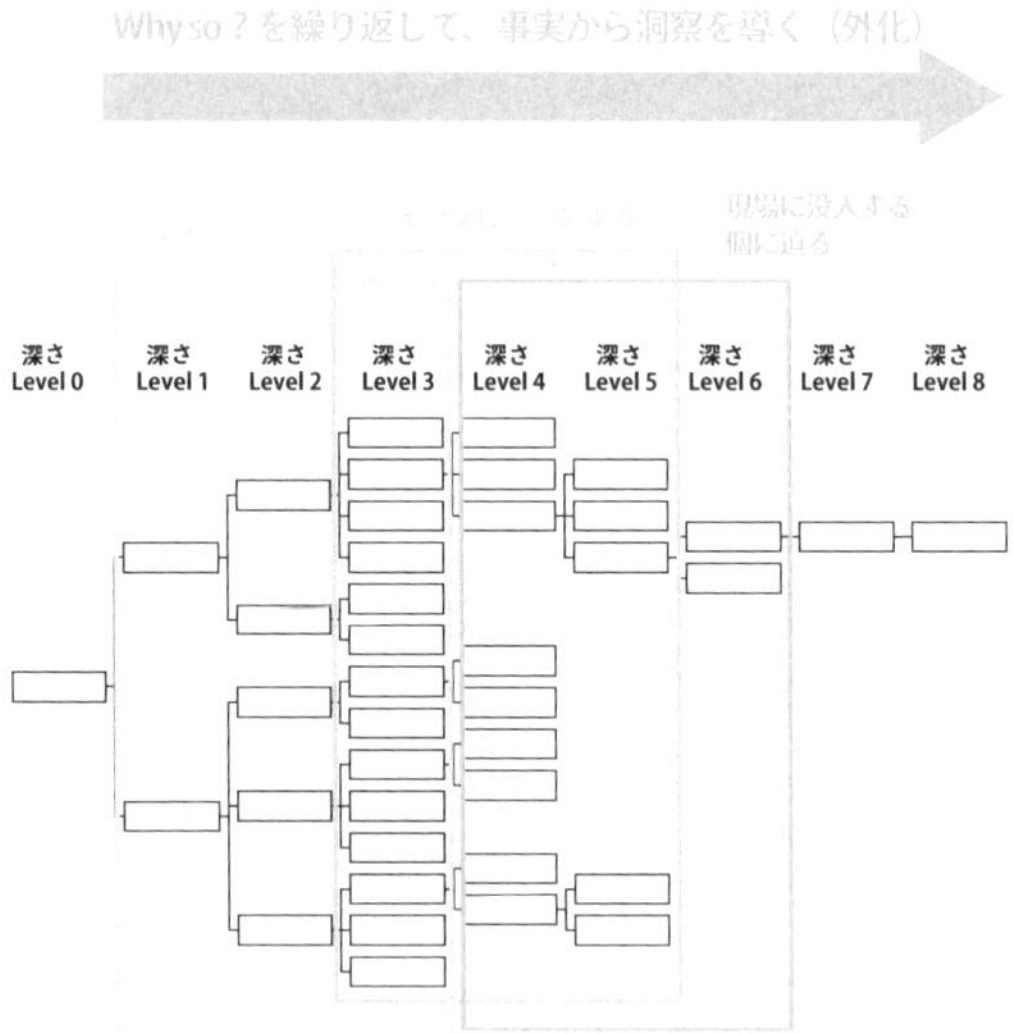

ここまで、いかに事実を掘り下げていくかについてお話ししました。しかしユニークな事実や情報を把握できたとしても、それらがそのままユニークな洞察や仮説につながることはほとんどありません。**その事実や情報をもとに思考し、そこから得られた洞察を言語化する、つまり内化で取り入れた事実を外化する必要があります。**

本章の冒頭で紹介した言語化という外化をさらに深めるのに使えるのが**「Ｗｈｙ ｓｏ？（なぜそうなのか？）」**という問いです。Ｗｈｙ ｓｏ？と繰り返し自問自答することで、課題の真因を探っていくことができます。顧客にＷｈｙ ｓｏ？と問うことで、答えが得られることもあるかもしれません。しかし、ある時点からは顧客自身では理由を答えられなくなってくることが多いため、自分たち自身でＷｈｙ ｓｏ？の問いに答えていく必要があります。もし他の人が辿り着いていないWhy so?の答えが得られたら、それはあなただけの洞察になります。得られた洞察にWhy so?を積み重ねていくと、もっと深い洞察へと辿り着くことができます。ただし洞察はあくまで仮説であり、仮説は検証しなければどの程度正しいのか分からないことには注意してください（仮説検証については、7章で紹介します）。

このWhy so?の問いは、戦略コンサルティングなどの領域ではしばしば使われ、多くの書籍でも紹介されているので、知っている人も多いでしょう。日本でも大野耐一氏が『トヨタ生産方式[20]』の中で、原因を特定するために「なぜを5回繰り返す」ことの重要性を指摘しています。

しかし、いざ自分の仕事で活用するとなると、浅いところで止まってしまうことも多いようです。たとえば飲食店の顧客の課題を「受発注の書類管理」に見出した場合、「なぜ書類管理にこんなに苦労しているのか?」と問い、そこから「デジタル化されていないから」という答えを導いたとしましょう。そこで「それならデジタル化すればよい」と、解決策につい飛びついてしまう人は意外にも多いものです。**もっと深い原因があるからこそ、課題が課題として残っている**（上記の例ではデジタル化されないまま残っている）のであり、**なぜそうなっているかをもっと掘り下げなければ解決できない**はずです。こうしたことに第三者は容易に気づくことができますが、取り組んでいる本人が気づくのは難しいものなのです。

だからこそ、**深さのレベルを意識しながらWhy so?を問うこと**をお勧めします。これまで挙げたサーベイやインタビューで見えてきた事実や課題の仮説に、5回Why so?と問えば、深さレベル6には至ることができるでしょう。そこからさらに7から10の深さを目指して、Why so?を繰り返していきましょう。Why so?と問うた結果、複数の原因が出てくることもあります。

20 大野耐一『トヨタ生産方式――脱規模の経営をめざして』（ダイヤモンド社、1978）

そのときは構造を意識しながら深掘りましょう（詳細は、5章の「構造」のパートで解説します）。「Ｗｈｙ　ｓｏ？」は自問自答しているだけだと行き詰まってしまいますし、深掘りが甘い段階で止まってしまいがちです。そこで誰かに**壁打ち**相手になってもらって、強制的に「Ｗｈｙ　ｓｏ？」と質問してもらってもよいでしょう。上記の飲食店の例であれば、「なぜ受発注管理はデジタル化されていないのか？」と問うてもらい、その答えが「ＦＡＸでしか受け付けない人がいるから」であれば、「なぜＦＡＸを使わざるを得ないのか？」と続けて問うてもらうことで、強制的に思考を深めるのです。

「Ｗｈｙ　ｎｏｔ　ｓｏ？（なぜそうではないのか？）」、という問いも有効です。**「なぜその課題はこれまで解決されていなかったのか？」**と問うてもよいでしょう。課題が解決されていないのには何か理由があるはずで、この問いにきちんと答えられなければ、まだ課題が十分な深さに達していない可能性が高いです。

ここで「Ｗｈｙ　ｓｏ？」を問うときに気を付けるべき点を5つ紹介しておきます。

まず、内化で集めた事実を基に課題の仮説を**十分に具体化してからＷｈｙ　ｓｏ？を問い始める**ことです。たとえば「顧客は何かを習慣化したいけれどできていない」という抽象的な課題からＷｈｙ　ｓｏ？を始めてしまうと、「やる気が続かないから」「目的意識が不足しているから」といった一般的な理由しか出てきません。一方、「都会で働く社会人3年目の顧客は、運動を習慣化したいけれどできていない」というより具体的な課題からＷｈｙ　ｓｏ？を始めると、「時間が不足しているから」「早朝や深夜に行けるジムが少ないから」「人との出会いのある、みんなでやる運動イベントが定期的に開催されないから」と具体的な理由が出てきやすくなります。

２つ目として、**Ｗｈｙ ｓｏ？は相当ストレスフルで、回答へ至るまでに時間がかかる可能性がある問いだと覚悟する**ことです。２回、３回のＷｈｙ ｓｏ？であればすぐに答えとなる仮説が見つかりますが、４回を超え根本的な原因の仮説が見えてくるまでには時間がかかることもしばしばです。時間制限のあるプロジェクトであれば、ある程度のところで深掘りを止めることもありますが、解像度を十分に上げたいのなら、何度も何度も自問自答し、そのたびに答えが出なくて行き詰まりを感じても、再び立ち上がって問い続けるような知的体力が必要です。

３つ目は、**原因を人に帰属させすぎない**ことです。人のせいにしてしまうと、システムを改善できなくなるからです。先ほどの例で「ＦＡＸしか使えない人がいるから」というのが原因になると、「その人たちを教育する」という答えになります。もちろん教育も一つの答えですが、「新しいことを学ぶインセンティブが少ないから」と、組織やシステムのほうに目を向けることで、より多くの解決策に気づくことができます。その他にも、「〇〇さんが多忙で寝不足が続き注意散漫だったから、ミスが起こり製品の出荷が遅れた。よって、多忙でなくなるように休息を増やす」というのは対策として良さそうな気もします。しかし個人のミスがそのまま

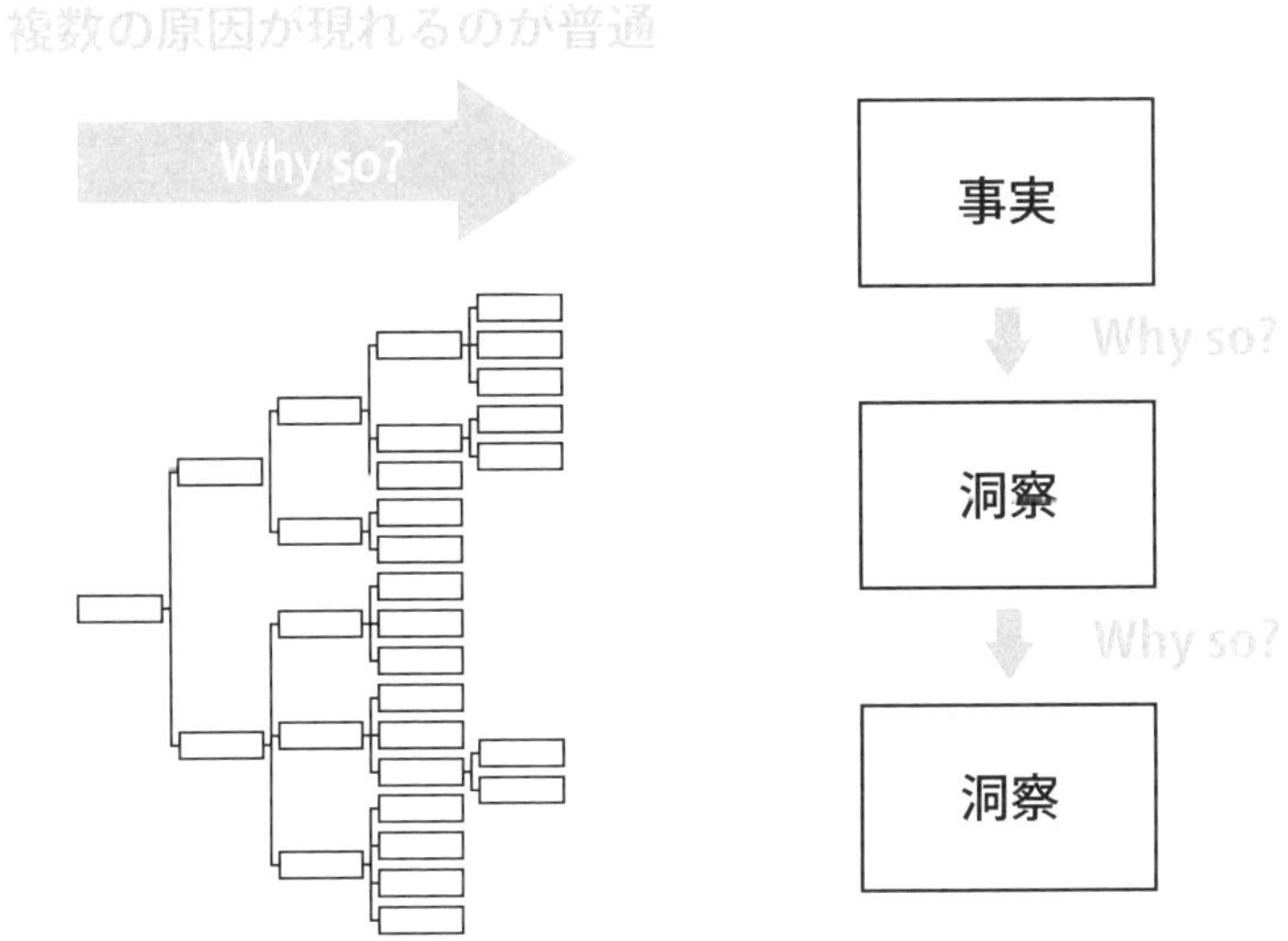

製品に影響して、出荷されてしまったというシステムにも問題がある[21]と考えたほうが改善策は出てきやすいでしょう。それにどんなに健常な状態でも人間はミスをするものなので、そのミスが発生しても良いようにする仕組みやシステムを作るのが、本来目指すべきゴールのはずです。

悪意を持ってシステムを出し抜こうとする人は確かにいますし、あまりにも思慮が足りていなかった人が問題の原因となることも確かにあります。しかし多くのケースはそうではありません。

人には「根本的な帰属の誤り」と呼ばれるバイアスがあります。人の行動の原因を見るときに、外部環境を軽視して、個人の人格や個性に求めてしまうバイアスのことです。そうしたバイアスに注意しながら「Ｗｈｙ ｓｏ？」と問いましょう。

単に掘り下げるだけのＷｈｙ ｓｏ？では、問題の真の原因には辿り着けないこともあります。そこで４つ目の注意点として、ときには業界・会社・個人など**問題のレイヤーの抽象度を上げ下げしながら深掘りする必要がある**ことを指摘しておきます。たとえばＦＡＸが利用されている原因は、業界全体がＦＡＸに最適化されていることにある場合もあります。その場合は、単に個人の問題を掘り下げていくだけでは、問題の真因を見誤ります。場合によっては、抽象度の異なるレイヤーがそれぞれ相互に作用して課題を生み出していることもあります（抽象度について詳しくは、5章の「構造」のパートで説明します）。

先述した通り、私たちは人に原因を求めてしまう傾向がありますが、その誘惑に抗い、

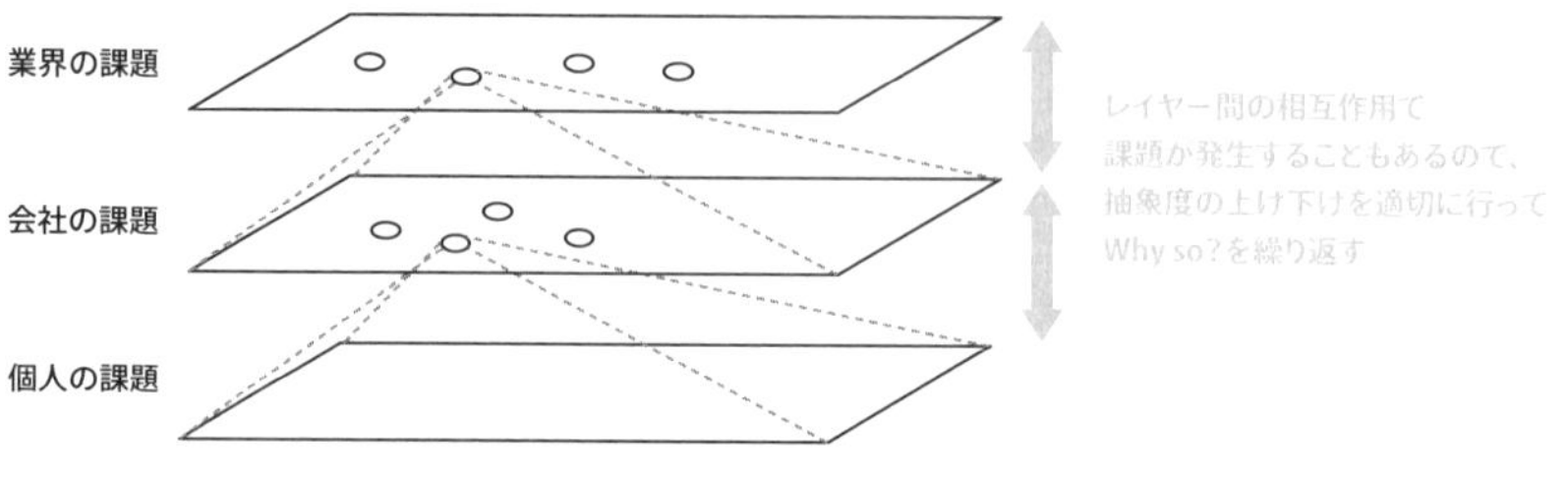
業界の課題
会社の課題
個人の課題
レイヤー間の相互作用で
課題が発生することもあるので、
抽象度の上げ下げを適切に行って
Why so?を繰り返す

抽象度を上げて**システムのほうに目を向けることで新たな発見ができる**でしょう。『イノベーションのジレンマ[22]』で、クリステンセン教授は大企業が破壊的技術を見過ごしてしまう理由を解明しようとしました。その分析が秀逸なのは「大企業が無能だったから」「経営幹部らが無能だったから」「大企業にはそうした経営能力がなかったから」といったような特定の個人や会社の能力に原因を求めることはせず、大企業には破壊的イノベーションに仮に気づいていたとしても、それに取り組む組織的・個人的なインセンティブがないため、合理的な判断の結果、ジレンマの状態に陥るというものでした。このように問題をシステムに見出したからこそ、イノベーションのジレンマは業界に衝撃を与えることができたのでしょう。

経営の失敗の原因を経営者個人の課題に帰責させると、「より良い経営者を連れてくる」という解決策しか提示できませんが、システムが問題ならば異なる解決策を用意できます。このジレンマの解決策を提案する『イノベーションへの解[23]』という本で、クリステンセン教授は、そのジレンマを緩和するシステムの作り方を論じています。

最後の5つ目の注意点は、**Ｗｈｙ ｓｏ？という問いを誰かへの攻撃のために使わない**ことです。Ｗｈｙは相手の思考を誘いますが、答えられないと、責められているように感じさせてしまいます。「なぜこんなこともできないの？」「なぜそんなことをしているの？」といった質問は、本当に理由を知りたいからではなく、相手を攻撃したり冷笑したいから使われることもあります。相手に対して「うまく答えられないという無力さや歯がゆさ」を感じさせる意図を持って、Ｗｈｙが使われるときもあるでしょう。さらに、回答があったとしても「その理由には納得できない」と、相手をやりこめるためだけの質問であるときもあります。論破や否定の便利な道具として使われることもあ

21 なぜなぜ分析は、危険だ（タイム・コンサルタントの日誌から、2014年4月26日）
https://brevis.exblog.jp/21931694/

22 クレイトン・クリステンセン『イノベーションのジレンマ 増補改訂版』（玉田俊平太監修、伊豆原弓訳、翔泳社、2001）

23 クレイトン・クリステンセン、マイケル・ライナー『イノベーションの解』（玉田俊平太監修、櫻井祐子訳、翔泳社、2003）

るのです。Ｗｈｙ ｓｏ?は、強力です。だからこそ、攻撃や論破のためではなく、自分自身で深めていくときや、解像度の低い人に対して思考を誘発するために使いましょう。つまり、**対話のために「Ｗｈｙ ｓｏ?」**を使うのです。

Ｗｈｙ ｓｏ?はどこまで続ければ良いのか、と相談されることがあります。**原因をツリー状に分解していきながら、そのツリーの深さレベルが7〜10ぐらいになるまで**というのが一つの答えですが、「ユニークな洞察を発見できたかどうか」も判断軸になります。たとえば飲食店向けのサービスの場合、飲食店に関係しない人が聞けば驚くような洞察になっているでしょうか。「実は○○が理由なんだよね」と周りに話して驚かれるなら、ユニークな洞察になっている可能性が高いと判断できるでしょう。一方、「飲食店がうまくいかないのは、売上が低いから」といった一般的な課題では十分とは言えません。「実は」という洞察に辿り着けるまで、深掘りしましょう。

習慣的に言語化する（外化）

解像度を上げる第一歩として、言語化を紹介しましたが、深掘りするには言語化をし続ける必要があります。そこでここでは「書く」「喋る」の発展型、言語化を習慣づけるための3つのコツをお伝えします。

メモをする

外化しながら自分の考えを深める心強い武器が、メモをすることです。**何かを思いついたらすぐにメモを取れるようにしておくことは、地味ではありますが、解像度を上げるための効果的で行いやすい具体的な方法です。課題に気づいたり、アイデアを思いついたりした瞬間に書き留める癖をつけるだけで、解像度は飛躍的に伸びていきます。**

私たちの記憶力は予想以上に脆いものです。「何か思いついたけど忘れてしまった」と悩んだ経験はないでしょうか。それはまだ良いほうで、私たちは多くの場合「何かを忘れたこと」すら忘れてしまっています。

膨大な数のＳＦ作品を書いた星新一は、このように述べています。

　無から有を生み出すインスピレーションなど、そうつごうよく簡単にわいてくるわけがない。

メモの山をひっかきまわし、腕組みして歩きまわり、溜息をつき、無為に過ぎてゆく時間を気にし、焼き直しの誘惑と戦い、思いつきをいくつかメモし、そのいずれにも不満を感じ、コーヒーを飲み、自己の才能がつきたらしいと絶望し、目薬をさし、石けんで手を洗い、またメモを読みかえす。けっして気力をゆるめてはならない。[24]

解像度を上げるプロセスもこれに似ています。繰り返し悩みながら、徐々に進んでいくのです。星新一ですらそうなのですから、私たちのような凡人はより多くのメモを取って、より多く苦しむことを覚悟しながら進んでいく必要があるでしょう。

重要なのは、**内容が不完全に感じたとしても、とりあえずメモを残す**ことです。メモがあることで外部に記憶や思考をゆだねられるので、新しいことを考えられます。数日後に読み返すと、すっかり忘れていたり、「昔の自分はなかなか良いことを言っている」と驚いたりすることもあるものです。

現在、私たちはかつてなくメモを取りやすい環境にいます。肌身離さず持っているスマートフォンで、いつでもメモできるからです。しかもパソコンに同期できるメモアプリも多数あります。筆者が普段使っているのは、ウィンドウズ標準の付箋アプリです。モバイルアプリのOne Noteをインストールしておけば、iPhoneでもAndroidでも同期できます。タスク管理アプリなどでも良いでしょう。とにかく思いついたときにメモをすぐに取れるよう、環境を整えましょう。

知的生産の方法を解説した『TAKE NOTES!――メモで、あなただけのアウトプットが自然に

24 星新一『きまぐれ星のメモ』（角川文庫、2012）

できるようになる』[25]では、社会学者のニクラス・ルーマンの生産性の秘密が紹介されています。ルーマンが生涯に書いた著作は約60冊でした。最初の著作は1963年で、死没するのが1998年なので、約35年で60冊という類いまれな執筆量だと言えるでしょう。

その秘密はメモにあったようです。彼はひとつのカードにひとつのアイデアを書く形でメモを続け、その数は生涯で9万枚に上りました。そして9万枚のアイデアのメモを再構成することで多くの著作を書き上げたのです。具体的には、重要なメモと重要ではないメモを分ける、書籍などからの引用であればそのまま写すのではなく自分の言葉で書く、キーワードを付けてメモをつなげていく、などの工夫をしながらメモを作り、再構成して、さらに自分の思考を取り入れ、本にしていったそうです。

ルーマンのように物理的なカードで行うと場所を取って大変ですが、今では容易にデジタルツール上で再現できます。たとえばScrapboxやRoam ResearchやObisidianなどのツールを使えば、メモのつながりをどんどんと作っていけるでしょう。

「構造」の部分でも解説しますが、解像度を上げる作業には「関係づける」というものがあります。メモを取り、メモの間で関係性を作っていく作業は、解像度を上げる大きな武器になってくれるはずです。言語化の中でも、書くことは特に大事です。断片的なメモで構わないので、まずは書く習慣をつけましょう。白紙の前でうんうん唸り最初から文章を書こうとするよりも、メモの形になった思考の断片があったほうが圧倒的に書きやすくなります。素材をもとに文章を構成することで、次第に考えが精緻化していきます。そうして長文が書けたら、ときには喋るという言語化を試してみることもお勧めします。

25 ズンク・アーレンス『TAKE NOTES!──メモで、あなただけのアウトプットが自然にできるようになる』(二木夢子訳、日経BP、2021)

一人で喋るだけでも効果がありますが、**誰かと喋る、つまり対話する**とさらに良い効果があります。**相手に伝えるために強制的に言語化が促され、さらに質問によって深さが足りないところを自覚できる**からです。ソクラテスも自らの対話方法を産婆術に喩えましたが、対話はそうした言語化と気づきで新たなアイデアが生まれるきっかけになります。

課題を深掘りするのにお勧めなのが、壁打ちです。2人が同程度話すのではなく、1人がアイデアを中心に話し、それに対してもう一方が意見を返すという対話の一種です。壁に投げつけたボールが常にまっすぐ返ってこないように、壁打ちをすることで思ってもみなかった方向からの情報や視点が得られ、思考が深まります。

ただし相手は誰でも良いわけではありません。**「壁」役が、トピックについて同程度知っていることが重要**です。そうでないと、詳しいほうが教えることになり、対話ではなく「教える－学ぶ」になってしまいます。十分に情報を持っていない人からは、深掘りをするための良い問いかけも出てこず、一般的な問いかけに留まりがちです。

共同創業者がいる起業家は、事業の状況を同じぐらい知っていて、同じぐらい本気で考える人が傍にいるため、常に壁打ちしやすい環境であると言えます。起業前に共同創業者候補と毎週末壁打ちしていたという話もよく聞きます。壁打ちを通してお互いの相性ややる気も分かり、アイデアの改善の機会とともに共同創業者も手に入るので、一石二鳥です。**まずは壁打ちができる相手を探すところから始めるのも、課題の解像度を上げる一つの手**でしょう。

注意したいのが、対話した内容や、そこで話された結論は忘れられてしまいがちだということです。対話の直後に、話した内容を書いてまとめる習慣をつけておくことをお勧めします。

教える

対話や質問のさらに一歩先の言語化として、教えるがあります。**今考えている課題について、よく知らない人に教えるつもりで話してみましょう。**

最高の学びは、教えることを通して得られるとしばしば言われます。教える側は「分からない」とは言いづらいため、深く学ばざるをえなくなりますし、うまく説明できないところがあれば、自分の解像度の低いところに気づけます。大学でよく行われている本の輪読でも、発表する順番が回ってきて要点を伝えるという作業が発生しますが、自分が発表する番が回ってくると、かなりの準備を重ねることになり、普段よりも多くのことを学んだ、という経験は皆さんにもあるのではないでしょうか。

また教える側は必然的に「質問を受ける」立場にもなります。質問に適切に答えるには、実際に教える内容以上の準備が必要です。なぜなら、その教える内容の少し外にある質問が飛んでくることもあるからです。そうした質問にも答えられるように準備しようとすることが、解像度を上げるための良いきっかけとなります。

「教える」ことは現在とてもやりやすくなっています。**自分が学んだことをブログで発表する、読んだ論文の要約をSNSで発信する、動画で説明してみるなど、人に教える機会を自らつくる**ことができるようになっているからです。もしよければ、本書の読後にも、本書の内容を誰かに伝えてみてください。不完全な説明でも構いません。そうして誰かに教えてみようとする行動の過程で、きっとこの本の内容についての解像度も、ぐっと上がるはずです。

教えることの副次的な効果として、自分を認知してくれる人が増えるというメリットもあります。スタートアップはオウンドメディアで業界の情報発信をすることで、初期の顧客や応援者を獲得していることも多いですが、それは個人でも十分にできることです。自分が重要だと考える領域では、積極的に「教える」ことをしてみましょう。

言葉や概念、知識を増やす（内化と外化の精度を上げる）

こうして深く潜る努力をしているにもかかわらず、ユニークな洞察に辿り着けない人もいます。そうした人たちに共通しているのが、観察した事象をうまく理解できていないという点です。その原因として、**良い言葉や概念を持っていない**ことがあるように思います。その状態では、良い内化も外化もできません。

私たちは**語彙を増やすことで世界をより精緻に見分けられる**ようになります。

たとえば緑色を表現するとき、「緑」という語彙しか持っていない人と比べると、「萌黄」「黄緑」「草色」「若葉色」「若緑」「常盤色」「若竹色」と、様々な緑を表す言葉を持っている人のほうが、色の見え方や表現の仕方は当然ながらより精緻になります。解像度が上がると世界が色鮮やかに見えると書きましたが、色についての語彙をたくさん持つことで、まさに世界は色鮮やかに、そして正確に描写できるのです。

色だけではありません。たとえば「セメント」と「コンクリート」を同じものと捉える人もいますが、この2つは異なる意味を持ちます。セメントはコンクリートの原材料であり、セメントを水や砂利、石と混ぜて練ったものがコンクリートです。セメントは粉末状になっていて運搬性が高いため、まずはセメントで運搬して、利用する現場で水などと混ぜて強度の高いコンクリートにします。工場から出荷される、まだ固まっていない生コンクリートの場合は、放っておくと比重の重い砂が下に沈み、軽い水などは浮き上がって分離してしまうため、ミキサーで常に混ぜていなければなりません。それぞれの言葉の違いを認識することで、なぜミキサー車が建設現場の近くに止まっているのかが分かるなど、日々目にする風景の解像度も上がります。

単に語彙を豊富に持つだけではなく、その語彙を適切に運用できることも大切です。そのためには一つの語彙に対して共起する語彙は何なのか、対義語や類義語は何か、どのような文脈や頻度で使われるのか、といった周辺情報を知り、語彙が織りなすネットワークを構築するように心がけましょう。関連する言葉を使い分けられるようになることで、世界を切り取る言葉の力は切れ味を増していきます。

外国語に当たってみるのも良いでしょう。たとえば「責任」という言葉の英語訳は、レスポンシビリティとアカウンタビリティのどちらかです。逆にレスポンシビリティを日本語に訳すと「応答責任」となり、アカウンタビリティは「説明責任」になります。こうした翻訳を通して、実は責任という言葉にはいくつかの種類がありそうだと分かります。そうすると、日本語で「責任」という言葉を使うとき、いったいどちらの意味で使おうとしていたのかをあらためて考えてみることもできます。自由という言葉も、「フリーダム」と「リバティ」の両方の翻訳があることに気づくと、フリーダムに近い「何かからの自由」という意味と、リバティに近い「社会的・政治的に制約されずに何かを行うための自由」という意味があるのだと気づきます。このように、他の言語を経ることで、似たような概念であっても峻別しやすくなり、世界をより正確に認識できるようになるでしょう。

英語だけではありません。**様々な言語の翻訳を知っておくことで、新たな世界の側面が見えてきます。**たとえばイノベーションは日本語では「革新」と訳されることが多いですが、中国語では「創新」と訳されるそうです。革命に近い言葉の印象を与える革新と、創造に近い印象のある創新、という両方の言葉を知っておくことで、イノベーションという言葉の含有する意味の側面が増えるように感じないでしょうか。コンピュータも日本語では「計算機」ですが、中国語では「電脳」だと知ると、単語が持つ異なる側面に光が当たります。

専門用語を知れば、より精緻な認識ができるようになり、同じ専門性を持つ人同士で、より正確で精度の高いコミュニケーションができるようになります。また専門用語は少し使い方が誤っていると、その領域の専門家からは疑念の目で見られることになり、語彙の運用方法自体が解像度の高さを示す指標ともなります。

語彙はある種の小さな知識です。知識を持つことによって、私たちは世界をより精細に見ることができます。より大きな知識の塊として、概念や仮説、理論などもあります。私たちは**概念や理論を多く持つことで、世界をより精緻に見たり、切り取ったりすることができる**ようになります。理論を使ったものの見方については、5章の「広さ」の部分で詳しく解説します。

言葉や概念、知識をうまく使うことで、物事や現象をどんどんと分解していけます。大きな岩にいくつもの小さな楔《くさび》を打ってハンマーで叩くことで、最後には岩が割れる動画を見たことはあるでしょうか。言葉や概念、知識はこの楔のようなものです。Ｗｈｙ ｓｏ？でなかなか現象を分解できなくなってきたら、新しい概念や知識を学んで、それを楔として用いてみてください。そのうえで、ハンマーを何度も打ち付けるようにＷｈｙ ｓｏ？と問うことで、大きな課題や物事を細かく分解することができます。

解像度を上げていくときには**一般的な言葉に気を付けましょう。**たとえば課題を「飲食店は書類処理の非効率に苦しんでいる」というとき、「苦しむ」という一般的な言葉には様々な苦しみが含まれます。単に精神的に面倒だと感じているケースもあれば、他の業務に支障が出るぐらい大量の時間を使ってしまっていて苦しんでいるケースもあり、苦しみの度合いは異なります。書類の記入がきちんとされているかチェックするという処理自体に苦しんでいるケースもあれば、管理すべき書類が大量すぎるために苦しんでいるケースもあるなど、何に対して苦しみを感じているかについても様々な可能性が考えられます。「飲食店は書類処理の非効率に苦しんでいるから、このアプリで効率化する」というよりも、「飲食店は書類処理に1日1時間使っているから、このアプリで効率化する」といったほうが、より解像度が高くなっているはずです。

日常会話で使う一般的な言葉は、様々な物事を指し示せて便利な一方で、一般的すぎるために現象の重要な部分を見落としてしまいます。解像度を上げていくときは、より精緻な言葉や専門用語、数値を使うことを心がけましょう。

行動をして現場に出向いて、Ｗｈｙ ｓｏ？も繰り返しているのに、課題の解像度が上がらないときには、関連する文献を読む量が少なく、概念や知識が足りていないことを疑ってみてください。

ニュースのような事実を効率的に伝える文章ではなく、きちんとした分析記事や論文を読む量を増やさないと、楔となる概念は手に入りません。

直観で絵を描いていると思われがちな芸術家やイラストレーターも、人体をよりうまく描くために人体の解剖図を学びます。人体の筋肉の動きや構造を意識することで、優れた絵が描けるからです。優れた表現や優れた理解の裏には、必ず知識があるということです。

思考することは大事ですが、優れた思考のためには情報が不可欠なのです。

コミュニティで深掘りを加速する（内化と外化の精度を上げる）

コミュニティをうまく使うことも、「深さ」の視点で解像度を上げるための効果的な方法です。**コミュニティに参加すると、深く考えるためのヒントや、情報をもらえます。**それに、**誰かが近くにいることで、必然的に言語化や壁打ちの機会が生まれます。**むしろ**人との対話やコミュニティなしで一定以上の深さにいくのは無理だと言っても過言ではない**でしょう。

たとえば大学の研究室は、アカデミアにおける基本的なコミュニティの一つです。研究室には特定の領域に興味関心を持つ人たちが日々同じ場所に集うことになります。そこでは知識の交換がされるだけではなく、論文執筆の方法を先輩から教えられることもあるでしょう。特に実践的な知識は本を読むより、人から伝えられたほうが習得しやすい傾向にあります。他の人に関連研究を探してもらう、[26]「面白いものを紹介する会」[27]を開催するといった変わったやり方をする研究室もあります。

また論文を書けば特定領域の興味関心を共有する学会という広いコミュニティへとつながり、そうしたコミュニティで切磋琢磨することで、学生は徐々に研究者になります。そして学会での対話や論文という形での外化や論文査読による批判的討論は知の生産を促進します。さらに論文の引用数やコミュニティによる評価、テニュア（大学で一定の条件を満たした教職員に与えられる終身在職権）による安定的な身分保障などでインセンティブ付けをされて、コミュニティとコミュニティに属する人たちはますます知識を増やします。

学者はもちろん個人で優秀でもありますが、アカデミアという環境なくして新しい知識を生み出すことは難しいでしょう。「研究室」や「研究所」という仕組みは、特定の領域を深掘りし解像度を上げていくという観点で、それ自体が偉大な発明だと言えます。ビジネスにおいても同様です。優秀な個人であっても、できることは限られます。**最先端の実践や失敗経験などの情報は、コミュニティから得られます。**大きなビジョンを持つ人から刺激を受けて、洞察が得られることもあるでしょう。コミュニティをうまく活用しない手はありません。

「自分の頭で考えること」と「自分の頭だけで考えること」は違います。人との対話で思考を促された経験は誰しもあるはずです。**自分自身でも考えながら、誰かと一緒に考える**ことで、私たちは解像度を上げていけるのです。ニュートンは「巨人の肩の上に立つ」と言いました。これは過去の先人たちの積み重ねの上に立って物事を考えるということですが、同時に、過去に生きた人たちと

26［研究室ゼミ］他人の関連研究探しゼミ（Satoshi Nakamura、2020年7月1日）https://note.com/nkmr/n/n4a5a520732fb
27 暦本純一『妄想する頭 思考する手──想像を超えるアイデアのつくり方』（祥伝社、2021）

現在に生きる人たち、その膨大な数の人たちと一緒に考える、ということでもあります。「早く行きたければ、ひとりで行け。遠くまで行きたければ、みんなで行け」というアフリカのことわざ[28]は、思考にも適用できるということです。みんなで考えることは、長く考えるための強力な武器です（ただし、誰と一緒に行くかは大きく思考に影響するので、注意して選ぶほうが良いでしょう）。

多くの人と集まるのは苦手だという場合は、小さなコミュニティでも大丈夫です。2人で輪読会を開くことも、小さなコミュニティです。自分の興味関心に合致するコミュニティがない場合、自分で作るのも手です。うまくいけば、多くの人がコミュニティに参加してくれて、解像度を上げるのを手伝ってくれるでしょう。

「深める」ためのコミュニティは、最初は少ないメンバーで始めることをお勧めします。多くて7人程度が良いでしょう。アマゾンでは「2枚のピザルール」というのがあるそうです。会議やチームは2枚のピザを食べられる人数に収める、というルールです。このくらいの人数までが、深く話すときには良い傾向にあります。

協力的な顧客を集めるのもコミュニティづくりの一つであり、特にスタートアップではよく見かけるパターンです。**初期の顧客を単なる顧客と扱うのではなく、「一緒に開発する」仲間として巻き込むことで、顧客から頻繁なフィードバックを得られるようになり、仮説検証のサイクルが早く回ります**（仮説検証のコツについては、7章で紹介します）。製品が一部の顧客に特化してしまうリスクはありますが、それを認識したうえで多くの人が使えるサービスになるようバランスを取っていけば、ある程度は回避できます。

解像度は、一気に上がることはそうありません。そのため、モチベーションの維持も、解像度

28 しばしば引用されるこのアフリカのことわざは、アフリカ発祥である可能性とそうでない可能性が示唆されています。
Charles Clay Doyle, Wolfgang Mieder "The Dictionary of Modern Proverbs: A Supplement" Proverbium, Vol.33 No.1, p.85-120, 2016 ならびに https://andrewwhitby.com/2020/12/25/if-you-want-to-go-fast/

を上げるうえで重要な要素です。コミュニティに属することは、モチベーションという観点でも大きなメリットがあります。何より、**私たちの思考に最も影響するのは、どんな人が傍にいるか**です。私たちは想像以上に周りからの影響を受けますし、周りに影響を与えます。**思考は誰かとの共同作業という側面があり、知性は集団に宿る**とも言われます。[29] 仲間や共同創業者、顧客に対して、自分の考えていることを言葉にして、共有し続けること、そのためにコミュニティに属することは、解像度を上げるために不可欠な営みです。

29 スティーブン・スローマン、フィリップ・ファーンバック『知ってるつもり――無知の科学』（土方奈美訳、早川書房、2021）、ジョセフ・ヒース『啓蒙思想 2.0――政治・経済・生活を正気に戻すために』（栗原百代訳、NTT 出版、2014）などを参照しました。

課題を深掘りするということは、ある意味、**その領域の研究者やマニアになる**ことでもあります。「自分はこの領域の研究者と言えるのか？　この顧客のカスタマーマニアと言えるのか？」「この領域の専門家ときちんとディスカッションできるのか？」「自分はこの顧客についての、最先端の研究者と言えるのか？」という自問自答に、自信を持って「そうだ」と答えられるようになるまで、粘り強く深めていくことをお勧めします。

深めるうえで、情報を集める（サーベイ）、行動する（インタビューする、現場に没入する、個に迫る）、思考する（言語化する、Ｗｈｙ　ｓｏ？）、そしてこれらの精度を上げる日々の取り組み（言葉・概念・知識を増やす、コミュニティへの参加）に十分な時間をとりましょう。そもそも時間をきちんと割いていない人は多いものです。

ただし、「深めていっても意味があまりない」領域もあるので注意しましょう。たとえばスタートアップは設立後10年前後で売上１００億円を達成するのが一つの目標となりますが、そもそも市場規模が10億円程度の市場では、どんなに頑張っても売上１００億円を達成することはほぼ不可能であり、仮にそうした市場にいる顧客の課題を深く知ったとしても、目的は叶いません。そこで、そうした場合に必要になるのが、「広さ」の視点で課題の解像度を上げておくことです。

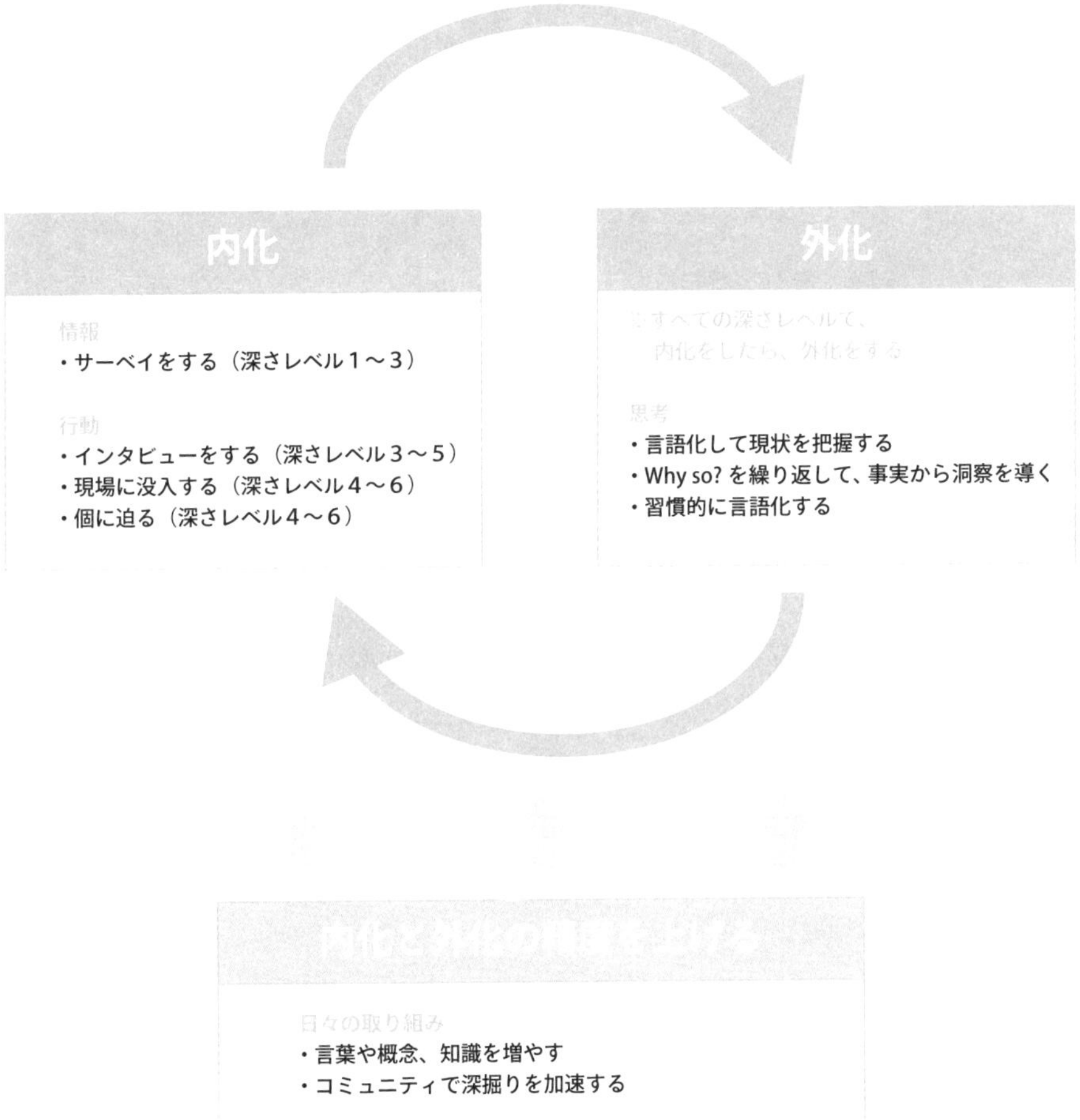
内化
情報
・サーベイをする（深さレベル1〜3）
行動
・インタビューをする（深さレベル3〜5）
・現場に没入する（深さレベル4〜6）
・個に迫る（深さレベル4〜6）
外化
※すべての深さレベルで、
内化をしたら、外化をする
思考
・言語化して現状を把握する
・Why so? を繰り返して、事実から洞察を導く
・習慣的に言語化する
日々の取り組み
・言葉や概念、知識を増やす
・コミュニティで深掘りを加速する

課題の「深さ」まとめ

☐ 言語化するところから始めましょう。書いて、喋ってみましょう。

☐ サーベイをしましょう。本屋に行って端から端まで本を買いましょう。ウェブの検索や動画もうまく使ってください。

☐ インタビューをすることで、課題をより深く知ることができます。まず仮説を書いて、半構造化インタビューを実施しましょう。意見ではなく事実を集め、アンケートではなく人と話しましょう。

☐ 観察や参与観察を行い、現場に没入しましょう。こうした情報と体験は、独自の情報源となってくれるでしょう。

☐ 個に迫ると、より深い学びや気づきが得られます。

☐ Why so？を繰り返して、事実を洞察へと変えていきましょう。

☐ メモ、対話、教えることを習慣化しましょう。言語化は日常的に続けることで、精度が上がります。

☐ 言葉や概念、知識を増やし、世界をよりうまく切り取れるようにしましょう。

☐ コミュニティに参加して、誰かと一緒に考えましょう。そうすることでより深くまで辿り着けます。

Column
数字ばかりを追うリスク

インターネットの普及により、多くの数字が手に入るようになりました。少し検索するだけで、相応のデータやチャートが出てきます。そして数字を重視する文化の普及により、数字を分析できるということが評価されてきました。

過去の売上の数字から、将来の売上の数字を予測する。市場規模の調査を見て、新規参入エリアを決める。資材の調達計画を立てるために、製造数の精密な予測をする。既存事業の場合は特に計画が主体になってしまうところもあるでしょう。新規性を求められるビジネスプランコンテストでも、数値に基づく計画を高く評価する審査員は多くいます。

もちろん数字は大事であり、客観的な視点を補助してくれる優れた道具です。しかし数字だけを見てビジネスを判断することは、サッカーで最終的な得点だけを見て、選手のプレーを見ずに、試合を評論することのように思えるときがあります。

たとえば次ページのグラフだけを提示されて、来年度の売上予測をしてほしい、と言われたら、皆さんならどう考えるでしょうか。おそらく「もっと情報が欲しい」と思うでしょう。成長が頭打ちしているのか、これから下がる兆候なのか、それともグラフの最後の年だけ特殊な事情があって来年度はまた成長するのか、判断するにはこれだけの情報では足りないからです。しかし実際のビジネスの現場では、こうした数字のトレンドだけを見て、「鉛筆をなめて」自社の来年度の売上を推測するようなことがしばしば起きます。**本来であれば、現場の情報を高い解像度で把握する必要が**

あるときにも、数字だけを追ってしまうのです。

数字を使って考えることは大事ですが、数字「だけ」で考えることには大きな落とし穴があります。

普段から私たちは、数千人が感染症にかかったというニュースや、戦争や災害で数万人もの方が亡くなったというニュースをしばしば見聞きして、現象を数字だけで見ることに慣れてしまっています。その数字は正しい情報ではあるでしょうし、大局的な状況把握をするにはとても有効です。しかし数字だけを見ると、そこには「自分の親しい人が1人亡くなった」というストーリーが数万、数十万とあり、その周りには数百万もの悲しみがあることを失念してしまいがちです。数字ばかりを扱っていると、次第にその後ろに潜む意味を見逃してしまうのです。

ビジネスでも同様です。**一つの売上には一つのストーリーがあり、そこには顧客の苦しみや悲しみ、喜びがあります。そして次のビジネスにつながる洞察もあるはずです。**

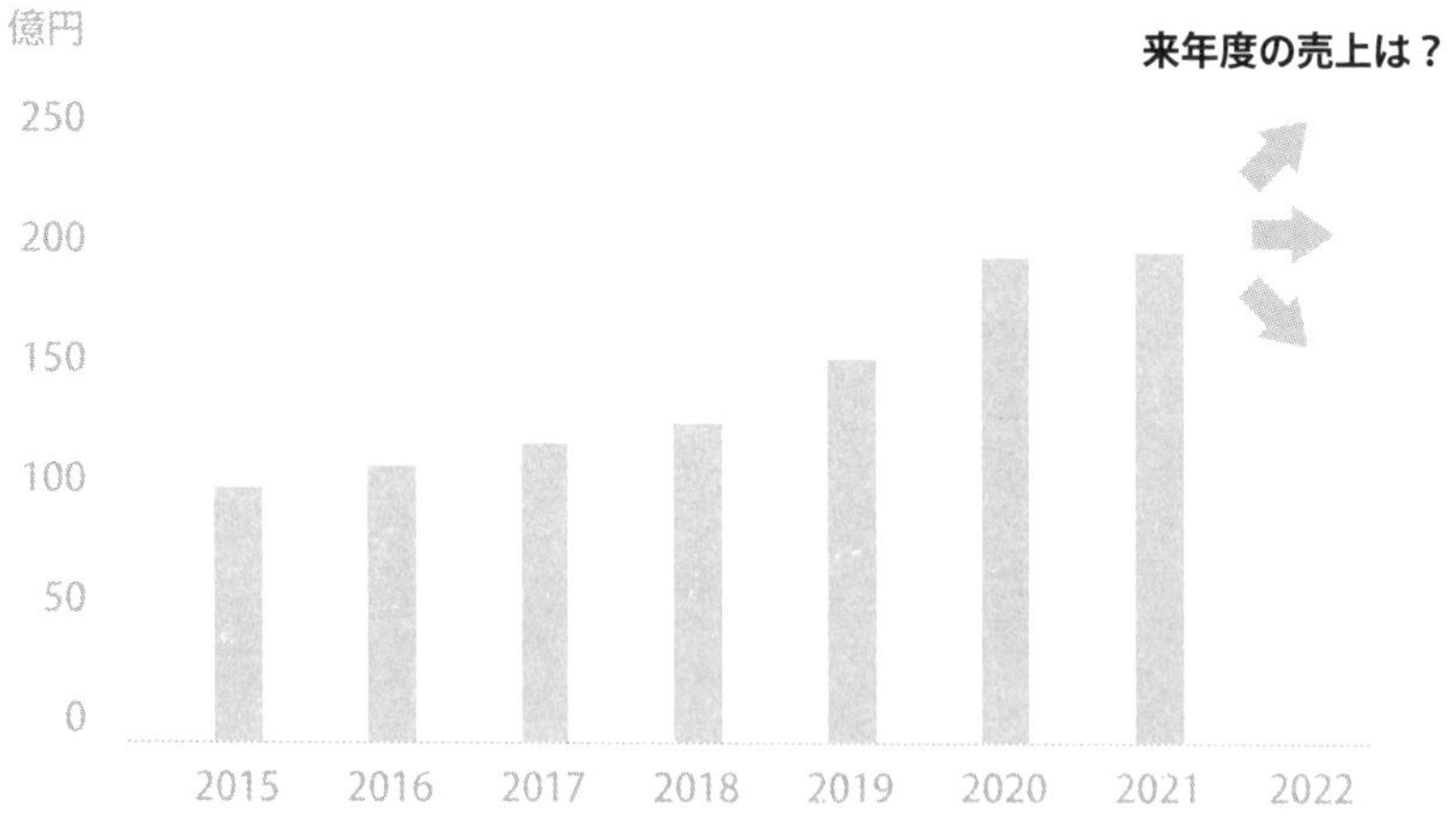

普段から抽象度の高い数字ばかりを扱っていると、人はその数字の持つ本当の意味や、製品がなぜ使われているのかという理由に、あまり関心を払わなくなってしまうようです。顧客の間で新しく起こりつつあることを見逃してしまうと、破壊的イノベーションの台頭を見過ごしてしまうかもしれません。カメラ付き携帯電話やスマートフォンの脅威に気づけなかったカメラメーカーや、動画視聴が徐々にストリーミングへと置き換わりつつあることに対応できなかったレンタルビデオ屋のように、事業全体が立ちいかなくなってしまうこともあるでしょう。

ドラッカーは『すでに起こった未来』[1]の中でこのように述べます。

> 私が定量化を行わない最大の理由は、社会的現象のなかで意味ある事象は、定量化に馴染まないからである。そもそも、統計的な世界、したがって正規分布する世界に変革をもたらすものは特異な事象である。

定量化は、業務の効率化や、過去の実績から進む方向を微調整していくときにはとても有効です。データがなければ、過去に打った施策がうまくいっているかどうかは分からないでしょう。

しかしドラッカーの指摘するように、定量的な数字を使った未来予想は過去の傾向の延長でしかなく、特異的な機会やリスクを見逃してしまう可能性が大いにあります。数字だけに頼って判断することは先進的でリスクが低いように見えて、新たな発見といった面では脆弱であり、リスクがあるのです。

特にこれまでにない科学的発見や、急成長するビジネスを作ろうとするときには、特異なものを見つけることが必要とされます。そのときには、**まだ数字にすらなっていないような現実を詳細に知ること、つまりその領域での高い解像度が求められます。**最先端の現場で起こって

1 P・F・ドラッカー『すでに起こった未来——変化を読む眼』（上田惇生、林正、佐々木実智男、田代正美訳、ダイヤモンド社、1994）

いることを把握し、新しい消費者やビジネスの動きを敏感に察知することで、新しいビジネス機会に気づくのです。

不確実性や曖昧性が高い状況下での新規ビジネスも、高い解像度が要求されるでしょう。不確実性の高い状況下でビジネスをしようとすることは、地図を持たないまま、霧がかかった山を登るようなものです。そんなときはあたりを探索しながら、自ら地図を作っていかなければなりません。過去の数字はあまり役に立たず、絶えず現場に赴き、今まさに起こっていることを高い解像度で理解しなければならないでしょう。

逆に、それができれば、新しい機会の発見へとつながるかもしれません。

インターネットの普及やデータの増大、数字で議論することが高く評価されるにつれて、そうした「足で稼ぐ」ことが苦手な人が増えています。だからこそ、**足で稼ぐことの価値が相対的に高くなっている**ことは、起業家を見ていて強く感じるところです。彼ら彼女らは行動を重視して、業界の最前線で活動することで、常に解像度を上げ続け、機会を発見しています。

数字だけで考えるのではなく、足も使って考えましょう。ただし、解像度の上がった課題が正しいかどうかは、数字などを用いてしっかり検証することも忘れないようにしてください。

5

課題の解像度を上げる
——「広さ」「構造」「時間」

本書では、まず「深さ」の視点から始めることをお勧めしました。深さが足りない場合が圧倒的に多いからです。しかし、深めようとする中で「これ以上掘り進めても意味がなさそう」「深めるべき場所すら分からない」といったときには、いったん「広さ」の視点を確保する必要性があります。また深掘りしているときには視野が狭くなりがちなので、定期的に「十分な広さを確保できているか」を振り返ると良いでしょう。

適切に深掘りしたり、より広く物事を見たりするうえで、「構造」の把握も欠かせません。物事を適切に分解し構造化することで、より深く物事を見ることができます。広い視野で課題の位置付けを把握するには、業界の構造を整理する必要があるかもしれません。

さらに物事の時間的な変化も考慮に入れながら、解像度を上げていかなければ、課題は古びてしまいます。「時間」の視点は、「深さ」「広さ」「構造」のすべての視点で解像度を上げるのと並行して、常に意識しておく必要があります。

本章では、「広さ」「構造」「時間」の視点で、課題の解像度を上げる手法を順に紹介していきます。

「広さ」の視点で、課題の解像度を上げる

**考慮する原因や要因、
アプローチの多様性を確保する。**

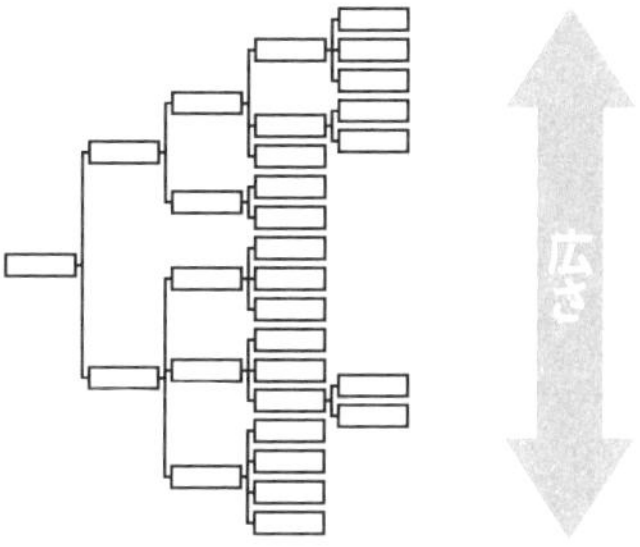

「広さ」の視点で課題の解像度を上げることは、探索範囲を広げ、より広い視野を持って課題を捉えるということです。探索は暗闇の中を歩いていくようなものですが、本当に何も見えない暗闇であることは稀です。あたりにはヒントとなるような灯りが見えることも多いはずです。そのわずかな光をもとに、視野を広げていく方法を解説しましょう。

広げるうえで基本となるのは、「前提を疑う」「視座を変える」という2つの思考の型です。ただし、視野は思考を変えるだけでは、十分に広がりません。日常的に徐々に広げていくことも重要です。そこで、「体験する」「人と話す」という取得できる情報の範囲を広げるための行動のコツも紹介します。

視野を広げるうえで、まず一人でもできるのが、**物事の前提を疑い、より多くの選択肢を考えてみる**ことです。同じ業界の中にずっといると、その業界の慣習を当たり前だと思ってしまって、気にならなくなることはよくあります。ただ、そうした当たり前にあるものに対して疑問を持ち、前提を疑うことで見えてくるものもあります。

そのときに有効なのが、前提を疑うための問いのパターンを持っておくことです。Ｗｈｙ ｓｏ？が深めるための問いのパターンだったように、広げるための問いのパターンを身につけるのです。

まず試してほしいのは、**そもそもを問う**ことです。既成の前提を疑い、ゼロから考えることで新たな洞察を得るのです。コンサルティングの領域では**「ゼロベース思考」**と呼ばれます。

たとえばエレベーターの待ち時間を課題だと考えたときに、「エレベーターを早くする」という解決策に飛びつくのではなく、「そもそも『待つ』とは何なのか」と考えてみることで、一歩引いてより広い視野で課題を見ることができます。そこで「待つとは何もしないで時を過ごすこと」だと思ったら、「じゃあエレベーターの前でやることがあれば良いのでは」と考え、エレベーター前に鏡を置いて身だしなみを整えてられるようにすることで「待ち時間」として認識する時間が減らせる、という解決策に至るかもしれません。

「そもそも何のためにあるのか？」「そもそも必要なのか？」「そもそもどうやって作ればいいのか？」といった問いは前提を見直すのに有効な問いです。イーロン・マスクは、スペースXの事業を考えるときに、「そもそもスペースシャトルは何でできているのか？」を考え、スペースシャトルの原材料の原価を計算したところ、当時のシャトルの金額の2％程度しかないことに気づいたそうです。原理的にはそこまでのコストダウンが可能だということです。原価まで辿り着かなくても、少し工夫するだけで、競合の製品に勝てる値段のものを作ることができるかもしれません。イーロン・マスクはそもそもを考えることで莫大な利益がある場所に気づき、従来よりもコストの安いロケットを作って、宇宙ビジネスを拡大しました。

ただし社会に逆張りする仮説を立てるのであれば、イーロン・マスクが計算をして検証したように、しっかり検証しましょう（検証については、7章で詳しく述べます）。それがなければ、一般常識に逆らうことが目的と化した、ただの素人の思いつきになってしまいます。

10×の問いというパターンもあります。「今の10倍の性能を出せる手段はないのか」「今の10分の1の価格で作る方法はないのか」と1桁違う改善策を考えることは、課題への視点を無理やり変える効果も持つため、これまでとは異なる課題や着眼点に強制的に目を向けることができます。

リフレーミングも、有効な問いのパターンです。リフレーミングとは、物事を異なるフレーム（枠）で見てみることです。発明家であり、ゼネラルモーターズの研究所を27年間率いたチャールズ・ケタリングは「うまく述べられた問題は、半分解決されているようなものだ」と言ったそうですが、今向き合っている課題を違う形のフレームに沿って述べられないかを考えることで、より良い課題に近づけることもあります。たとえば、「自動車製造販売会社として何をするべきか？」ではなく、「移動をより良くする会社として何をするべきか？」と、自社の事業内容をリフレーミングすることで、新しい課題が見えてくるかもしれません。

リフレーミングをしたり、良い問いを出すためには、言葉や知識が必要です。「深さ」の章でも言葉や概念の重要性をお伝えしましたが、より不可欠なものだと言っても良いでしょう。

誰かとの会話の中で自分が相手に何かを問いかけたとき、その問いを覚えておき、自分自身にも投げかけてみることもお勧めです。相手の曖昧な表現を理解するための問いや、人の行動を促すための問いなど、私たちは他人に対して厳しく鋭い問いができるものの、自分自身に対しては甘い問いかけになりがちです。他人に対して厳しい問いや良い問いができたな、と思ったら、それを積極的に自分にも投げかけてみましょう。

視座を変える

前提を疑うことの次に、「広さ」の視点で解像度を上げるうえでお勧めの方法は、視座を変えることです。

視座の話に移る前に、視座・視野・視点を簡単に整理してみましょう。

まず**「視座」とは物事を見る場所**を意味します。高い山と低い山では、それぞれ視座の高さが違います。次に**「視野」は見えている範囲**のことです。視界とも言えるでしょう。視座の高低によって、そこから見える視野は変わります。そして視野の中から、**特定の部分に注意を向けた先、つまりどこを特に見ているかが「視点」**です。

たとえば現場の担当者は、目の前の課題に取り組まなければならないため、視座は低く、視野も狭くなりがちです。時間的な視野も狭く、現時点の課題に取り組みます。ただしその分、細かい部分まで見ることができます。一方、経営者は戦略を作る必要があるため、より遠く広い範囲を見渡すために、高い視座を持ち、視野を広めて様々な物事を見ています。空間的に広いだけではなく、時間的な視点も遠くに向けて、将来のことを考える必要もあるでしょう。ただし、空間的・時間的に遠くを見ながら意思決定をする分、現場の細かいことは見えづらくなります。

現場の担当者が「経営層は現場のことが分かっていない」と指摘しているのを聞いたことがあるかもしれませんが、そもそも職務として見るべき空間的・時間的な視野が、経営層と現場との間で異なるため、それは仕方がないことでもあるのです。もちろん、現場のことがきちんと分かっていないと、経営層の持つ高い視座は砂上の楼閣にもなるので、「現場を分かっていない」という批判が重要な場合も数多くあります。しかしそうした批判の多くは、お互いの職務に必要とされる視座・視野・視点についての誤解から生まれているようにも思います。富士山の頂上から周りの地理を把握することが重要なときもあれば、登山道の躓きやすい石ころに気を配って取り除くことが大事なときもあるように、視座の高低は役割や場面によって変わるのです。

視座を意識的に変えられるようになると、時には広い視野を持ち、時には細かいところを集中的に見るなどして、多くのものが見えるようになります。「広さ」の視点で解像度を上げていくときには、この視座をうまく変えていくことが重要です。

そこでここからは、視座の変え方についてお話ししたいと思います。

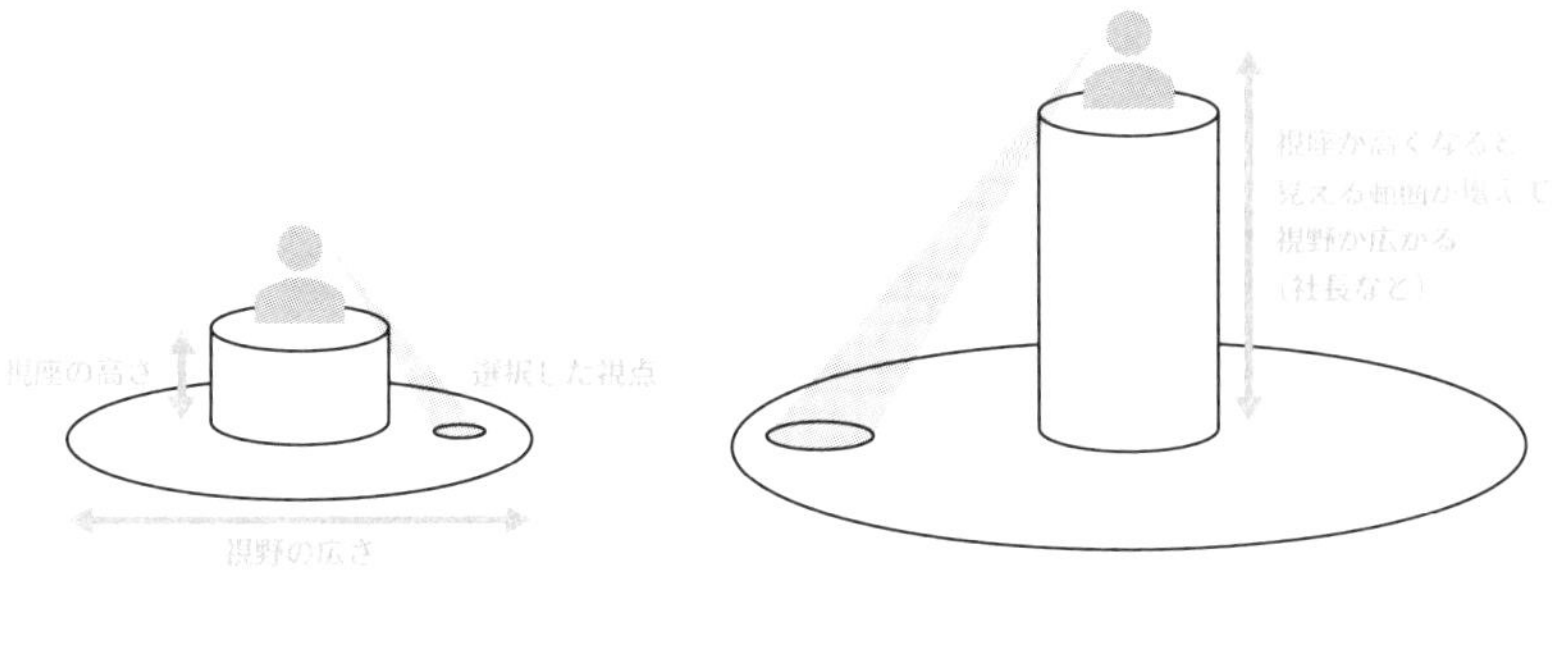

視座を高くする

解像度を上げるうえでは、まずは視座を高くして、広い視野を得ることをお勧めします。

視座が高いことが必ずしも良いわけではありませんが、私たちはつい目の前の仕事に集中して視野が狭くなりがちなので、視座を高くすることを常に意識しておいたほうがバランスを保ちやすくなります。視座を高くする具体的な方法は、**今の自分の立場より上の立場で考えてみる**ことです。社内で何か仕事を依頼されているのであれば、なぜこの仕事が重要なのか、なぜ自分にこの仕事が割り当てられたのかを考え、場合によっては仕事の意味を捉えなおすのです。起業家の場合は、1桁違う組織規模を運営する、少し先を行く先輩起業家の立場で物事を考えてみたり、顧客の課題だけではなく、その先にある業界や社会の課題を見据えて考えてみたりすることです。師弟関係でも、師匠の動作を機械的に真似るだけではなく、師匠の立場に立って師匠がどんな状況でどんな判断をしているかなど動作の裏にある思考を想像して真似することで、スキルは伸びていきます。

お勧めなのが、**2段階上の人の視座**から見ることです。2段階上の視座に立つと、自分の上司は何を期待されているのか、上司の成功のためにはどう動けば良いのかが見え、上司との協働もしやすくなります。起業家の場合、自社のことを考えるのをベースに、1段視座を上げて業界の視点で物事を考えるだけではなく、さらにもう一つ上の段階である社会に目を向けて、社会の課題やあるべき社会像などを考えてみると、自社がどういった方向を目指すと良いのかが見えてきます。

視座を高くすることは、**観察対象としているシステムの境界を広げてみる**こととも言えます。自分の仕事をシステムの要素として見立てたとき、自分の担当している仕事とつながっている仕事の点だけではなく、さらにその周辺にどのような点があり、どのようなつながりが構成されているかを見るのです。現場の担当者であれば、自分のチーム内のタスクだけではなく、自分のチームが他のチームとどのようにつながっていて、全体の中でどんな位置付けであるかを知ることです。上司の立場に立って現場を見てみるというのは、こうしたシステムの観察範囲を広げることとも言えます。

視座を高くするもう一つの方法は、**視座の高い人と対話する**ことです。筆者の知るスタートアップの経営者は、自分より視座の高い経営者や投資家にメンターになってもらって定期的に会ったり、起業家コミュニティに参加して話をし、刺激や勇気をもらうことで意識的に視座を下げないようにしています。どんなに優れた経営者であっても、そうした外部からの刺激がなければ視座は自然と下がってしまうのでしょう。

なお、視座を高めたうえで見る方向を誤ると、全く見当はずれな課題に取り組んでしまう可能性も大きくなってしまいます。どの方向を見るのかについても、十分な注意を払うようにしてください。見るべき方向を決めるためには、視座の高い人たちの向いている方向を参考にしたり、より長期のことを考えながら（長期で考えることは6章の「『時間』の視点で、解決策の解像度を上げる」で解説しています）、足元で起こっていることを確認し、都度自分の向いている方向が正しいかどうかを自問自答しながら調整を続けていく必要があります。

観察対象としているシステムを広げてみる

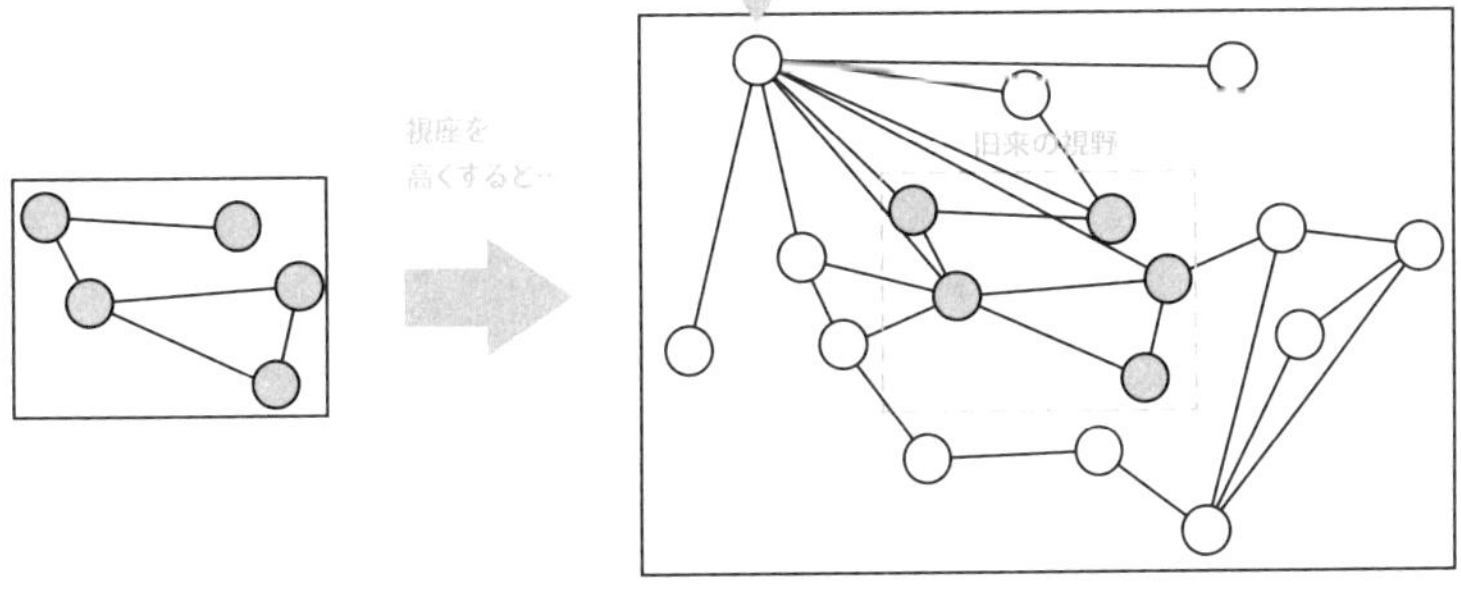

相手の視座に立つ

上役に限らず、相手の立場に立って考えることは、視座を変えるのに役立ちます。顧客の立場に立ってみることも一つの視座の変更です。デザイン思考の各種手法は「顧客の立場に立ってみる」という、視座の変更を促すものです。ここで必要なのが「共感」です。共感には感情的共感と認知的共感があると言われています。感情的共感は、日常会話で人が「共感」と言うときに思い浮かべるもので、相手の感情を感じ取ることです。一方、認知的共感は異なる価値観や状況に置かれた人の立場になって考え、その人の状況を理解することです。この両方を使うことが、相手の視座に立つときには役立ちます。

たとえば**顧客候補の「この作業は面倒だな」といった感情には感情的共感を覚えながら、同時になぜそうなっているのかを認知的共感を使って考えてみる**のです。相手の視座に立てば、顧客にはどんな課題があるのか、どんなメッセージだったら心が動くのか、どんな情報があれば上司を説得しやすいかなど、これまで見えていなかったものが見えてきます。

製品やサービスを考えているのであれば、「自分だったら使うか？」というのを自問自答してみるのも有効です。意外と多くの人が、そもそも自分の課題にも合致しておらず、いざ自分がユーザーとなると使わない製品やサービスを設計してしまいがちです。「深さ」の章で紹介したように、現場に行くことでも、相手の視座に立つことができます。思ってもみなかった情報など、視野を広げる情報に出合えるかもしれません。

評価者の立場になってみるのも一つの手でしょう。起業を考えているなら、投資家の立場になったつもりで、自分や他人のスタートアップのアイデアを評価し、本気でコメントしてみましょう。そうすると、次第に良い課題の構成要素が分かってきます。

競合の立場で考えてみるのも有効です。競合が、自分たちの製品を打ち負かすためにアピールしてくるのはどこかを考えてみましょう。そうすることで自分たちの製品の弱点に気づき、対処すべき課題の可能性が見えてくるはずです。

反対意見をあえて出していく、レッドチーム[1]**や悪魔の代弁者**という手法もあります。まったく逆の立場から批判的な意見を出すことで、視座が強制的に変わり、新たな気づきが得られます。

相手の立場に立つことを、英語ではしばしば「他人の靴を履く」と言います。積極的に誰かの靴を履いて、これまで見えなかった視点や体験に気づいていきましょう。そうして徹底的に顧客に寄り添い、地べたを這いながら物事を見ることで、高い視座では見つけられなかった課題の詳細を知ることができるのです。

未来の視座に立つ

現在ではなく、未来の視座から現在を見ることで、新たな視野や視点を得られることがあります。たとえば、**将来のあるべき姿を考えて、そこから逆算して現在やるべきことを考えるバックキャスティング**という方法があります。

プレモーテム（事前検死、死亡前死因分析[2]**）と呼ばれる手法では、「半年後、このプロジェクトが**

1 ブライス・G・ホフマン『レッドチーム・イノベーション――戦略的異論で競争に勝つ』（濱野大道訳、早川書房、2018）

2 ダニエル・カーネマン『ファスト＆スロー――あなたの意思はどのように決まるか？』（村井章子訳、早川書房、2014）やチップ・ハース、ダン・ハース『決定力！――正解を導く4つのプロセス』（千葉敏生訳、早川書房、2013）を参照しました。

大失敗に終わったとして、その原因は何か」を考えます。そうすると起こりうるリスクを事前に洗い出し、対処することができます。

将来大成功したときのことを考えるプレパレードも、未来の視座に立ち視点を変える一つの手です。たとえばイベントを開催するときに、集客が大成功することを想像しておけば、事前に運営の限界以上に人が来ないように制限をして、大成功したがゆえの失敗を防止することができます。

なお、時間の先取りは、どの時点から見るかによって示唆も変わってくるので、何パターンか試してみると良いでしょう。こうした時間の視座をいくつかの点で取ってみるための問いとして、**10−10−10の問い**[3]**というものがあります。意思決定をした結果、10分後、10か月後、10年後に何が起こっているだろうかと考えることで、それぞれ異なる時間軸の視座からの視点を得る**手法です。

このように、空間的な視座だけではなく、時間的な視座も変えることで、異なる課題が見えてくることもあるでしょう。たとえば、起業家の場合、ミッションからバックキャスティングして物事を考えてみると、現在取り組んでいる事業とミッションとの間に多くの達成するべき物事が見えてきて、実は今から手を付けておくべき課題に気づくことができるかもしれません。新しい事業を始めるときにプレモーテムやプレパレードをしておくと、現在集中している課題のほかに解決するべき課題が見えてくることもあります。「この

3 スージー・ウェルチ『10-10-10――人生に迷ったら、3つのスパンで決めなさい!』(小沢瑞穂訳、講談社、2010)

課題に取り組むべきだ」と意思決定をする前に、10－10－10の問いを使えば、少しだけ立ち止まって、本当にその課題に取り組むべきかどうかを振り返ることができるでしょう。このように、時間の視座を変えることで、課題をより広い視点で見直せるのです。

レンズを使い分ける

言葉や概念を増やすと、世界を精緻に見られるようになるという話をしました。概念を多く知っていることは、「広さ」の視点で解像度を上げるうえでも、役に立ちます。概念の集まりや、数々の仮説検証を経て十分に正しそうだと思われた仮説の束は、理論と呼ばれます。実は私たちは日々の生活でも、理論を使って現象を把握しています。

たとえば「目の前に空気がある」という「事実」は、理科の時間に学んだ物理の「理論」を通して視野が広がり、認識できるようになったはずです。理論を学ぶまでは、おそらく空気というものを気にも留めなかったでしょう。しかし理論を学び「空気」という概念を知ることで、目の前には何もないのに、空気の実在を信じ、空気を意識した生活を行うことができるようになりました。

政治学の分野では、物事を見るときの考え方のことをレンズと呼ぶこともあります。理論も含め、私たちはいくつものレンズを通してこの世界を見ています。**多くのレンズを持っていれば、状況に応じてレンズを入れ替え、視野に映る光景を変えていくことができる**のです。

たとえば、街中を走っている自動車を見るときに、ビジネスというレンズを使って見てみれば、車がどうやって作られて、どうやって売られているのか、といったことが見えてきます。ビジネ人のレンズの中でも、「自動車周辺の儲けの機会に着目する」レンズもあれば、「コストに注目する」レンズもあります。どのレンズを使うかによって同じ車を見ていても、得られる情報は異なります。「物理学」のレンズで見てみると、どのように車が動いているのかを考えることができるようになるでしょう。「社会学」のレンズで見てみると、自動車がどのような社会的な変化を引き起こしてきたか、「環境学」のレンズを使えば、車がどのように環境に影響を与えているのか、などを見ることができるようになります。複数のレンズを持ち、切り替えることで、事象を様々な見方で捉えることができるのです。逆に一つのレンズでしか物事を見られない人は、往々にして視野が狭いと言われます。

先述のとおり、理論もレンズです。ビジネスにおける理論には、経営学の理論のように、幾度もの検証を経た強い理論もあれば、その会社や個人が培ってきた経験則のような、弱い「私的理論」や「仕事哲学」もあります。グローバルのコンサルティングファームが強いのは、たくさんの業種でのベストプラクティスという、ある種の弱い理論に関する知見が社内に蓄積しているから、という面もあるでしょう。理論を持っていれば、課題を深掘りするうえで調べるべき数字や現象も定まりますし、適用可能なベストプラクティスを当てはめれば、クライアント向けの仮説を導き出すこともできるでしょう。コンサルティングファームにいなくても、経営理論や他社の成功事例を知ることで、同様のことはできます。

理論というレンズをたくさん持ち、状況に応じて意識的に使い分けることができるようになれば、一つの事実から様々な課題の可能性を見出せるようになります。

視座を激しく行き来する

ここまでいくつかの視座の変え方を説明してきました。優れた起業家の特徴は、これらの変え方をフル活用して**様々な視座を激しく行き来している**ことです。

たとえば、まず視座を物凄く低くして泥臭く現場に通い、ユーザーの視座に立って共感し、課題を発見した次の瞬間、その課題が多くの顧客にも共通しているかどうか、大きな市場になりうるかというマクロな視座でチェックして、ビジネスとして大きくなりそうかも考えます。さらに競合の視座から考えて、自社の製品の強みや弱みを検討したら、いくつかのビジネスモデルや経営理論といったレンズを入れ替えながら、戦略を立てます。良い戦略が立ちそうだと分かったら、未来の視座に立って具体的な行動計画を検討し、実行が難しそうであれば、再び別のミクロな顧客の課題を探しに戻り、課題があればそれが市場として十分大きいのかをマクロに考えて……と、**優れた起業家はこのようにマクロの市場の視座とミクロの課題の視座、ユーザーと競合の視座、未来と現在の視座、ビジネスと物理と社会のレンズなど、視座の切り替えを高速で行いながら、自分の仮説の正しさを検証し、もし正しくなさそうであれば別の仮説をつくりあげているのです。**

特にマクロとミクロを行き来できることは大切です。市場などのマクロの視座からの分析は上手にできるのに、泥臭く現場に足を運びミクロな視座に立った経験が少ないがために、顧客の具体的なニーズを掴めず、実際に売れる製品や事業を作れない、という人をしばしば見かけます。一方、商品を売り、事業を作って、ミクロな目の前の一人の人を幸せにすることはできる人が、マクロな視座からの洞察が欠けているがために、小さく競争の激しい市場で戦ってしまったり、戦略なく進めて後で拡大に行き詰まったりすることもしばしばあります。

「虫の目、鳥の目」と言われることもあります。虫のように現場の近くで注意深く見ながらも、空を飛ぶ鳥のように高いところから俯瞰して物事を見るように、単に複数の視座を持つだけではなく、激しく視座を行き来するのがポイントです。

ただしこれは必ずしも一人で行う必要はありません。**成功するスタートアップを見ているとチーム内で緩やかに視座を分担している**場合もあります。大きなマクロの絵は描けるのに、ミクロな顧客の課題に気づくことは得意でない人もいれば、逆に目の前の顧客の課題に気づき、人の心をつかむのは上手なのに、マクロな視座に立ち戦略を練るのは苦手な人もいます。それぞれの特性を生かして、うまくチームとして機能させることで、チームとしての視野を広めて解像度を上げていくこともできるのです。

体験する

本章の冒頭でお伝えしたとおり、「広さ」の視点での解像度は徐々に上がるものなので、日常的に広げる行動をするのが重要です。そこでお勧めなのが、体験することです。**体験は新たな気づきや視点、情報への新たな意味づけをもたらしてくれます。**昨今は情報が溢れ、最新の情報に追いつくだけで精一杯になり、多くの人にとって体験することの優先度が相対的に下がってきているように見えます。

こんな話を聞いたことがあります。日本企業の人々がシリコンバレーや中国に行き、最新の小売りサービスや移動サービスを視察すると、多くの人はそのサービスを体験せずに、先方のオフィスで担当者と話すだけで帰ってしまったそうです。せっかく現地に行っているのに、体験することなく、本当に「視察」だけで終わってしまうのです。もちろん観察も大事ですが、体験する機会があるなら体験したほうがより多くのことが分かります。新しい製品が出たときも、ニュースを見るだけで終わり、実際に体験する人はそこまで多くないのではないでしょうか。最近のサービスでは無料や割引の体験期間もあるのに、活用しない人が多いようです。逆に言えば、少しだけ行動をして、体験をしてみることが、解像度を上げるうえで大きなアドバンテージになるということです。

疑似体験も視野の広さを獲得する一つの方法です。たとえば子どもがいなくてもベビーカーを押して街を歩いてみると、バリアフリーな街とそうでない街の違いを体感することができるでしょう。そうすることで、考えているだけでは気づけなかった課題に気づくことができます。

パナソニックの創業者である松下幸之助は「百聞は一見にしかず」だけではなく、「百聞百見は一験にしかず」とも言っています[4]。もちろん自分自身の体験は、たかだか一人の体験でしかなく、体験に引きずられ過ぎるのも良くはありません。ただインタビューや観察による深掘りだけではなく、体験したからこそ視野が広がって気づける視点もあるのです。優れた体験ができればビジネスのヒントになりますし、「たいしたことない」「それほどでもなかった」と感じるのも、そこに改善の機会があるかもしれないという気づきとなります。

ここでは2つの体験の方法についてお話ししましょう。

4 松下幸之助『人生心得帖』(PHP研究所、2001)

▼ 競合製品を使い倒す

起業を考えている人の中で意外と多いのが、「競合の名前は知っているけれど、その製品やサービスを使ったことはない」というものです。もし**競合製品があるのであれば、可能な限り使ってみましょう。**使い倒して、良いところと悪いところを学ぶと、それが新たな課題の可能性を考える視点につながります。マーケターであれば、他社のやっているマーケティングキャンペーンには積極的に登録し、イベントをするのであれば、他社のイベントに参加することで、様々な気づきを得ることができます。

体験のコストが低いソフトウェア製品の場合は、可能な限りたくさんの製品を触ってみることをお勧めします。アプリを作るなら最低１００個のアプリを触って、それぞれの感想をメモしておきましょう。特にベンチマークするべき競合製品や関連製品は誰よりも使い込むことで、製品の良し悪しや、何を差別化すべきかが分かってきます。メルカリの創業者たちはメルカリを作る前に、自分たちで競合製品を多数触るだけではなく、ユーザーとなる人たちを呼んで自社の製品のテストをしたうえで、すでにリリースされていた競合製品も触ってもらって、どこにストレスがあるのか、どこが分からないのかを調べ、そこから得た学びを自分たちの製品に反映したそうです。[5]

もし優れた競合製品があるのに、全く流行っていないのであれば、そもそも課題がない、ということなのかもしれません。「全て競合製品を試してみたけれど、十分に納得できなかった」と感じるのであれば、まだ解決できていない課題があり、そこにチャンスがあるのかもしれません。

こうして体験をさぼらずに続けることが、解像度を上げ競合と差をつける第一歩となります。

5 堀新一郎、琴坂将広、井上大智『STARTUP
――優れた起業家は何を考え、どう行動したか』
（NewsPicks パブリッシング、2020）

旅で新たなキーワードに出合う

旅に出ることも有効な体験です。

私たちは今、常にインターネットにつながっていて、すぐに調べることができます。勉強をしなくても、検索すればすぐに答えが得られるから勉強は不要、という言説まで出てきているぐらいです。検索はたしかに強い味方です。しかし、『弱いつながり』[6]で指摘されるように、検索ワードがなければそもそも検索はできません。**全く知らない世界のことを知るには、今の自分が知らないキーワードが必要**なのです。一度検索ワードを手に入れられれば、検索できる範囲はぐっと広がり、芋づる式にキーワードを見つけることができます。

このキーワードを得るのに最適な手段が、旅をすることです。旅をすると、異なる環境に身を置き、見知らぬ人と話し、見知らぬものと出合うことになります。旅の途中、気になったものは、その場ですぐ検索してみても良いかもしれませんし、体験に集中するためにその場で検索はせず、メモしておいて、後で検索してみるのも良いでしょう。**遠くへ行けば行くほど、新しいキーワードを手に入れることができます。**物理的な距離と文化的な距離はそれなりに相関しているからです。

少し意識して行くところを変えてみたり、いつもとは違う道で帰ってきたりするのも旅です。日々少しずつ旅をして異なる体験をすることで、解像度を上げるヒントを手に入れられるかもしれません。

6 東浩紀『弱いつながり――検索ワードを探す旅』（幻冬舎、2014）

「広さ」の視点で解像度を上げるためのもう一つの有効な行動は、人と話すことです。他人から見たときの視野や自分の持っていない知識を得ることもでき、視座を変えるきっかけにもなります。自分が思いつかなかった発想を手に入れることもできるかもしれません。

情報×思考×行動が解像度を上げるために重要だとお伝えしました。その中でも独自の情報があるだけで、解像度はぐっと上がります。独自の情報は、**自分の現場での経験から生み出されるか、人からもたらされることが多い**ようです。現場での経験から得られる独自の情報は「深さ」のところで解説した内容に重複するので、ここでは人からもたらされる情報について解説します。

ニュースなどで流れている情報は、誰でも手に入れることができますが、人経由の情報はあなた独自の人的ネットワークからしか入ってきません。あなたと全く同じ人的ネットワークを持っている人はそうそういないので、必然的に他の人とは異なる情報が入ってくるでしょうし、良い人的ネットワークが築ければ良い情報が入ってくるようになります。

ではどのようにして独自の情報を得られる、人のネットワークを築けるのでしょうか。

ここでもコミュニティが活躍します。先述したコミュニティは、特定の興味を共有する「深める」ためのコミュニティですが、ここでのコミュニティは**情報源を「広げる」ためのコミュニティ**です。

広げるために有効なのは、**自分の周りの人がまだ属していないコミュニティに入る**ことです。そうすることで、異なる情報を持った人と話すことができ、入ってくる情報に広がりが生まれ、それだけで独自の情報源となりえます。日本では英語圏のコミュニティに入っておくだけで、随分と違う情報が入ってくるでしょう。

複数のコミュニティに属することもお勧めです。たとえば、スタートアップとNPOは「新しいことを始める」という点では近いようでいて、それほど交流が多くはありません。その2つのコミュニティに少し顔を出してみることで、双方の知識やノウハウを得ることができます。もともと交流のない2つの情報源に接することで、これまで結合されていなかった情報を新たに結合させる機会も出てくるかもしれません。そうすれば、新しい視点や発想が広がるでしょう。さらに一方のコミュニティに流れている有用な情報をもう一方のコミュニティと共有すれば、互いのコミュニティにとって新規性のある情報が流れることになり、ハブ（結節点）として重宝されるでしょう。

また、**立場や環境によって、独自の情報を持った人と話す機会が増える**こともあります。たとえば、成功しているスタートアップの社長の多くが、社長になってから入ってくる情報が変わってきたと言います。それもそのはずで、20人の会社であっても社長は社長であり、もし会社間のパートナーシップを検討するときにはパートナー候補となる大企業からも、社長や社長相当の人が出てきます。また、新規性の高い事業をしていれば、政府系の委員会などに呼ばれることも増えます。会社が成功していれば、同じく成功している別の会社の社長から声がかかることもあるでしょう。そうした人たちと仲良くなり、会話することが増えれば、高い視座の情報が入ってくるようになります。「立場が人を作る」とも言われますが、それは立場によって入ってくる情報の種類が変わってくることも、大いに影響しているのでしょう。

社長でなくとも、個人のブログで発信したり、コミュニティイベントで登壇することを通して名を上げることで、立場が作られ、会う人が変わり、入ってくる情報が変わることもあります。自分で立場を作っていくことも一つの方法ですし、何か良い役割が回ってくる機会があれば、怖気づかずにその機会に手を挙げて、新しい立場を獲得するとよいでしょう。

人と話すことの効用は単に情報が得られるだけではありません。人から話を聞くことで、**自分が注意を向ける対象が少し変わり、普段見ている情報から得られるものも変わる**ことも重要な側面です。知り合いの誰かが新しい領域に興味を持っていることを聞いたり、面白そうなキーワードを聞いたりすると、日常的に触れているニュースなどでもそのキーワードが目に留まるようになります。記事のタイトルに最近友人から聞いたキーワードがあったので、これまでなら気にしていなかったであろう記事を読んでみた、という経験は皆さんにもあるのではないでしょうか。前々からそのキーワードは存在していたのに、人から話を聞くことで、注意が向くようになったということです。そうなると、日々同じ情報源を見ていても、実際に頭の中に入ってくる情報は変わってきます。

また人と話すことで、複眼的に物事を見る視点を得ることができます。これまでも視座を変える方法として、相手の視座に立つ方法などを紹介してきましたが、最も簡単なのは**他の人の目を使わせてもらい、実際に複数の視座から物事を見る**ことです。他人の視座からの意見を貰うことで、新しい視野や視点が手に入ることは数多くあります。コミュニティがなければ、一定以上の深さに辿り着くことがほとんどの人にとっては無理なように、対話がなければ複眼的な思考を得ることはほぼ無理、と言っても良いでしょう。

効率性を追い求めると、体験したり、人と話したりすることの優先順位は下がってしまいがちです。しかしそうすると、想定外の情報や視点が入ってくることが少なくなり、広がりを持つことはできません。もちろん、人と話して探索してばかりでは深掘りが進みませんが、**「体験する」「人と話す」**

という広さの探索にきちんと時間と資源を割り当てておくことで、中長期的な生産性は最大化されるはずです。自分の時間の2割程度は常に探索のために使い、いつもと違う人と話したり、違うことを体験してみることをお勧めします。

「深さ」に比べると、「広さ」の視点での解像度は、意識して日々の地道な活動を積み重ねなければ、上がりません。深さは一気に視界が開けることもありますが、広さは徐々にしか広がっていきません。体験も、人のつながりも、時間がかかるものです。それは逆に言えば、粘り強い積み重ねで、誰も追いつけない場所にまでいけるかもしれないということでもあります。

そして自分だけで広げるのには限界があります。だからこそ、人や環境を使って、視野を広げていきましょう。

あらためて深める場所を決める

広さの視点で解像度が上がり、ある程度選択肢が網羅されたと思ったら、広がった選択肢の中から**あらためてどこを深掘りしていくのか**を決めます。解像度を上げるには、粘り強く4つの視点を行ったり来たりしなくてはなりません。

広げれば広げるほど選択肢が増え、選ぶのが難しくなります。選ぶというのは、行為自体は一瞬ですが、実はとても難しい作業です。どの選択肢が良いのかは最初から分かりませんし、そもそも良い選択肢がすでに手持ちの札の中にあるのかも分かりません。すべての選択肢がダメな選択肢かもしれず、もっと広げる必要があるかもしれません。あまりにも難しいので、センスという言葉で片付けられてしまうことも多いのが、「選び方」です。

戦略とは「やらないことを決めること」だと言われますが、解像度を上げるために深掘りしていくときにも多くの選択肢は捨てなければなりません。ではどのように多数の選択肢を捨てるのでしょうか。

まずすでに持っている知識を動員しましょう。その選択肢や選択肢を選んだ先にある物事に対して、まったく何も知らないことはほぼありません。**「この選択肢だったらもっと深掘りできそうだ」**とか**「この選択肢だったら過去に試したことがあるので、ある程度の深さまでいけることは分かっている」**といった知識や情報があるはずです。こうした**知識を使って、深めると良さそうな場所のあたりを付ける**のです。

このときに別の領域や他の企業の事例を多数持っていると役に立ちます。事例を多く、そしてある程度深く知っていれば、どの選択肢が深掘りできそうかある程度予測がつくからです。また類似の領域からの類推（アナロジー）をすることで、別業界だとこの部分が深掘りできたから、今回もここを深掘りしてみる、ということもできます。たとえば1章でお話しした醤油ボトルの改良の例を知っていることで、「製品そのものではな

どこを深めるかを選ぶのは
実は難しい

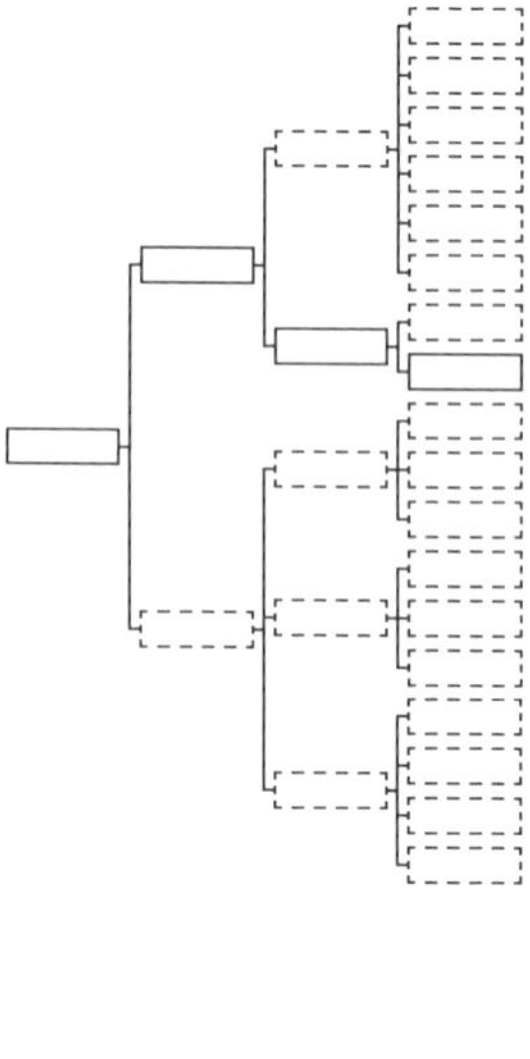

くパッケージ側で工夫できるかもしれない」と考えることができ、「ティッシュを箱ではなくソフトパックで提供する」といった新たな選択肢を思いつくかもしれません。

そうした類推ができるのはセンスが良いからだと言われることもありますが、「センスは知識からはじまる」[7]とも言われるように、知識の量があるほど類推はしやすくなります。ただし表層的な知識ではなかなか応用できないので、ある程度深く知っている必要があります。

人に聞くのも、自分が素人の分野であればあるほど効果的でしょう。専門家は情報の構造化ができていることが多いので、どの部分に可能性がありそうかを的確に知っていることが多くあります。専門家の本を読むのもよいですし、前述した通り、要点が分かりやすくなるので、動画や音声といったメディアから情報を得て、どこを掘り下げるべきかを考えるのも一つの方法です。また、深掘りする方法であるインタビューを少しして、顧客の声を聴いてみるのも良いでしょう。インタビューはコストパフォーマンスの良い手段で、広さを確保した後に、少し深めて、より深掘りをするべきかの判断材料を集めることにも使えます。ほんの**少数のインタビューでも、同じことを言う人が比較的多ければ、そこは深める価値がある場所かもしれません。特に同じ業界の人が、同じような課題を何度も言っているのであれば、可能性は高くなります。**

次に**実現性を少し考えてみましょう。**その課題を深掘りしていったところで、解決できなければ何の意味もありません。簡単な計算をしてみることで、あたりを付けることができます。たとえばスタートアップの事業になりうるアイデアを探しているとしましょう。そうすると、将来的に年間売上100億円になるかどうかが一つの条件になってきます。100億円の売上を上げるためには、1億円の商品を100社に売る、もしくは1万円の商品を100万人に売る、といった選択肢が

7 水野学『センスは知識からはじまる』（朝日新聞出版、2014）

見えてきます。単価1万円の商品の場合、コスト的に営業担当者は雇えないので、主にマーケティングで売上を伸ばすことになるだろう、という推測を行い、マーケティングだけで売れるアイデアなのかどうかを考えてみると、おおよその実現性も分かります。こうした簡単な計算と実現性のチェックで、この選択肢の解像度を深掘りするべきか、それとも他の選択肢を探すべきかの判断ができます。こうした実現性を考えるためには、スタートアップは年間100億円の売上を目指すものという知識があり、ビジネスのコストなどの相場観も知っているなど、実現性をチェックできるだけのビジネスの知識が必要です。

最後に、**それぞれの選択肢の良い面も考えましょう。**実現性ばかりを考えてしまうと、確実な選択肢を選んでしまい、大きな課題を選ぶことを避けてしまうことになりがちです。悪い面やリスクだけを考えて、諦めてしまうのは簡単です。逆に、選択肢の優れた面に気づき、それをきちんと評価して伸ばすことは、実はとても難しいことです。

100点と1万点の選択肢があり、100点の選択肢のほうは80％ぐらいの実現性、1万点の選択肢は5％の実現性だとすれば、期待値はそれぞれ80点と500点になります。であれば、実現性は低くても、1万点の選択肢のほうを考慮に入れても良いはずです。悪い面が多ければ諦めるべきですが、良い面もきちんと考慮してから、深める場所を決めていきましょう。

深めるべき場所の選び方があまりうまくない起業家は、その領域やビジネスに関する知識が十分ではない場合が多く見受けられます。事前知識が多すぎると既存の条件を前提とした常識的な判断しかできなくなり、これまでの前提が覆る選択肢に対して「そんなことは不可能だ」と判断ミスをしてしまうこともありますが、そうしたケースは稀なので、まず知識を身に付けることをお勧めします。

「どの選択肢をもっと深掘りするべきか」を考えるときには、物事の構造を考える必要も出てきます。構造をきちんと把握することで、どの選択肢が重要なのかが見えてくるからです。そこで次は、構造を見極める方法について解説します。

課題の「広さ」まとめ

□ 前提を疑いましょう。ゼロベース思考やいくつかの問いのパターンを持つことをお勧めします。

□ 視座を変えてみましょう。少しだけ視座を高くして見たり、相手の視座や未来の視座に立ってみましょう。激しくミクロとマクロを行き来して、様々な視点から見てみるようにしてください。

□ 体験しましょう。競合製品を使ってみたり、旅に出て新たなキーワードを獲得してみてください。

□ 人と話しましょう。ヒット率は低いですが、ときにホームランのような情報を得られて、解像度が上がることがあります。

□ ある程度「広さ」の視点で解像度が上がってきたら、深める場所を決めましょう。そのためには知識や事例を集めてみてください。

「構造」の視点で、課題の解像度を上げる

「深さ」や「広さ」の視点で見えてきた要素を、意味のある形で分け、要素間の関係性やそれぞれの相対的な重要性を把握する。

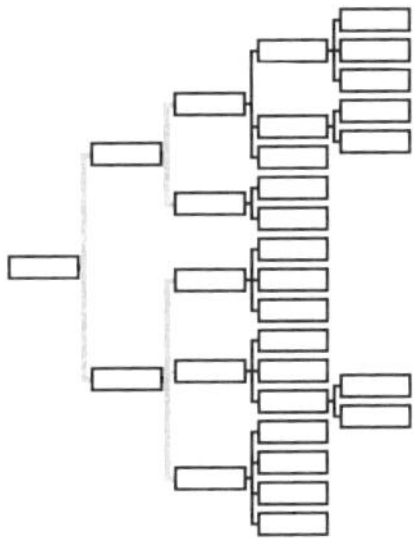

「広さ」の視点で解像度が上がり、様々な課題の可能性が見えてきたとしても、「構造」の視点がなければ、どの課題を解決すれば最も価値が生まれるかが分からず、良い課題を選んで深めていくことは難しいでしょう。また各課題を個別に見ているだけでは、課題の全体像を把握することはできません。課題同士がどのようにつながり、どんな構造になっているかによって、最初に解くべき課題も変わってきます。深掘りするときにも、ある程度の構造化をしなければ、一定以上の深さには辿り着くことができません。

多く現場に足を運んで「深さ」や「広さ」の視点で課題の解像度を上げる努力はしているのに、良い洞察が得られていない起業家チームは、**得られた情報をうまく構造化できていない**傾向があります。構造化がうまくないと、現場で得てきたユニークな情報であっても、表面的な理解で留まり、良い洞察につなげることができないのです。

構造を見極めるには、まず**渾然一体となっているものを要素に分け、それぞれの要素を比べ、要素間を適切に関係づけながら、重要でないものを省くことです。そうすることで、全体としての意味を理解できるようになります。**この節では、この「**分ける**」「**比べる**」「**関係づける**」「**省く**」と

いう構造化の4つの思考ステップと、これらを促す行動と情報収集のコツを紹介します。

分ける

構造を把握するための基本は、渾然一体となっているものを「分ける」、つまり現象をうまく要素分解し、それぞれの要素を個別に認識することです。私たちは分けることで、分かる（理解できる）ようになります。たとえば顧客を都道府県別に分けると、どの地域の顧客が自社の製品をよく買っているかが分かります。そうすることで、暖かい地域で売れていて、寒い地域では売れていない、といったことが分かるかもしれません。この例では売上という現象を、地域で「分けて」理解を深めているのです。

分けることは日常的に多くの人がしていますが、単に分けるだけで、必ずしも何かが解明されるわけではありません。顧客を「顧客の名前の頭文字（あいうえお等）」で分けて、それぞれの文字の顧客数を把握することはできますが、そこから顧客への洞察は見えてこないでしょう。良い切り口で分けなければ、意味や情報は得られないのです。そこでここからは「分ける」ための技法について解説します。

▼切り口を工夫する

課題を分けていくうえでの基本は、本書でもたびたび登場しているツリー構造[8]で整理することで

8 論理的に描いた樹形図は、ロジックツリーと呼ばれます。課題を分析していくときにはイシューツリー、意思決定の際にある選択をした場合に起こりうる事象を整理するときはデシジョンツリー、KPIを分解して集中するべきKPIを選ぶときにはKPIツリーというものも使われます。様々な応用があることからも分かるように、ツリー構造は物事を分解・整理していくときに役立つ基本的な方法です。本書でも解像度の診断にツリーを作ることを紹介しました。

す。一つの要素を複数の下部要素へと分けて、樹形図のように伸ばしていくことで関係性を明示しつつ、深掘りしていくのです。

こうしたツリーを作ろうとして「分ける」ときに最も重要なのは、**「どのような切り口で分けるか」**です。**悪い切り口だと、分けたあとに深めることができなかったり、比較しづらかったり、意味のある洞察を導けなかったりします。**

たとえば電気の利用状況について分析するときに、電気が「何に」使われているのかを切り口にすると、分けられた要素は「冷暖房」「輸送」などになるでしょう。一方、電気が「どこで」使われているのかを切り口にすると、要素は「オフィス街」「住宅街」などになり、「山」ではほとんど使われていないことが分かるかもしれません。このように、切り口次第で得られる洞察は変わります。

切り口の順番も重要です。先ほどの例でいうと、最初に「何に」使われているかを切り口にし、「どこで」使われているかを見ると、「冷暖房がどこで使われているか」が分かります。一方で、先に「どこで」使われているかを切り口にすると、「電気は、住宅街では給湯に最も使われており、オフィス街では冷暖房に最も使われている」という洞察が得られるかもしれません。

売上の例でも考えてみましょう。美容室の売上を「年齢層」という切り口で分け、それぞれの年齢層の売上を見ると、どの年齢層にアピールしていくとよいかを考えるヒントが得られるかもしれません。別の切り口として、「カット」や「カラー」などのサービスという切り口で売上を分ければ、どのサービスの売上を伸ばしていくべきかという洞察が得られるでしょう。

切り口を考えるときに意識しておきたいのは、MECE（ミーシー）です。Mutually Exclusive and Collectively Exhaustive の略で、日本語では「漏れなくダブりなく」と訳されます。

物事を分けると複数の要素が生まれますが、分け方が下手だと、何か重要な要素を入れ忘れる（漏れがある）、重複する要素を入れてしまう（ダブりがある）、もしくはその両方（漏れもダブりもある）が起こりえます。当然と言えば当然のことなのですが、人はこれをしばしば忘れてしまうためか、ＭＥＣＥは戦略コンサルティングファーム出身者による思考法の書籍でたびたび出てくるキーワードです。

現実の問題は、完全なＭＥＣＥに分けることができない場合もあります。たとえば、皆さんが本書を読んでいる理由は、「上司に言われたから」「昇進したいから」「解像度に興味があったから」「頭が良くなりたいから」などいろいろでしょう。それぞれ少しずつダブっているようにも見えますが、かといって一つの理由に統合してしまうと漏れも出てきます。人間の感情などは、綺麗に分解するのが難しいからです。このように全てに適用できないとはいえ、大きな見落としがないかを確認するときの処方箋として、十分に活用できるのがＭＥＣＥです。

戦略論における３Ｃ（Customer, Competitor, Company）やマーケティングの４Ｐ（Product, Place, Price, Promotion）、事業環境分析のＰＥＳＴ（Politics, Economy, Society, Technology）、アイデアをまとめるためのビジネスモデルキャンバスやリーンキャンバスなどといったフレームワークを「切り口」に使うのも一つの手です。フレームワークは私たちの視点を変えてくれる

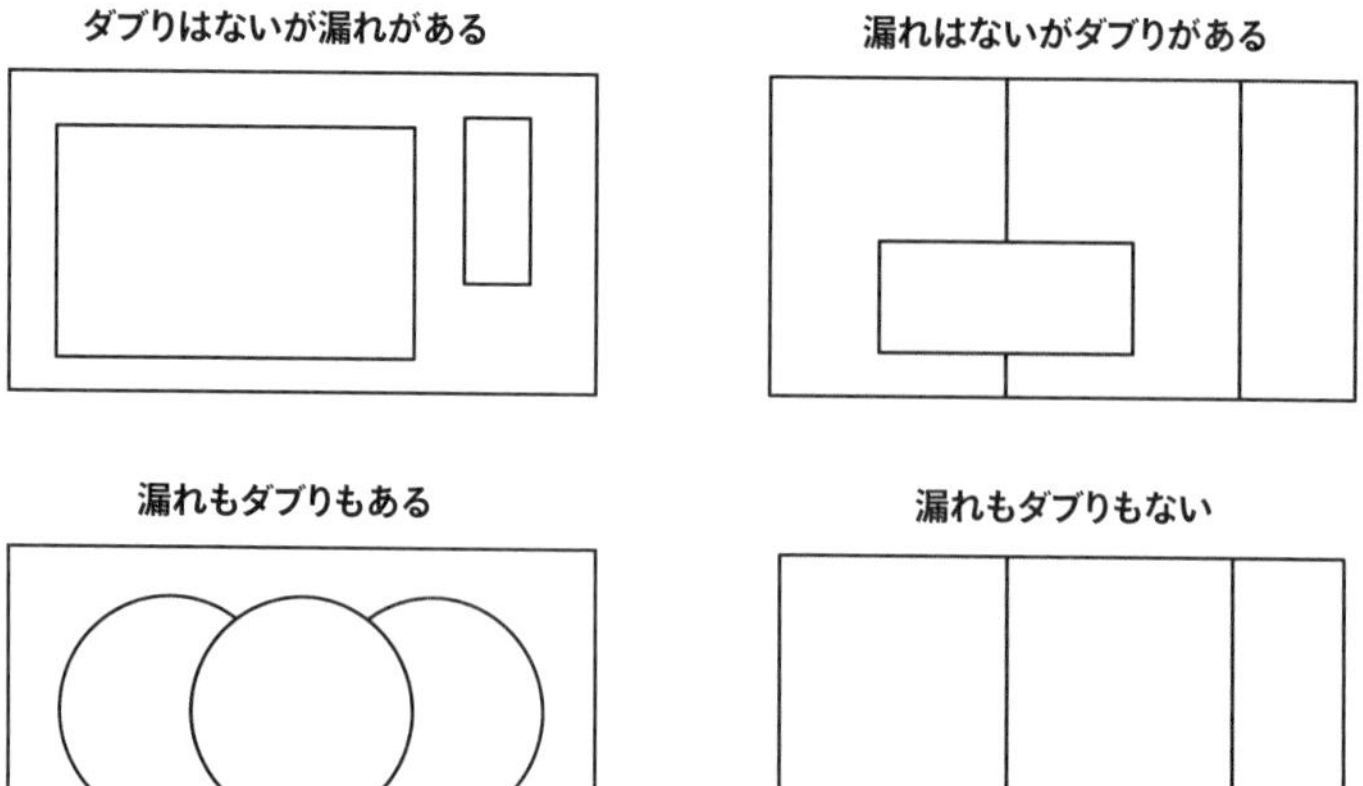

道具ですし、漏れもある程度防げます。チームで一緒に既存の切り口を使えば、現象への共通理解も進みます。

ただしフレームワークに当てはめようとし過ぎて、重要な点を見逃したり、実は解像度が上がっていないのに安心してしまうこともよくあります。フレームワークは諸刃の剣でもあると考えておいてください。便利ですが、あくまで最低限のレベルに至るための切り口を提供してくれるものであり、新たな洞察を得るための道具としては使えない場合も多い、と思っておきましょう。

思いがけない洞察を得るためには、フレームワークに頼らず、独自性の高い切り口を見つける努力をしましょう。簡単に書きましたが、これは相当に難しいことです。コツは、**既存の事例の切り口を調べて、自分たちが取り組んでいるものに応用する**ことです。そのためには、日々「これはどういった切り口で分けているのか」と意識して、様々な切り口の事例を知りましょう。

たとえば、ビジネスパーソン向けのSNSであるＬｉｎｋｅｄＩｎが設定していた最重要ＫＰＩは一時「ユーザーのプロフィールのＰＶ数」だったそうです。ＬｉｎｋｅｄＩｎのコア機能として、誰かを探すことが想定されていたからです。通常のＫＰＩ設定であれば、サイト全体の総ＰＶ数までの分解で満足するところを、切り口を工夫して、ＰＶ数を自分たちのサービスにとって最も重要なものと、そこまで重要でないものに切り分けて、最重要なプロフィールのＰＶ数を伸ばすことへ注力したからこそ、初期の成長を成し遂げることができたのです。

このようにビジネスの現場で先輩や有識者がどのように物事を切って分けて認識しているのかを学んでみてください。ときにはデータサイエンスなど、料理人にとっての刺身包丁のような専門の道具がなければ、その切り口を実現できないこともあるかもしれません。切り口の角度とともに、切るための道具にも注目してみて、道具の使い方を覚えるのも良いでしょう。

具体的な行動や解決策が見えるまで分ける

分ける作業は、やろうと思えばどこまでもやり続けられますが、分け過ぎるとそれはそれで問題があります。たとえば顧客の住んでいる場所は、都道府県に留まらず、市町村、番地まで分けることができます。ただ「どの地域にテレビ広告を出すか」を判断するのが目的だとしたら、番地までの情報は不要です。

一方で、郵便や宅急便では番地も必要な情報です。そこまで分けてようやく正しく荷物が届くからです。しかしドローンでの宅配便の郵送を考えると、番地だけだとおそらく部屋まで荷物は届かないでしょう。部屋まで届けようと思うと、平方メートル単位での正確な情報が必要になります。そこでwhat3wordsというスタートアップは、世界中を3メートル四方に区切り、それぞれのマス目に3つの単語の組み合わせを割り当てることで、正確な位置を特定できるというサービスを展開し、ドローンの発着の指定場所などをより正確に指定できるほか、住所が同一の大規模な公園などでも緊急時などに正確な位置を示すことができるような基盤を提供しています。**目的にあった適切な行動ができる単位まで分ける**ことが大切で、ビジネスによって、そして目的や最終的な行動によって、分けるべき単位は異なるということです。

たとえば「売上が低いという課題」だけでは取るべき行動が明確になりません。ファーストフード店で働いていて、「とにかく売上を上げろ」と店長に言われたら、とりあえず店に人を呼び込もうと考え、店の前で声を張り上げるという解決策をとってしまうかもしれません。しかし、売上を「顧客数」と「顧客単価」という切り口に分けて、さらに「顧客単価」を金額ごとに分け、顧客単価が高い顧客を「買っている製品」という切り口で分けたらどうでしょう。「顧客単価が高い顧客は、フライドポテトとドリンクの両方を買っている。おそらく口の中が乾くため、ポテトとドリンクの両方を買うだろう」という洞察が導けるかもしれません。そうすれば、フライドポテトを安く売ることで、高利益なドリンクの購買を誘導するという解決策も考慮できるようになります。

行動できる粒度に課題を分けていくためには、解決策や技術の知識も必要になってきます。たとえば「金銭的にお得な行動を示唆するアプリを作る」というアイデアを思いついても、アプリ開発を全くしたことがない人であれば、「アプリを作りたいけれど、どうすればよいのか分からない」という段階で止まってしまい、アプリ開発のためにどういった課題があるのか分けることすらままなりません。「10年以内に大金持ちになる」という個人的な目標の場合も、お金を稼ぐ方法をたくさん知らなければ、目標金額に到達するためのステップを想像することができず、行動に移せません。

もし**うまく物事を分けられていないなと自分で思ったら、まずは知識を身に付けましょう。**周りで十分に課題を分けられていない人がいたら、課題を分けるためにも、解決策に関する知識がそれなりに必要であることを伝えてみてください。分けるという行為は、簡単に見えますが、知識や経験を要する高度な作業です。とはいえ、知識と習練でうまくなるスキルでもあるので、切り口の設定の仕方がうまい人を見つけたら、その人の考え方を真似て、スキルを伸ばしていきましょう。

課題を複数の要素に「分ける」ことができたら、次はそれぞれの要素を「比べる」ことでより「構造」が見えてきます。しばしば「分析は分けること」だと言われますが、本来の分析は**「分けたうえで比較し、そこから意味を見出すこと」**です。比較がなければ分析とは言えません。

「分ける」の冒頭で、売上を都道府県別に分けて、暖かい地域で売れていて、寒い地域では売れていない、という例をお話ししましたが、この例では暖かい地域と寒い地域を比べています。もし比べるという作業がなければ、単に「都道府県別の売上データを出しました」で終わっていたでしょう。それは分析ではありません。比べることではじめて、私たちはそこから意味を見出すことができます。

課題を分けていったツリー図の一番右側のどれを選び、深掘りしていくかは、比べることではじめて見えてきます。

比べるというのは、2つ以上のものの同じ点や違う点を見つけることです。たとえば一つのリンゴともう一つのリンゴを比べようとすると、その2つのリンゴの同じところと違うところに注目することになります。色の違いもあれば、形の違いもあります。熟練してくれば、見た目だけで美味しいリンゴとそうでないリンゴを見分けられるようにもなるかもしれませんし、リンゴの病気に気づけることもあるでしょう。

比べると、
どれを深掘りすべきか
見えてくる

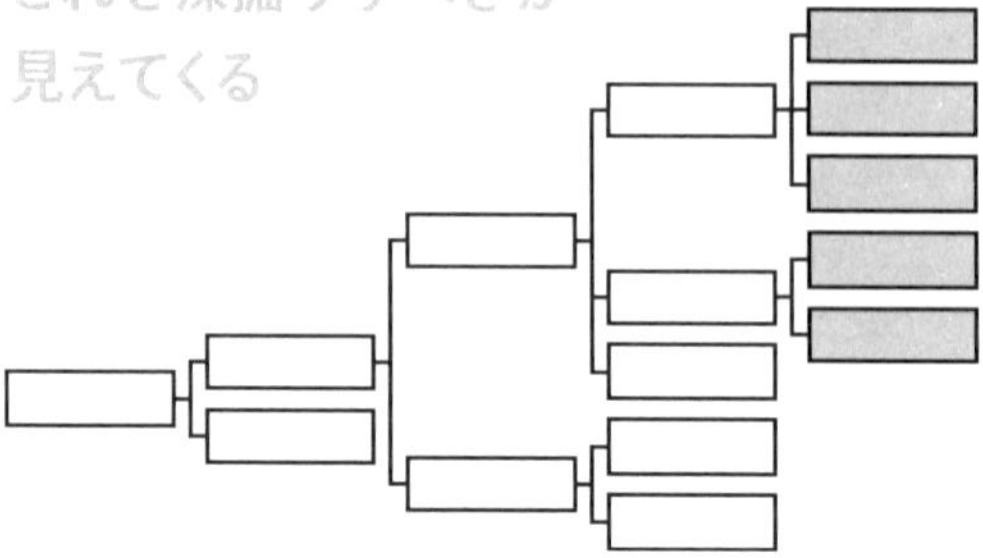

事業で何に重点を置くか、どこに集中的に投資をするかを判断するときは、私たちは自然と「比べる」ことをしています。とはいえ、効果的に比べるにはコツが必要です。

そして、比べる前に「比較可能にする」という準備が必要です。まずはその準備から始めましょう。

抽象度を合わせる

物事は**抽象度を合わせることで比較可能になります。**

抽象度を合わせるときに必要なのが、抽象化です。抽象化とは、物事の中で、注目するべき特徴や要素、ルールなどを選んで、その他はいったん捨てて考えることです。

たとえば、ビジネスモデルはビジネスの特定の部分を抽象化したものです。具体的な製品や内容を捨象して、お金の流れやステークホルダーの関係性のみに注目し、そのビジネスの構造を把握したものがビジネスモデルです。そうすることで、具体的な製品はいったんおいて、どちらのビジネスモデルのほうが優れているかの比較ができるようになります。また、他の領域での優れたビジネスモデルを、自分たちの領域に持ってくることもできるようになるでしょう。

ビジネスモデルをさらに抽象化して、ビジネスモデルの共通点でくくって、カテゴリーを作ることもあります。たとえばシェアリングエコノミーは、「ユーザー同士がシェアをするビジネス」という共通点に目を付けたカテゴリーです。広告ビジネスは、テレビCMなのかポスターなのか、インターネット上のバナー広告かテキスト広告かはさておき、「広告からお金を儲ける」という共通点に着目したカテゴリーです。こうしたカテゴリーで見ることで、個別具体のビジネスを見ていただけでは分からなかった、そのカテゴリーの特徴が見えてくるかもしれません。
抽象化を行うことで、様々な比較をすることができます。ただしその分、具体性や手触り感はなくなります。また、適切な特徴を選んで抽象化をしないと意味のない抽象化になってしまうこともあります。

逆に抽象度が低いというのは、具体度や具体性が高いということです。シェアリングエコノミーのようなカテゴリーではなく、個別のビジネスの内容やキーパーソン、その人の性格や経歴などに着目して企業の競争優位性を見るのは、具体性の高い見方だと言えます。また製品でも、アプリのボタンの色や大きさといったところに着目するのは、とても具体性の高い行為です。具体性が高ければ検討項目は明白になりますが、汎用的な話にはなりづらくなります。

比べるときには、この抽象度が大体同じである必要があります。たとえば、「シェアリングエコノミー」と「広告ビジネス」であれば、抽象度がおおよそ同じビジネスモデルなので、それぞれにどういった特徴があるのかを比較できるかもしれません。一方で「シェアリングエコノミー」と「グーグル」のように、ビジネスモデルと個別具体の会社との比較は難しく、意味のある比較にはなりづらいでしょう。より具体的な例で言えば、アプリ開発において「使いやすさ」と「送金機能」のどちらを優先すべきか比べても、判断は難しいでしょう。「使いやすさ」は、ユーザー経験全般の抽象度なので、ボタンの分かりやすさやガイドの分かりやすさなど様々な要素が含まれる可能性があります。これに対して、「送金機能」は機能レベルの抽象度で、ユーザー経験に比べると具体性が高いからです。比べづらいと思ったら、抽象度を上げたり、逆に具体例で考えてみたりしてください。

同じ抽象度かを把握するには、同じカテゴリーかを確認するとよいでしょう。たとえば「カレーとエスプレッソアフォガートフラペチーノ、どっちを選ぶ？」という質問は、料理と飲み物という別のカテゴリーのものを比較しているため、おかしく感じます。「カレーとハヤシライス、どっちを選ぶ？」であれば、おおよそカテゴリーも同じなので回答しやすくなります。

ただし目的によってカテゴリーが同じかどうかは変わります。前述の「カレーとエスプレッソアフォガートフラペチーノ、どっちを選ぶ？」も、単に「昼食を食べる」ではなく「昼間の摂取カロリーを７００キロカロリー以内にする」という目的であれば、この比較も意味を持つようになります。カレーとグランデサイズのエスプレッソアフォガートフラペチーノは大体同じ７００キロカロリー弱の飲食物というカテゴリーで、どちらかを選ぶことになるからです。

数にすることも、物事の特定の面に注目した抽象化です。たとえば体重や身長は、人のある側面に注目し、比較を可能にする数字です。個々のリンゴの美味しさを考えるとき、美味しさの一つの要素である甘さを、糖度という数値を用いて比較することもあります。リンゴに含まれるショ糖を糖度として数値化することで、バナナやみかんといった他の果物と、リンゴの甘さを比較することが可能になりますし、数値化することで計算もしやすくなります。数値化は構造化の心強い味方であり、構造化が上手な人は数値を扱うのも上手な傾向にあります。

ただし、数値を比較するときには注意しなければならないこともあります。どのような観点で数値化されたかによって、その数値の意味は異なるからです。たとえば、糖度はあくまで甘さを構成する「ショ糖」という一つの要素を取り上げ数値化したもので、甘さのすべてを説明するものではありません。ましてや「美味しさ」は甘さだけでは説明できないため、糖度を美味しさと同一視するのは危険です。

また数値化がどのように行われたかによって、数値の扱いは変わってきます。データには質的データと量的データがあり、さらに質的データは名義尺度、順序尺度、量的データは間隔尺度と比例尺度に分かれていて、それぞれ比べるときの視点は異なります。満足度調査などで「１悪い、２普通、３良い」といった数値を取ることがありますが、これは順序尺度と呼ばれているもので、数値ではありますが、３と答えた人が１と答えた人よりも３倍満足しているとは限りません。どのようなデータを扱っているのかを意識しながら、数をうまく使って比べてください。

大きさを比べる

抽象度を合わせると、比べる準備が整います。比べることの基本は、**大小を見ることです。**たとえば、どの市場が大きいかを見るのは、参入する市場を決めるときの大きな判断軸の一つになるでしょう。すでに顧客がいる場合も、顧客セグメントを複数に分け、どのセグメントが大きいかを見ます。製品別に売上の大小を比べることもできます。

取り組む課題についても、大きなものから順に見ていくと良いでしょう。現状の売上が１００億円の製品の場合、売上を１％上げると１億円伸びますが、売上が10億円の製品の場合、１億円を上げるには10％の売上増が必要です。どちらが簡単かというと、多くの場合、売上１００億円の製品の１％の売上改善でしょう。

コストを減らすときにも、大きいものから手を付けていくのが定石です。たとえば、日本

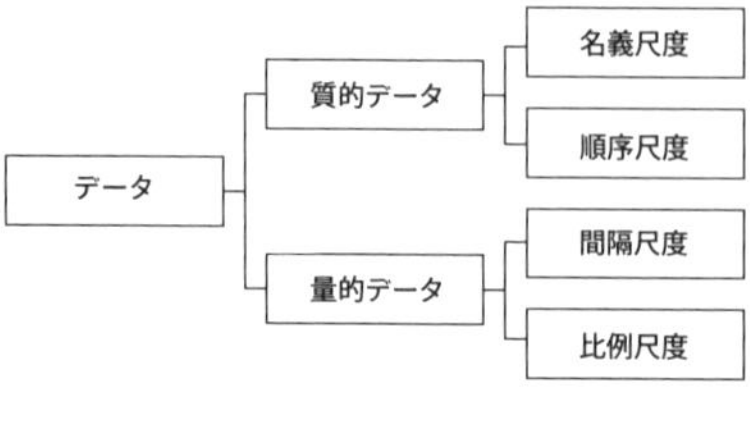

可能な演算	説明	例
等しいかどうか	順序に意味がない純粋な分類	血液型、天気、性別、学歴
大きいか小さいか	順序に意味はあるが、間隔には意味がない分類	満足度、ランキング
間隔や差が等しいか	間隔に意味がある	気温
比が等しいか	0を原点にして、間隔と比率に意味がある	身長、体重、値段

政府が2050年までに温室効果ガスの排出を全体としてゼロにすることを目指すと宣言したカーボンニュートラルについて考えてみましょう。「ニュートラル＝全体としてゼロにする」とは、温室効果ガスの「排出量」から、植林、森林管理などによる「吸収量」を差し引いて、合計を実質的にゼロにするという意味です。以下の表は、現在世界で1年間に排出されている、二酸化炭素相当換算での温室効果ガス約510億トンの割合です。ここでも排出量の大きな課題から手を付けるということで、31%を占める「ものをつくる」に関連する産業や、27%の「電気を使う」に関連する発電の領域に、転換のための補助金が投入されています。

絶対量としての大きさだけでなく、成長率などの比率の大きさを比べる場合もあります。特にスタートアップや新規事業の場合、今ある市場の大きさだけではなく、市場の成長率を見極めて、成長率が大きな市場に狙いを定めます。たとえば毎年2倍成長する市場であれば、10年後には1024倍の市場規模になっています。それほど大きな成長をするのであれば、今の市場が小さくとも十分に狙う価値があります。同様に、自社製品でも成長率が大きなものに力を入れると効果を期待できます。

こうした様々な「大きさ」に着目することは比べることの最初の一歩です。

重みを比べる

次に比べるのは重みです。ここでの**「重み」とは全体への影響度**のことです。

人間の活動によって排出される温室効果ガスの量

ものをつくる（セメント、鋼鉄、プラスティック）	31%
電気を使う（電気）	27%
ものを育てる（植物、動物）	19%
移動する（飛行機、トラック、貨物船）	16%
冷やしたり暖めたりする（暖房、冷房、冷蔵）	7%

出典：ビル・ゲイツ『地球の未来のため僕が決断したこと――気候大災害は防げる』（山田文訳、早川書房、2021）

たとえば売上を、顧客単価×顧客数×購買頻度という切り口で分け、さらに顧客数を新規顧客数と既存顧客数という切り口で分けたとき、売上を伸ばすにはどの数値を伸ばすべきでしょうか？　ここで比べるのが、どれが売上に最も影響するかという「重み」です。

「結果の80％は、20％の原因から生み出されている」という有名な80対20の法則があるように、**取り組む価値のある重要な課題はたいてい10あるうちの2、3程度**です。こうした重みのある要素は、レバー、ビジネスドライバー、センターピン、レバレッジポイントなどと言われたりします（レバーやビジネスドライバーは何かの要素を動かせば売上などの重要なものも連動して動くこと、センターピンはボウリングの真ん中にあるピンのように、それを倒せば周りも連動して倒れるような重要な要素、レバレッジポイントはてこの力点のように小さな力でも大きな動きになるようなポイントのことを指します）。

先ほどのカーボンニュートラルであれば、電気は、温室効果ガス排出の大きさだけではなく、重みも大きい課題だと考えられています。**電気の問題をクリアすれば、様々な問題が連続的に解消される可能性がある**からです。二酸化炭素を排出しない安価な電気と、ＥＶ車の普及を組み合わせれば、移動による温室効果ガスの排出を大幅に減らすことができますし、鉄を作るときにも、石炭ではなく電気を

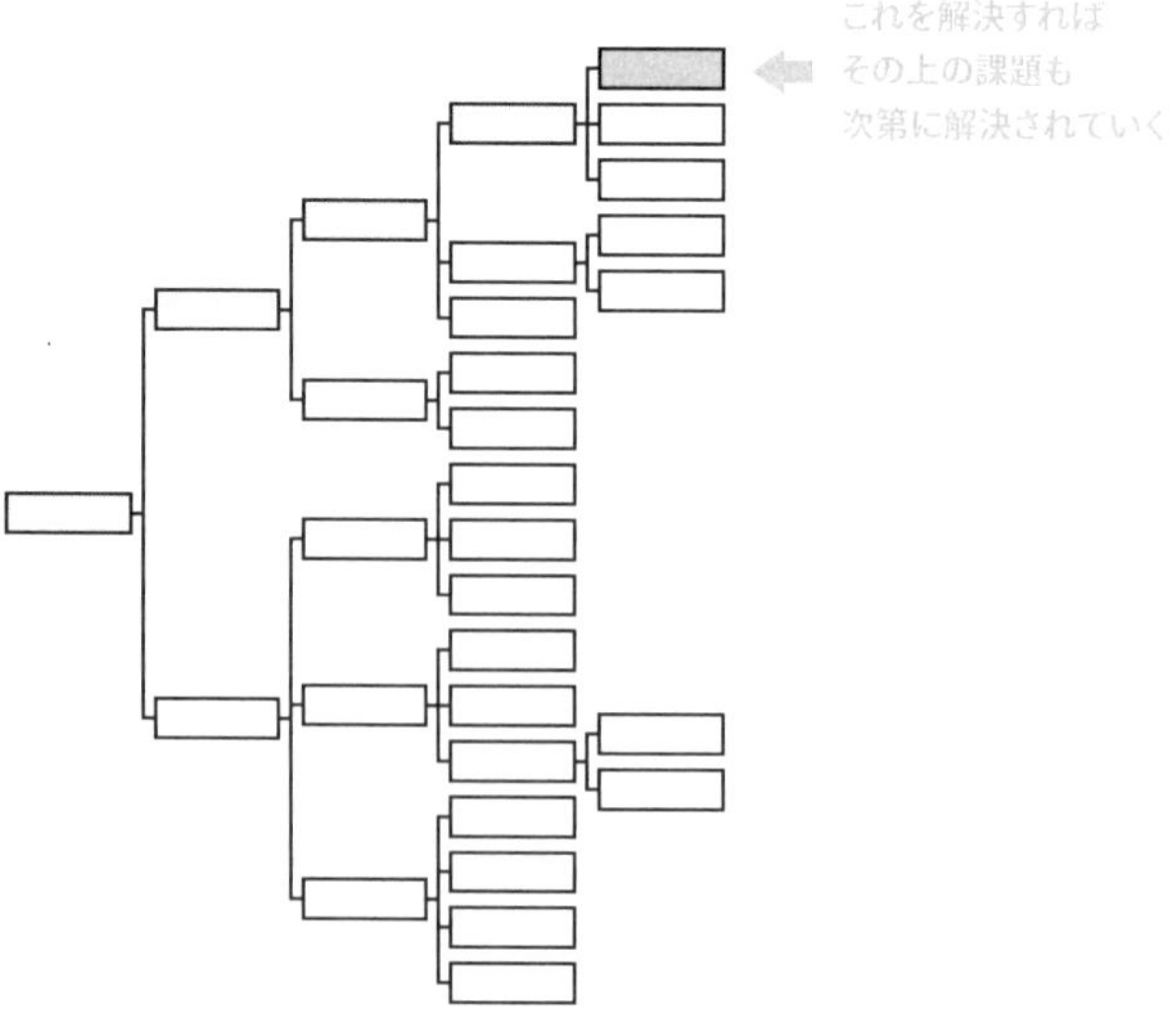
これを解決すれば
その上の課題も
次第に解決されていく

用いる方法がもっと使えるようになるかもしれません。植物工場のコストの大部分は光熱費なので、クリーンで安価な電気が大量に手に入れば、食べ物の問題もある程度解決できるかもしれません。

顧客は常に複数の課題を持っており、それぞれの重みは異なります。顧客が本当に困っている切迫感のある課題、つまり、前述したバーニングニーズは、顧客にとってかなり重みのある課題だと言ってよいでしょう。さらにスタートアップの場合は、「**そのバーニングニーズを解決すれば、その上部にある課題もどんどんと解決されていき、最終的に大きな課題を解決できるようになる**」といった時間軸を考えたうえでの重要な課題、つまり、事業展開を見据えたうえでの重みも考える必要があります。

顧客の課題を分析すると様々な課題が出てきます。その構造をきちんと把握して、数多くの課題の中から重みのある課題を選ぶようにしましょう。

視覚化して比べやすくする

比べるものが多くなるほど、情報量が多くなり比較は難しくなります。そこで助けになるのが、**視覚化**です。

たとえば**グラフ化、チャート化をすると、データ間の差や相関が見えやすくなり、意味を見出しやすくなります。棒グラフは、大きさや量の比較をしやすくしてくれます。構成比や割合を比べるには円グラフや帯グラフ、時系列での増減の変化を見るには折れ線グラフ、散らばりを見るにはヒストグラムを使うとよいでしょう。**

競合との比較などでは、上下と左右に広がる2つの軸があるマップを作って要素を配置すると、見やすくなります。ただし軸は互いに相関していないものにする必要があります。たとえば「米の価格の高低」と「米の美味しさ（品質の良さ）」は基本的に相関しているので、この軸で米の品種をマッピングしても、見えてくるものはありません。それぞれが相関しない「甘み」と「食感（硬さや柔らかさ）」を軸にすれば、好みの甘みと食感のお米を見つけるヒントになるでしょう。

競合製品同士を比べるときには、製品機能を〇×で一覧にした表も便利です。複数の要素を比較したいとき、2軸のマップは評価軸を2つまでしか設定できませんが、表であれば3つ以上の評価軸を用いた比較が可能になります。一般的に列を製品、行を機能にしますが、**どれだけ行を多くできるかによって解像度がどこまで上がっているかが分かります。行の数が、評価の視点の数になるからです。**この評価の視点を考えるときには、**単純な機能ではなく、顧客にとっての価値を意識すると**、より良い表が作れるでしょう。たとえば米であれば、単に美味しさの評価だけではなく、「冷めても美味しい（お弁当に使える）」「長期保存が可能」「カレーに向いている」「カロリーが少ない」といった評価軸もありうるかもしれません。評価の視点は様々ありえますが、顧客視点で設定するのが重要です。

また、表の行の順番も意識して、上のほうには、今回対象としている顧客セグメントにとって優先順位の高い評価軸、下のほうには低いものを配置しましょう。そうすることで、特定の顧客への理解度を確認することができますし、もし行の上のほうで競合に負けているなら、製品を考え直すか、顧客のターゲットを考え直さないといけないことも分かります。

そして同じ顧客でも、状況に応じて評価軸の順序が変わることに注意しましょう。朝の急いで

**棒グラフで
量を比べる**

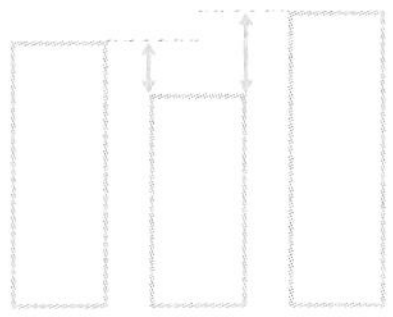

**円グラフで
構成比や割合を比べる**

**折れ線グラフで
時系列で比べる**

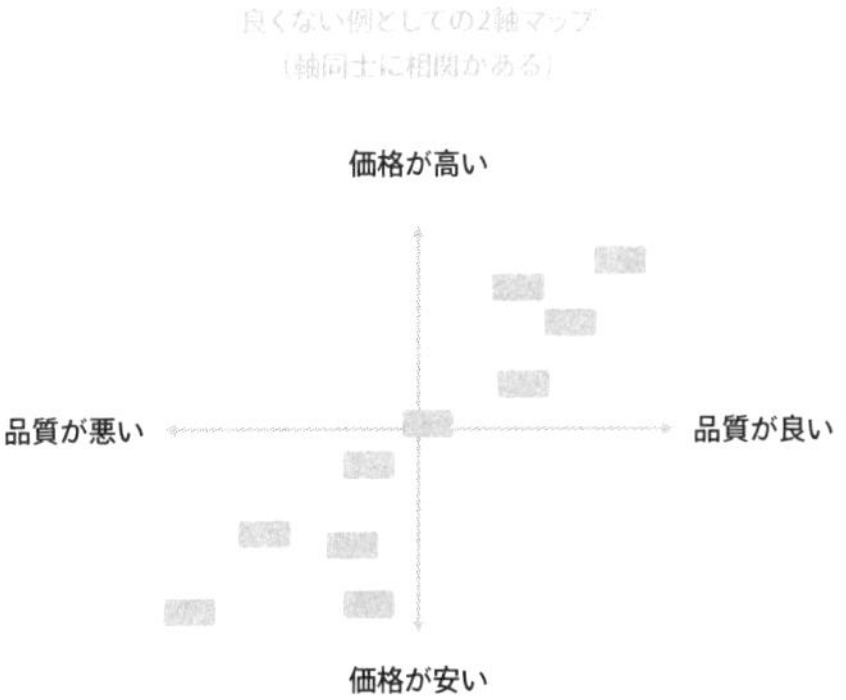

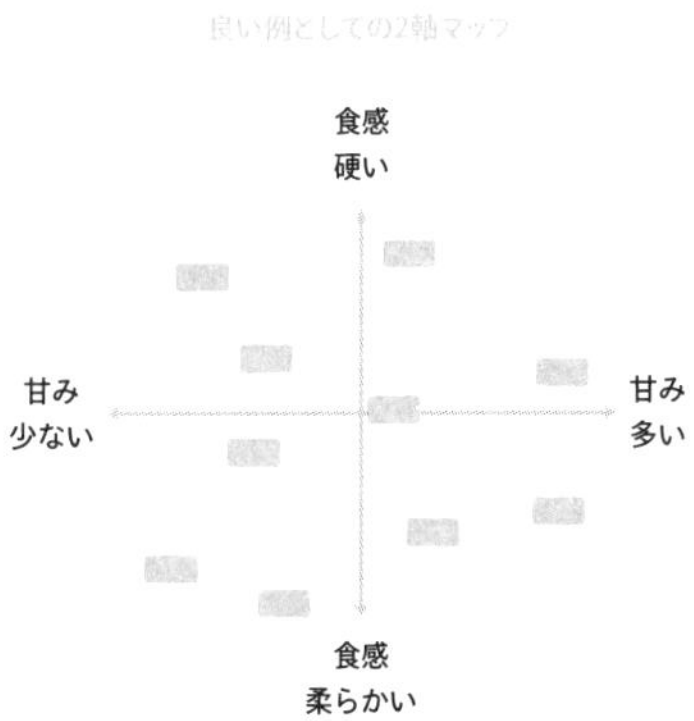

表をつくって比較する

顧客にとって
重要なものを上へ

比較軸	自社	競合1	競合2
安い	○	○	△
冷めても美味しい	○	△	×
長期保存可能	○	○	×
できたてが美味しい	△	○	○
カロリー控えめ	△	×	○
カレー向き	×	△	○
入手しやすい	×	△	○

**顧客が重視しない
ものは下へ**

いるときには「早く炊ける」「安い」ことが高く評価されて、行の上のほうに位置するかもしれませんが、大切な人との食事のときには「美味しい」が上のほうになり、「早く炊ける」はさほど重視されないこともあります。表を作るときには、顧客の置かれた状況も踏まえて作るようにしてみてください。

分け方を見直す

比べることが難しかったり、比べてみたものの洞察が導けないのであれば、「分ける」に戻って考えることをお勧めします。「分ける」ときの切り口次第で、比較のしやすさや、洞察の導きやすさが変わってくるからです。

分析は「分けたうえで比較すること」と表現しましたが、分けることと比べることはかなり密接にかかわっています。もしうまく分析できないのであれば、**分けることと比べることを行き来しながら、徐々に良い構造を見出していきましょう。**

高度な手法を用いて比べる

分析の手法を身に付けることの重要性にも触れさせてください。定量分析や定性分析には様々な手法があります。より正確な「比べる」という作業をしたければ、高度な分析の手法を用いたほうがよいでしょう。統計学で用いられる各種手法や、研究で用いられるランダム化比較試験など、学術の領域で利用されている分析手法を学ぶことは、比べることについて新たな視点と手法を提供してくれます。

どの程度の手法を学ぶと良いのかは人によって異なりますが、分析を自分の武器としたい人であれば、毎年1つずつ分析手法を増やしていくことを一つの目安とするといいでしょう。

関係づける

物事を「分ける」ことと、他の物事と「比べる」ことと同時に行う重要な作業が「関係づける」ことです。

これまで分けて比べることで課題の構造を把握する方法を解説してきましたが、物事を極端に分け過ぎると、要素が細かくなってしまって洞察を引き出すのが難しくなります。そこで、細かく分けた要素同士を特定の共通の性質で「関係づける」ことで、比べやすくなって新たな構造が見えてきて、洞察を得られることもあります。分けたものを関係づけて再構成することで、比べやすくなるのです。「分ける」「比べる」「関係づける」はそれぞれの作業が密接に関わっていて、何度も繰り返し行ったり来たりしながら試すことで、より良い課題の構造が見えてきます。

切り口が違うので要素同士を比較しづらい

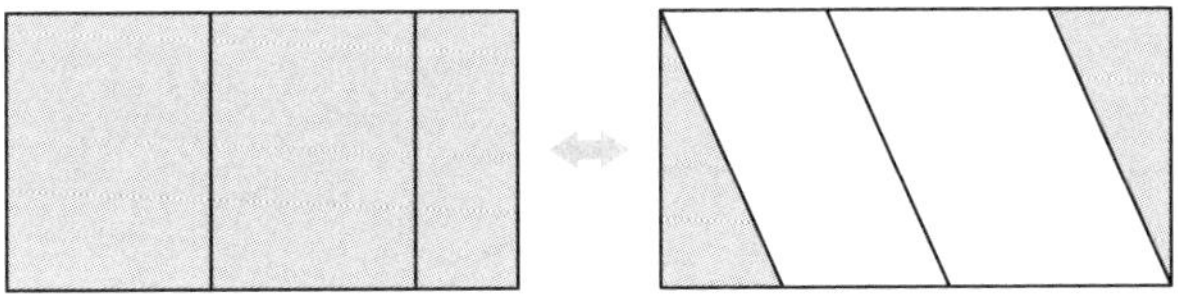

切り口が似ているので要素同士を比較しやすい

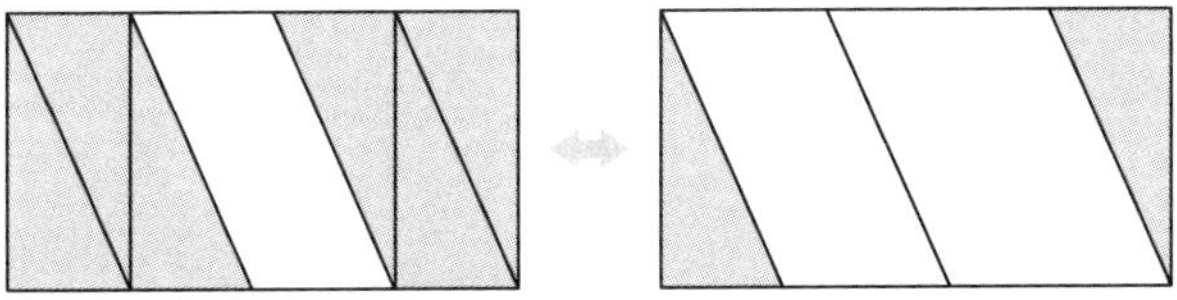

ここからは「関係づける」ことで、構造化していく方法についてお話しします。

グループ化する（まとめる）

関係づける一つの方法は、**共通項という関係性を見出して、共通項を持つもの同士をまとめる**こと、つまりグループ化（グルーピング）することです。

たとえば郵便ポストとサクランボとリンゴは、「赤色」という共通項でまとめることができます。さらに「食べ物」という共通項でまとめると、サクランボとリンゴだけが選ばれるでしょう。そこから「赤い食べ物は美味しい」と新たな意味を見出せるかもしれません。

共通項を見つけるために、要素の中の差異に注目することもあります。たとえば筆者は生のトマトが苦手なので、「赤い食べ物は美味しい」という主張には賛同できませんが、サクランボとリンゴは美味しいと思います。そこで、トマトとサクランボとリンゴを比べて、その差異に注目すると、「皮が赤い食べ物で、かつ食感がしっかりしているものは美味しい」という意味を見出すことができるかもしれません。**何が同じで何が違うのかを意識する**ことで、新たな共通項が見えてくることもあるのです。

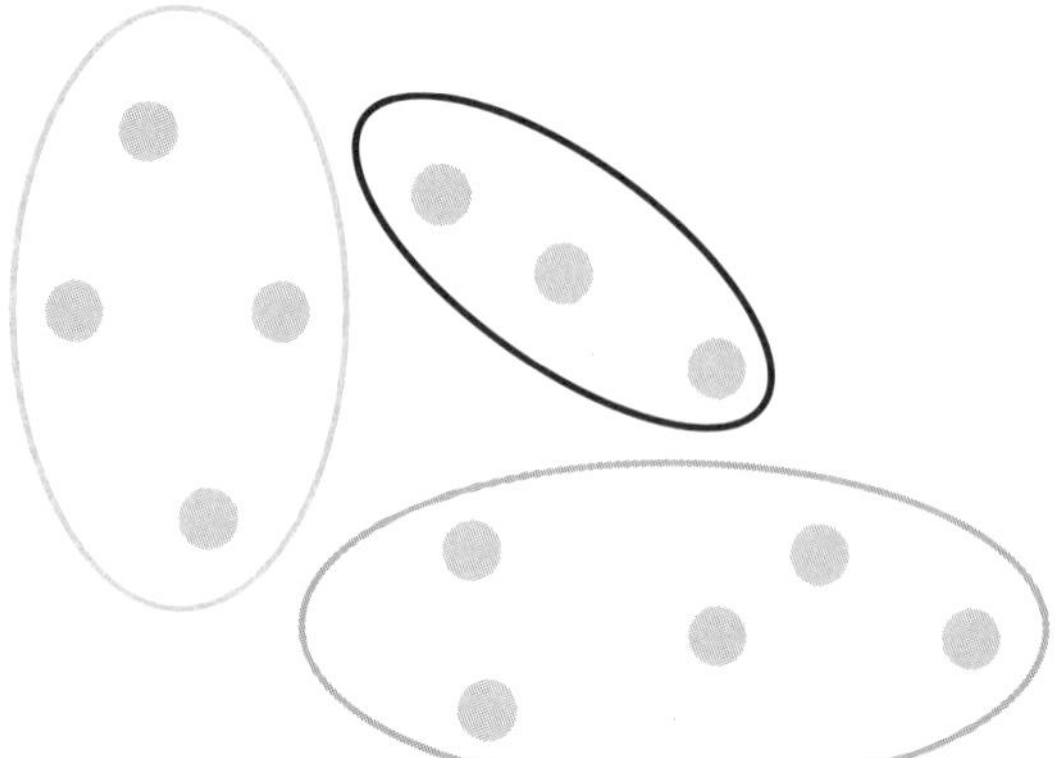

▼並べる

何かの基準に従って順序付けたり、物事が起こる順に整理したり、特定の意味を持つ順に要素を配置したりすること、つまり、並べることも、関係づけるための一つの方法です。

たとえば皆さんが今読んでいる一文一文も、特定の文字の並びによって特定の意味が生まれています。本書の読者は日本語が母語の方が多いと思いますが、母語だと少し慣れ過ぎていて分かりづらいので、英語で見てみましょう。Dogs like cats は「犬は猫が好き」という意味ですが、Cats like dogs と順番を入れ替えると「猫は犬が好き」と、全く異なる意味になります。文章の意味は単語の出てくる順序という「並び」で決まっているのです。Dogs like cats という英文は、主語（S）＋動詞（V）＋目的語（O）という第三文型を取っていますが、そうした文法という「並び」の基準を知ることで、単なる文字の羅列ではなく意味を理解できます。

意味を見出すうえでは、この「並び」を意識することが助けになります。たとえば**大きさで順位付けする並べ方**です。温室効果ガスの排出の例を先ほど出しましたが、温室効果ガスの排出量を数値化して、それぞれの領域での排出量を「比べる」だけでも、ある領域が他の領域よりも多くの温室効果ガスを排出していることを理解できます。それだけに留まらず、割合の大きな

大きさ順で並べる

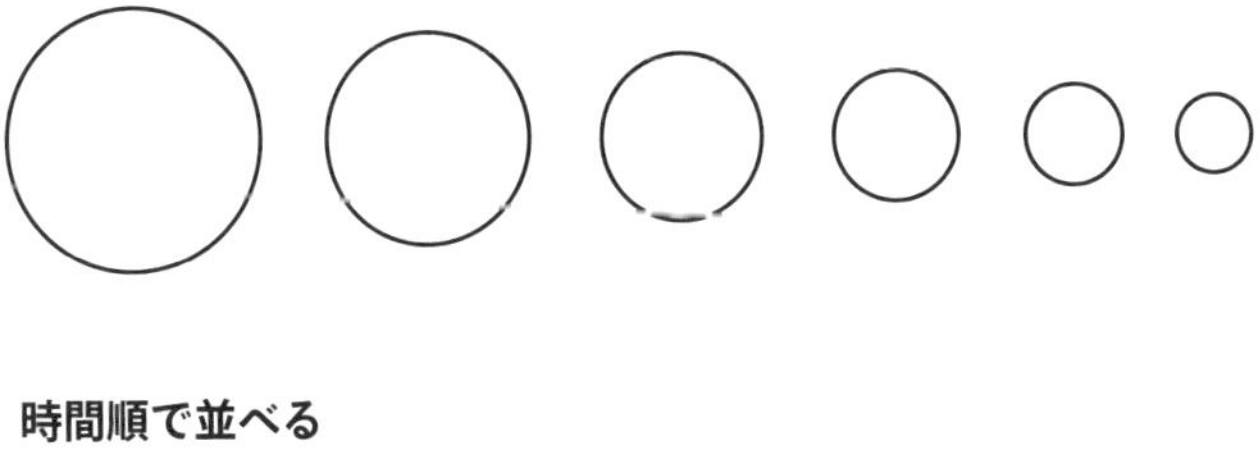

時間順で並べる

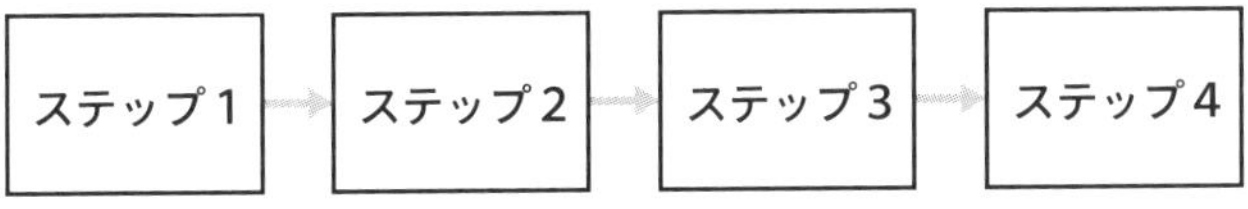

順番で並べることで、複数の領域の中でどこから手を付けるべきかが分かります。製品売上も同様に、数値化して売上順や成長率順に並べると、どの製品に注目するべきかが分かるでしょう。顧客を売上順に並べ、中央に位置する顧客に注目して、その人を典型的な顧客として見てみることもできるかもしれません。自社製品と競合製品を様々な軸で評価して、それぞれの勝ち負けを並べて見ることで、見えてくるものもあります。組織であれば、職位の順に人を並べてみることで組織構造が見えてくることがあるでしょう。

大きさだけではありません。**時間という観点でも並べる**ことができます。たとえば、物事がどういったプロセスやステップで進んでいくかを、時間順に並べることも、構造の把握に役立ちます。グループ化することも並べることも、大きさや重みといった何らかの評価軸で「比べる」ことを連続して行う作業とも捉えられます。良い切り口で分けられていれば、うまく比べることができ、さらにうまく並べることもできるため、新たな洞察を導きやすくなります。

▼つながりを見る

要素間のつながりを見ることも、構造を見出すための重要な視点です。物事の間に関係性を発見することとも言えます。

たとえば食物連鎖では、一つの生物の数が減少することで、その他の生物も一緒に減少したり、逆にその生物に捕食されていた害虫などが大量発生したりします。要素間の**相互作用というつながり**を見ることで、生態系という全体の構造を理解できるのです。

製品でもつながりを理解することは重要です。ハードウェアの場合は、部品同士がどのようにつながっているかを理解することで、その製品がどのような機能をどうやって実現しているのかを理解することができるでしょう。ソフトウェアの場合も、コンポーネント同士のつながりに注意を払うことで、コード全体の構造が見えてきて、修正したり改善したりするべき部分が分かります。

人のつながりも構造を理解する助けになります。たとえば企業に何かの製品を導入するとき、人のつながりを表す組織図や、非公式の人々のつながりを知ると、誰を説得すれば物事が進みやすいかを知ることができます。業界単位では、どの企業がどの企業と取引しているのか、**サプライチェーンのつながり**を可視化することで、業界や企業の競争優位性を理解しやすくなります。企業間の力関係や、どこがどこに依存しているのかといった依存関係というつながりも見えてくるはずです。

法則も一種のつながりと捉えられます。「違法駐車をすると、罰金を払わなければならない」というのは、特定の禁止された行動をすると、罰則が降りかかる、というつながりを見出すものです。雨男・雨女という概念も、「誰かがイベントに参加すると、その日は雨になる」というつながりを、真偽はどうあれ、法則として見出しているということでしょう。

最も代表的なつながりは**因果関係**です。たとえば「砂糖を入れるとコーヒーが甘くなる」というのは一種の因果関係です。物事に因果関係があると見なすためには、3つの条件を満たす必要があります。（1）原因と結果と見なせる要素に共変関係があること、（2）時間的な系列があること、そして（3）隠れた第三項がないことです。因果関係が分かれば、原因から結果を予測できるようになるので、かなり強固なつながりだと言えるでしょう。

よく一緒に使われるもの同士や、一緒に起こるもの同士の間にも、つながりを見出すことができます。いわゆる**共起**です。たとえばサラダとドレッシングには共通点はあまりありませんが、2つの間には「相性が良くて一緒に使われる」というつながりがあります。「おむつを買った人はビールを買う傾向がある」など、共起性の高さから新しいつながりが見つかるときもあるでしょう。データからこうしたつながりを見出す、アソシエーション分析という手法もあります。

こうした**各種のつながりが把握できているのは、解像度が高いことの証左**です。「Aが起これば、Bも起こる」のようなルールや法則、因果関係を見つけることができれば、現象の予測可能性が上がり、課題の構造を理解できているということになります。

これらのつながりには論理で整理できるものもあれば、そうでないものもあります。論理的なつながりは、MECEに綺麗に分けられたり、上下関係や階層構造が明確なので、ロジックツリーなどで表したりすることができます。論理的に整理されたつながりは、分けて比べたり、数字を使ったりして、構造を把握するときには非常に効果的です。しかし社会や生態系のつながりは、遠くの要素同士がつながっていたり、つながりがあったとしても時間的な遅れや、複数の要素間の相互作用、複雑なフィードバックがあったりするため、ツリー構造だけでは整理できないこともあります。

そこでここからは、より複雑なつながりを把握するための「システム」という考え方について解説します。このシステムを把握することが、構造を把握するときにも非常に重要になってきます。

▼システムを把握する

互いにつながり合って相互作用する要素の集合体をシステムと呼びます。先ほど挙げた生態系もシステムですし、人のつながりによって成り立つ組織や、組織の集合体である業界もシステムです。社会も、人や企業やルールが織りなすシステムです。

つながりを見る、というのは要素同士のつながりを線で理解することですが、システムを理解するというのは、複数の要素の関係性を面で理解する、とも言えます。

システムのことを理解するためには、要素や部分だけではなく、複数の要素間のつながりや相互作用に注目し、システム全体としての機能やふるまいに注目する必要があります。システム全体を理解することではじめて真の課題を見出せ、有効な解決策を講じられるようになることは多くあります。**システムの中にある要素の相互作用を理解していないと、場当たり的な解決策になるばかりか、良かれと思ってやったことが悪い結果を生むこともあります。**

たとえば「協働を促進したいから、社内の対面でのコミュニケーションを増やしたい。そこで人が出会いやすいよう、壁や個室のない開放型のオフィスにした」という企業の例をよく見ます。しかし、開放型のオフィスでは、むしろ対面のコミュニケーションが約70%減り、逆にメールなどの電子的なやり取りは20%から50%程度増える、と指摘した研究[9]があります。あまりにオープンな場所では人に気軽に話しかけづらかったり、周りの環境がうるさいためヘッドホンなどを着けてしまうことで、コミュニケーションを遮断してしまうことなどが背景にあるのでしょう。

これは「人と人とのコミュニケーションがどのように生まれているのか」というシステム全体に目を向けず、「コミュニケーションが少ないのは、物理的な壁がある

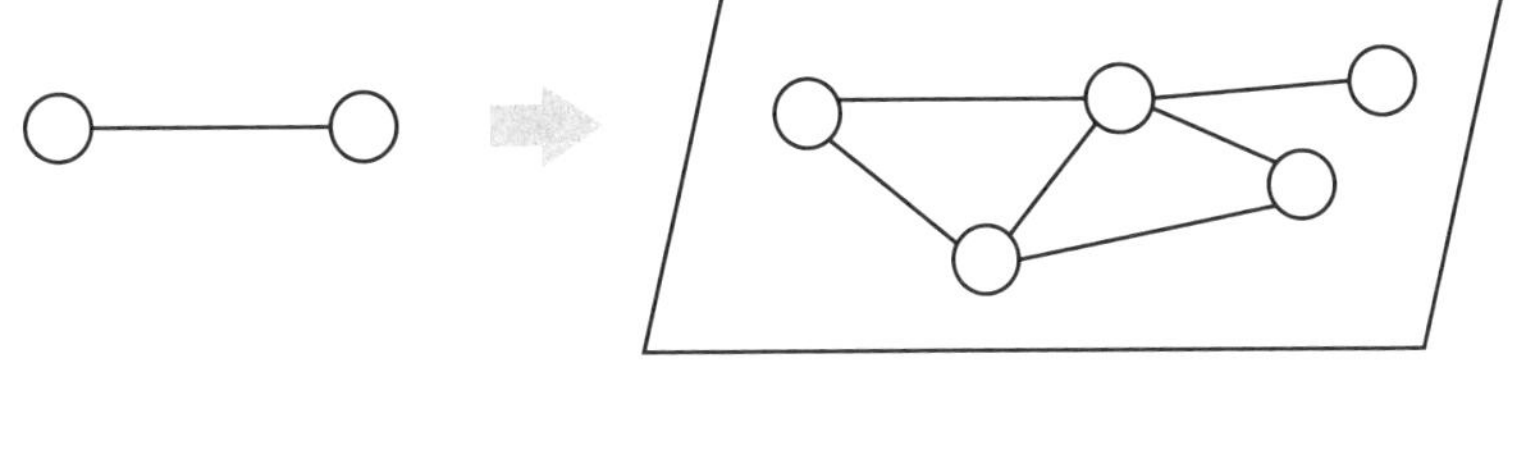

からだ」という低い課題の解像度、特に不十分な構造の把握をもとにした安易な課題解決で、悪い結果が起こった例です。[10]

物事をシステムとして把握すれば、表出している問題の川上にある根本的な問題を見つけ出し、解決すれば最も大きな効果の出る課題、レバレッジポイントを見つけることができます。こうしたシステムに着目した考え方をシステム思考と呼びます。

簡単なケースとして、蛇口と水量の関係を考えてみましょう。蛇口をひねれば、その開閉の度合いで水の流量はすぐに変わります。時間的な遅れもほとんどないため、「蛇口をひねれば水の量が変わる」といった法則性やつながりを把握することは簡単です。次に、その蛇口の下にバスタブがあるとしましょう。蛇口を開けると水はバスタブに溜まっていきます。すると、「蛇口を開けると水が流れてバスタブに水が溜まる」という法則も見えてきます。ただし、大きなバスタブに水が溜まるのは、蛇口と水量の関係ほど明らかではなく、ゆっくりと変化していくため、じっくり見なければ溜まっているかどうかは分かりません。

さらにバスタブには栓がされておらず、小さな穴が空いているとしましょう。蛇口からの水が止まったら、バスタブの水はみるみる減っていくことになり、「あれ、おかしいな」と気づきます。この場合、水を溜めたいのであれば、レバレッジポイントとなる課題は穴でしょう。ただ、蛇口が開いて水が流れている状況では、バスタブの水が実は徐々に減っているのに気づくことが遅れ、課題に対処するのも遅れてしまいます。蛇口と水量とバスタブだけではなく、穴から漏れていく水の影響も理解できていなければ、システム全体を理解しているとは言えません。きちんと物事を見なければシステムは把握できないということです。

10 ただし開放型オフィスには、オフィスの面積を減らせるといった、経営上の別のメリットがあります。課題によっては、開放型オフィスを選ぶほうが正解の場合もあるので、注意してください。

9 Ethan S. Bernstein, Stephen Turban "The impact of the 'open' workspace on human collaboration", 2 July 2018, Philosophical Transactions of the Royal Society B, Volume 373, Issue 1753
https://doi.org/10.1098/rstb.2017.0239

バスタブの穴であればシンプルですが、より複雑なシステムでは、もっと要素が多く、相互作用も入り組んでいるため、システムの把握はより難しくなります。**何が何に影響しているかが分からなくなり、システム全体のふるまいの予想がつかなくなり、見落としているつながりもあったりして、システム全体のふるまいの予想がつかなくなることもあります。**「ブラジルの1匹の蝶の羽ばたきはテキサスで竜巻を引き起こすか？」という言葉で有名なバタフライエフェクトという現象は、こうしたわずかな変化によってシステム全体が大きく変化することを示しています。

また**複雑なシステムには、一つの変化に対して大きな時間的な遅れがある場合もよくあります。**たとえば地球環境というシステムは、様々な物事が複合的に影響しあっていて、一つの変化がすぐに目に見える形で反映されるわけではありません。人間の二酸化炭素排出の活動によって気温の上昇が徐々に起きることも、IPCC（気候変動に関する政府間パネル）が「人為起源の温室効果ガスがこのまま大気中に排出され続ければ、生態系や人類に重大な影響をおよぼす気候変化が生じるおそれがある」という懸念を1990年に示唆してから、「人間の影響が大気、海洋及び陸域を温暖化させてきたことには疑う余地がない。大気、海洋、雪氷圏及び生物圏において、広範囲かつ急速な変化が現れている」と断定する2021年まで、長い時間がかかりました。

システムの理解は複雑で認知負荷が高いため、人はつい単純化して理解してしまいたくなるようです。しかし複雑なシステムとしての社会の理解を諦めて、

ツリーからシステムの把握へ

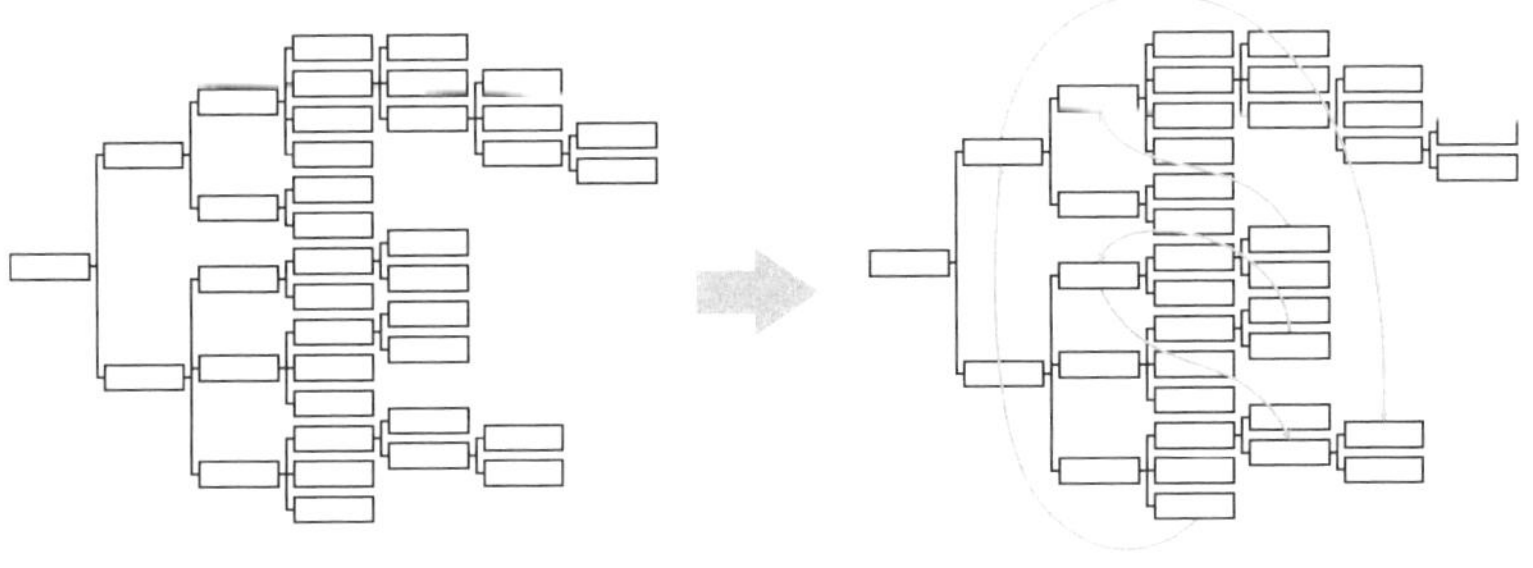

社会を単純化して理解してしまうと、良くない思考に陥りがちです。その一例が陰謀論です。陰謀論の土台にあるのは、「社会は少数の悪意がある人たちの意思で動いている」という認識です。つまり、特定の人の意図がそのまま社会に反映される、という単純な因果関係で社会というシステムが認識されています。しかし実際の社会は複雑なシステムで、しかも案外いい加減なので[11]、どんなに力やお金がある人であっても、その人の意図が社会にそのまま伝わって、意図する通りに社会が動くことはほとんどありません。私たちが意図する通りに、誰かを動かすのが難しいのと同じです。ただ、陰謀論はその分かりやすさから、人気を博しがちです。

陰謀論に限らず、**私たちはシステムの複雑さから目を背けて、因果関係や法則を単純化して見たがる傾向にあります。**単純化して解釈したり、伝えたりしたほうが良いときもありますが、**解像度を上げるうえでは、過度な単純化は避け、複雑なものは複雑なものとして捉えて、システムを構成する要素とその間のつながりをきちんと見ていきましょう。**

なお、システムは常に不安定であることはほとんどなく、最終的に安定して均衡する傾向にあります。たとえば外来種が来た池の生態系には、一時的に混沌が訪れ、外来種が来る前の池から変わりはしますが、どこかで安定します。外来種のザリガニが大量に生まれて池の生態系を破壊すると、結局餌となる生物が極端に少なくなり、結局その外来種のザリガニも減ってしまい、特定の状態で安定する、といったようにです。もしくは餌がなくなり、外来種のザリガニも一緒に絶滅して、生態系が完全に破壊された状態で安定する、ということもあるかもしれません。いずれにせよ、**システムのどこかで循環が起こり、フィードバックがかかることでシステムは均衡へと向かうのです。**

11 筒井淳也『社会を知るためには』（筑摩書房、2020）

システムのどこに介入すべきか見極める

最終的には均衡するシステムであっても、均衡まで長い時間がかかるものもあります。**好循環と悪循環が起こる**場合です。ネットワーク効果があるビジネスは好循環の一例です。たとえば電話は、利用者が2人だけではほとんどメリットがありませんが、利用者数が増えれば増えるほど電話を掛けられる相手も増え、電話という製品の価値が増します。同様に個人の売買サービスは、売り手が増えるほど商品が増えて買い手が増え、買い手が増えるほど売り手も増えて商品数が増え、また買い手が増えます。その好循環に入ると、その売買サービスは他の同種のサービスに比べて圧倒的な魅力を持つことになります。インターネットの発展によって、こうした好循環を基盤とするビジネスが増えています。一方、悪循環は景気などで見られます。景気が悪くなると人は物を買わなくなり需要が減り、需要が減るとさらに景気が悪くなるという循環です。この悪循環を断ち切るために、政府は財政出動して、公的な需要を増加させるなどをして、市場というシステムへの介入を行います。好循環と悪循環の両方ともに、仮に強い介入をしたとしても、安定するまでには長い時間がかかることが通例です。

システムは、誰かの意図を基に設計されたシステムであっても、自然発生的・偶発的・創発的に意図した以上のふるまいをすることがほとんどです。たとえば、上記の例に挙げた市場というシステムはその一例でしょう。市場自体は政府によって意図して設計されているものの、そううまくは機能しないことが多くあります。

ただし、私たちはシステムに対して無力というわけではありません。政府が市場に対して介入を行うように、うまく行えばシステムに影響を与えることができます。**課題の構造をシステムの相互作用と理解することで、システムのどの要素に介入するべきかが分かります。**既存のビジネスや業界構造、業務フローも一つのシステムであり、様々な要素の絡まり合いの中で生まれてきています。新しい製品を作るなら、どうすればその製品が既存のシステムの中にうまく溶け込めるようになるのか、そしてどこから入り込めばシステム全体を自分たちの都合の良いように変えていけるのかを考えなければなりません。そうやって思考することで、構造の視点で解像度を上げることができます。

より大きなシステムの影響を意識する

独立したシステムが複数つながって、全体として創発的に振る舞うものをＩＴの分野ではシステム・オブ・システムズと呼ぶことがあります。このシステム・オブ・システムズは、大抵の場合、その全体を誰も管理していません。各個のシステムは管理されていますが、それらがつながることで、創発的に全体としての新しいふるまいが立ち上がってきて、全体としては誰も与り知らないところで自律的に振る舞うのです。

システム・オブ・システムズの意味をより広く捉えてみると、社会はシステム・オブ・システムズだと考えることもできるでしょう。政府や企業、市場や制度など、独立した様々なシステムによって社会は構成されていて、創発的なふるまいをしているからです。その社会の中にある、企業という個別のシステムを安定的に動かそうとする、つまり企業経営をしようとするときには、企業内のシステムである組織や人間関係を把握するだけではなく、企業の上位にある社会というシステム・

オブ・システムズの理解を行うことが必須となるのです。

　こうした複雑なシステム・オブ・システムズは、一度に全て把握するのは困難なので、先ほど挙げた「社会」「企業」「チーム」などのように、同じ抽象度の要素ごとにシステムを見ていくと良いでしょう。それぞれの抽象度でシステムのレイヤー（層）があると考えることで整理しやすくなります。

　レイヤー同士は密接に関わっています。たとえば個人の人間関係というシステムが破綻すると、より上位のレイヤーにあるチームというシステムのパフォーマンスに影響し、さらに上位のレイヤーにも影響していくでしょう。これは下位のレイヤーが上位のレイヤーに影響を与える例ですが、逆に上位のレイヤーが下位のレイヤーに影響することもあります。たとえば、「FAXを使っているやり取りが複雑」という個人のレイヤーでの課題は、業界という上位のレイヤーのシステムに目を向けなければ解決できないかもしれません。上位にある業界のレイヤーで、業界として今後FAXが禁止、となれば、その変更は各会社へと影響し、チームや個人の働き方も変わってきます。つまり、**一つのレイヤーだけ見ていては、課題の構造を見失ってしまう可能性がある**のです。

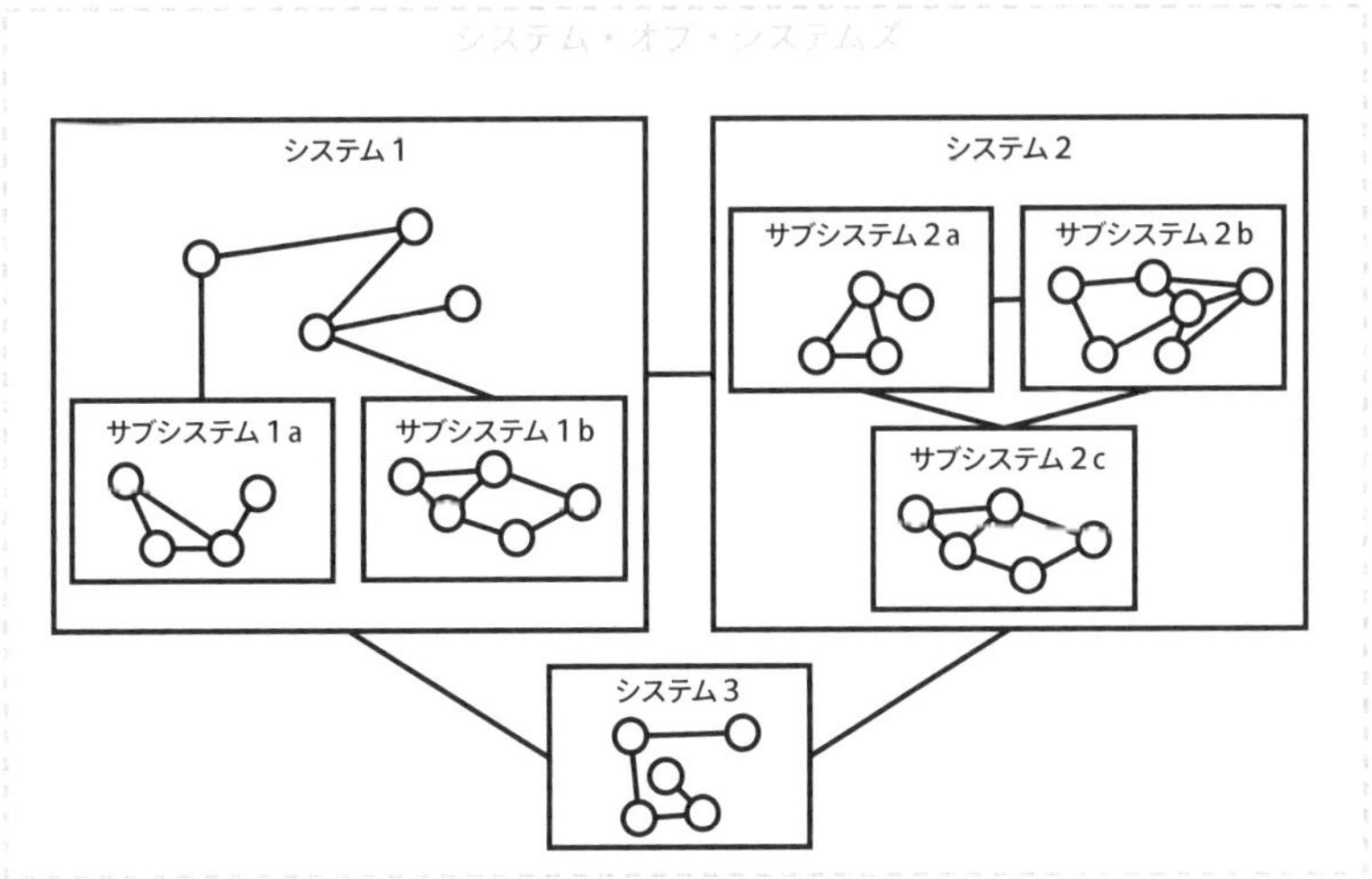

こうした観点で物事を見てみると、そこには単なる線や平面の関係性に留まらない、３次元のレイヤー構造が見えてきます。

さらに複数の視点を使って、レイヤー構造をより立体的に見ていくこともできます。たとえば、大学はその機能として、「教育」や「研究」、「産業」への貢献といった様々な側面を持っており、異なる視点から大学を見ることで異なる側面を見ることが可能です。たとえば「教育」の面を見ると、教育業界全体という上位レイヤーがあり、その中に大学が位置付けられます。大学のレイヤーを見ると複数の学部や本部といった要素によって構成されていて、その下には学部の中の相互関係性を示す複数のレイヤーがあり、そのさらに下には研究室の関係性のレイヤーや学生同士の関係性のレイヤーなどがあるでしょう。大学の「産業」への貢献という側面を見れば、上位に産業全体のレイヤーがあって、その中に大学が位置付けられ、その下には大学の中でも産学連携に近い部門や教員個人の相互関係性を示すレイヤーを見ることができます。

このように大学の「教育」という側面を見る視点と、「産業」という側面を見る視点からでは、大学のレイヤー構造は違っ

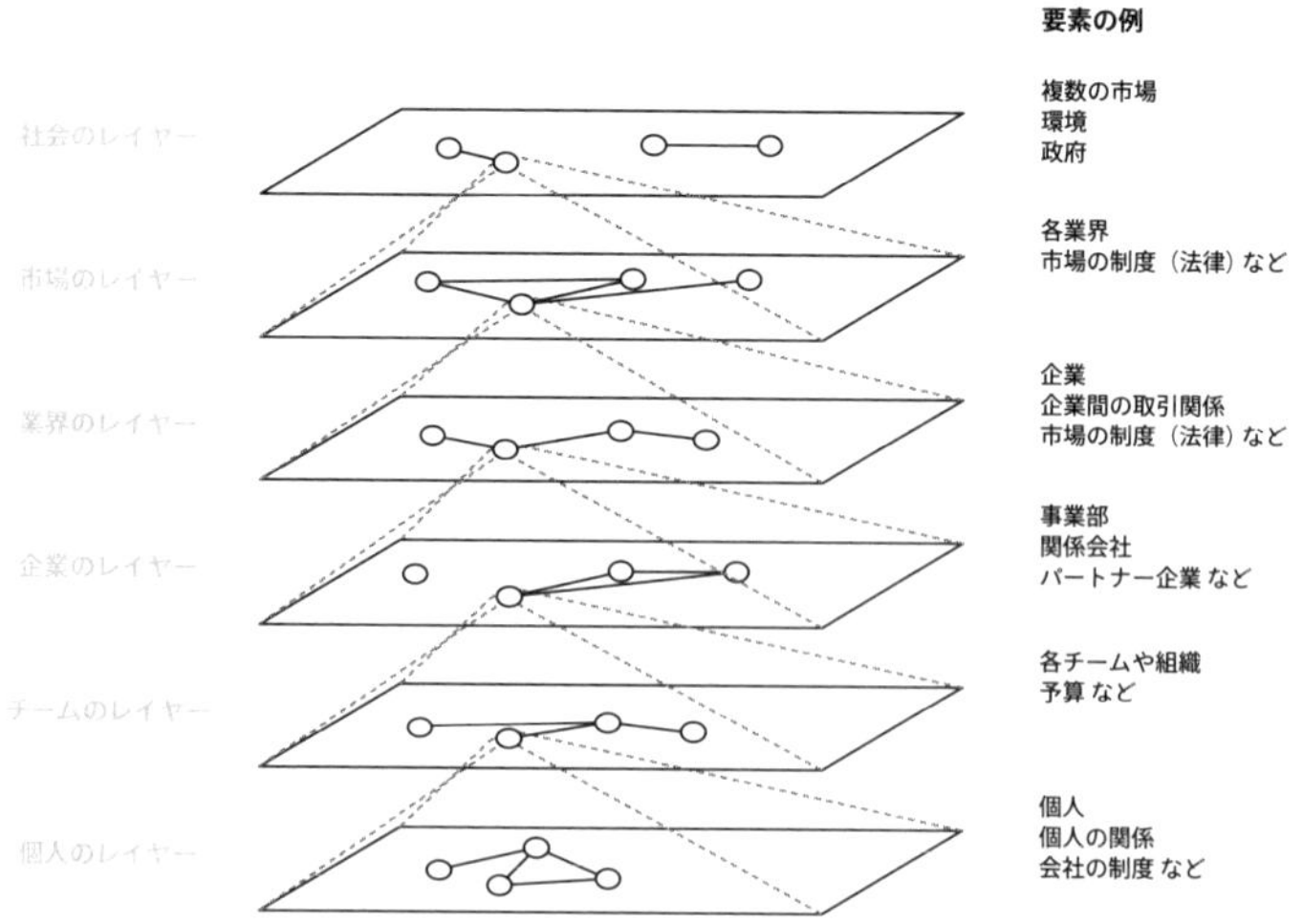

※ レイヤー構造に関する詳細な解説はこちらでも行っています。
「技術と事業を『システム』と『レイヤー構造』で理解する」
https://speakerdeck.com/tumada/ji-shu-toshi-ye-wo-sisutemu-to-reiyagou-zao-deli-jie-suru

て見えます。さらにいえば教育、研究、産業といった異なる側面同士も相互作用しながら大学という一つの組織を形作っているため、それぞれの側面を立体的に張り合わせて、それぞれの側面の中にあるレイヤー構造を見通し、各レイヤーにおける要素の関係性を把握しなければ、大学というシステムを理解できたとは言えないでしょう。

製品の場合も、「コスト」という視点もあれば、「使いやすさ」という視点もあります。それぞれが共有している要素もあるため、一つの要素を変えれば他のレイヤー構造への影響も出てきます。このように複数の視点でシステムのレイヤー構造を捉え、それぞれを立体的に張り合わせて関係性を捉えることで、複雑な構造を理解して解像度を上げることができます。

▼図にすると関係性が見えてくる

図を描くなどの視覚化は関係性を見つけるのに有効な手法です。

刑事ドラマで、大きな地図を壁に張って、被害者の顔写真や証拠写真をその上に張り付け、それぞれの要素に線を引いて考えるシーンが出てくることがありますが、これはまさに出来事のつながりの視覚化です。

頭の中で考えていることや連想したことを線でつなげて描き出すマインドマップや、関係者の関係性を図にするステークホルダーマップ、顧客が商品やサービスと

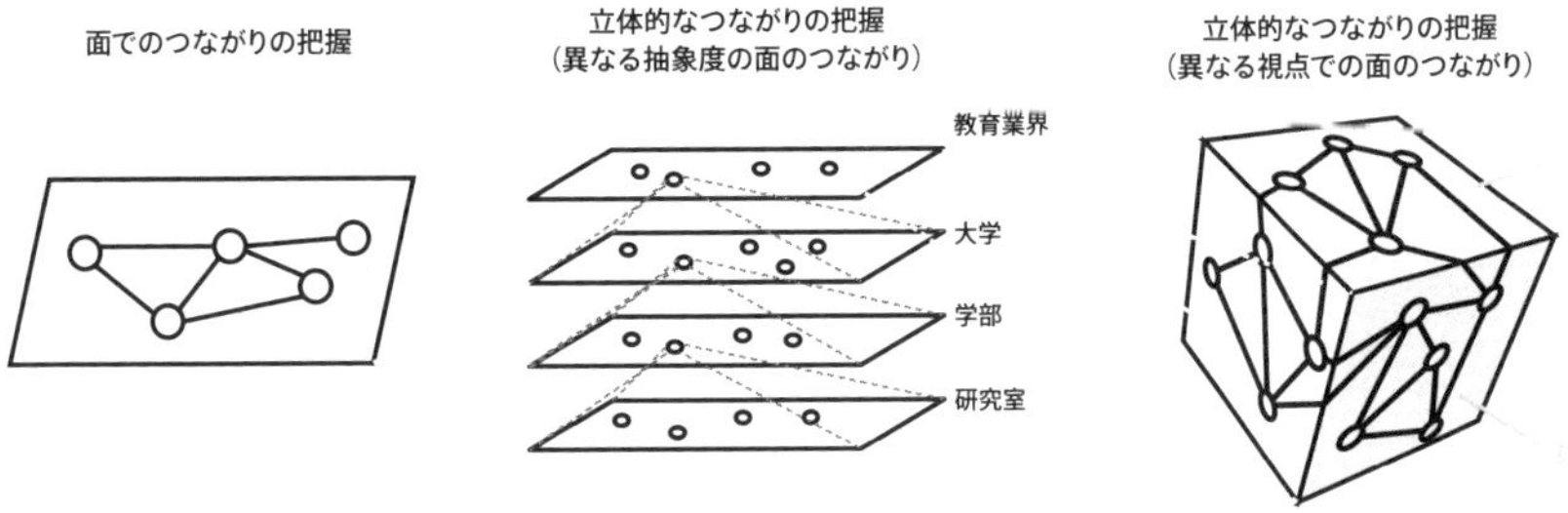

の関わりの中で辿る一連のプロセスを描いたカスタマージャーニーマップ、概念間のつながりを整理するコンセプトマッピングなどは、図を使って要素を「関係づける」方法です。特定のフォーマットでまとめることで、視点の漏れを防ぐこともできますし、図にしながら考えることで新しい発想に至ることもあります。

図にするときは、大きいキャンバスを使いましょう。紙ならA3サイズ、ホワイトボードも大きめのものを使うことで、多くの要素を描き出すことができ、関係性が見えやすくなります。また、**文字だけではなく絵を描く**ことも意識してみると良いでしょう。たとえば要素として象があるのであれば、「象」と文字を書くのではなく象の絵を描いてみるのです。芸術系の大学の学生やデザイナーの皆さんとワークショップをすると、付箋に文字だけではなく自然と絵を描く人が多く、そこから先の発想の広がりが、文字だけの場合と比べて少し異なるような印象を受けます。

こうした図化は様々な場面で使えます。たとえば物事の因果関係を分析し、一つの現象がどういった原因で起こるのかを示した図を作ることで、私たちは因果関係を理解して、原因にアプローチすることができるようになります。システム思考では**因果ループ図**という、因果のシステムを表現する手法もあります。因果の連関を図にすることで、要素同士がどのように相互作用しているかを整理するのです。

たとえば「ミスが多い職場ほどパフォーマンスと心理的安全性が高く、ミスが少ない職場ほどパフォーマンスと心理的安全性が低い」と直観に反する指摘がありますが、これを図にしてみると、システム全体の関係性が理解しやすくなります。

心理的安全性が低い職場では、ミスを隠すようになります。そうするとミスがより稀になり、稀なミスをより強く咎めるようになります。やがて、ミスを隠すことが多くなり、さらにミスの報告回数が減ります。その結果、職場全体としてミスから学ぶことが少なくなって、組織としてのパフォーマンスが落ち、重大な事故につながることもあるかもしれません。ミスの報告回数が減ることで、よりミスを隠すことが多くなるところにループが生まれて、悪循環となっていることが、図にすることで明白に分かります。

一方、心理的安全性が高いとミスを報告することに躊躇がなくなるため、ミスが多く報告されるようになり、チームはミスからの学びを経て、職場全体として重大な事故が起こりづらくなります。図の中でループを見つければ、悪循環を断ち切り、好循環へとシステムを変えるためのヒントも得られます。

こうした図で情報をうまくまとめられる人は、構造化が上手な人と言えるでしょう。また図にすることは、診断ツールとしても使えます。どこまで構造的に図を描けるかで、自分の思考が構造化されているかチェックできるからです。とはいえ、綺麗な図が描けなくて、落ち込む必要はありません。**描いているうちに関係性が見えてくる**こともしばしばあります。**まずは思うままに要素を張りだし、関係性を描いてみたり、消したりするところから始める**ことをお勧めします。

また、関係そのものだけではなく、**その関係を取り巻く環境に注意を**

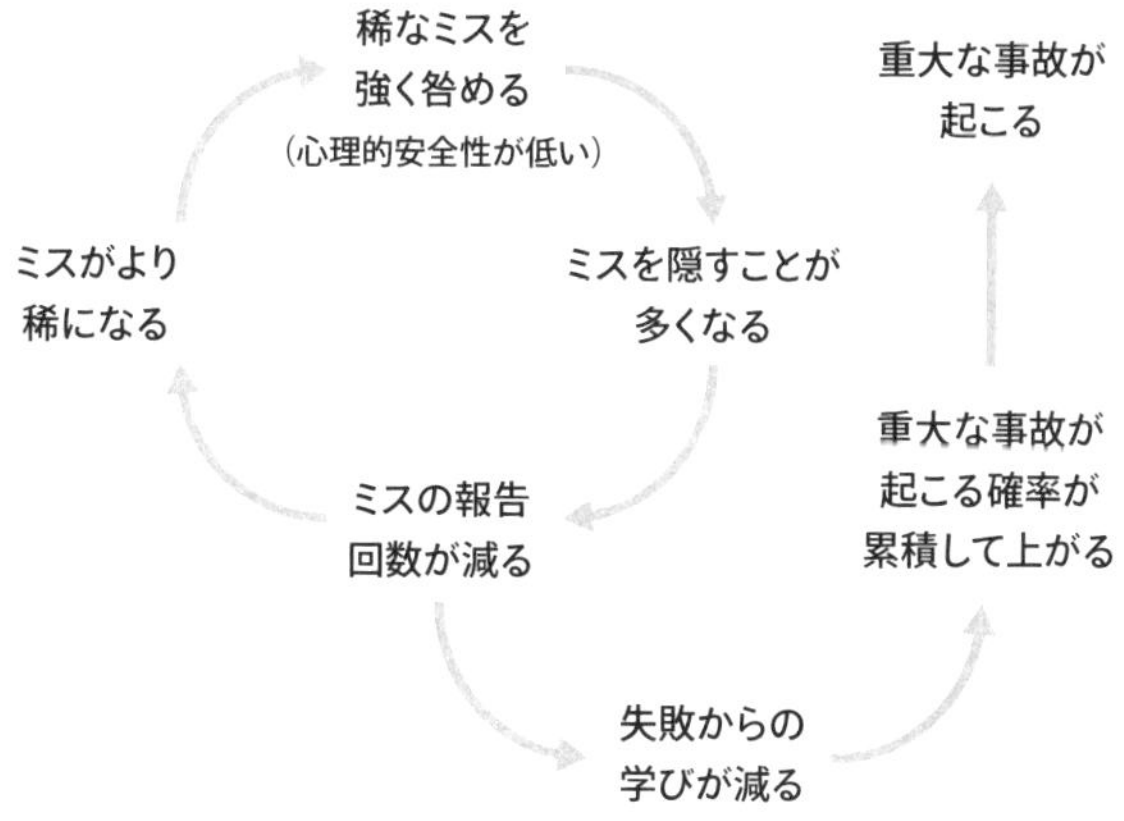

この図は説明のために因果ループ図とは少し異なる描き方をしています。因果ループ図を描く場合、要素は変数のみを書きます。

払うことで構造の理解が進むこともあります。たとえば規制や制度は、特定の要素間のつながりを強制したり、強制的につながらないようにしたりするものです。企業文化も、社内の競争が激しい会社では、お互いがライバルになり、会社内の人のつながりは抑制されるかもしれません。逆に、部署を超えた協業に予算がつきやすかったり、高い人事評価がなされたりする会社では、人のつながりは促進されるでしょう。このように、**制度や文化によって特定の関係づけが行われることはしばしばあります。個々の要素や個人だけでなく、その周りのシステムにも目を向けて、関係性を把握してみましょう。**

アナロジーで新しい関係性を見つける

最後に紹介するのが、**新しい関係性を見つける**ために使われるアナロジーという思考の型です。アナロジーは既知の事物（ベース）から未知の新たな事物（ターゲット）に対して、構造や関係性を写像して推論することです[12]。

既知のベースの構造と、未知のターゲットの構造の類似性や違いを見たうえで、たとえばベースの構造にある要素がターゲットの構造にないのであれば、もしかしたらそこに未発見の要素があるのではないかと考えるのです。新規事業であれば、類似したビジネスと比較することで、新たな課題の構造に気づけるかもしれません。

本書の「深さ」や「広さ」という考え方も、アナロジーの一つと言えます。深さや広さは空間を表すときに使う言葉ですが、それを思考に応用することで、空間の構造を理解している人が、解像

12 森田純哉「デザイン創造過程論 (3) ー類推ー」（http://www.jaist.ac.jp/~j-morita/wiki/index.php?plugin=attach&refer=%BB%F1%CE%C1&openfile=dCr3.pdf）や鈴木宏昭『類似と思考　改訂版』（筑摩書房、2020）などを参考にしました。

度という思考の構造を理解しやすくなる効果を狙っています。

アナロジーを行う前提条件は、ベースとなるものを適切に構造化することです。ベースの構造についての理解が甘ければ、類似性や違いを見つけられません。また、構造はどのような抽象度で見るかによって異なる姿を見せます。細かく見れば全く違っても、大きな視点で見てみると、実は似たような構造をしているかもしれません。

たとえば人と猿で比較してみましょう。人と猿は具体的に見てみれば似ていないように見えます。しかし抽象度を上げて、人も猿も哺乳類であるとか、人も猿も動物であると認識してみると、共通の構造や特徴を持つだろうというアナロジーになるでしょう。

ただし、アナロジーの結果として考えたものが、正しいとは限らないことには注意してください。たとえば国家の財政赤字を理解するときに家計の赤字をアナロジーとして用いることがありますが、確かに一部の考え方は使えるものの、詳細は異なります。アナロジーで生まれたものは仮説であり、検証をするまでは、あくまで仮の答えだと思っておいたほうが良いでしょう。

抽象度	ベース（人）	ターゲット（猿）	結論
高	動物	動物	似ている （同じ行動を取るだろう）
中	哺乳類	哺乳類	似ている （同じ行動を取るだろう）
低	人	猿	似ていない （違う行動を取るだろう）

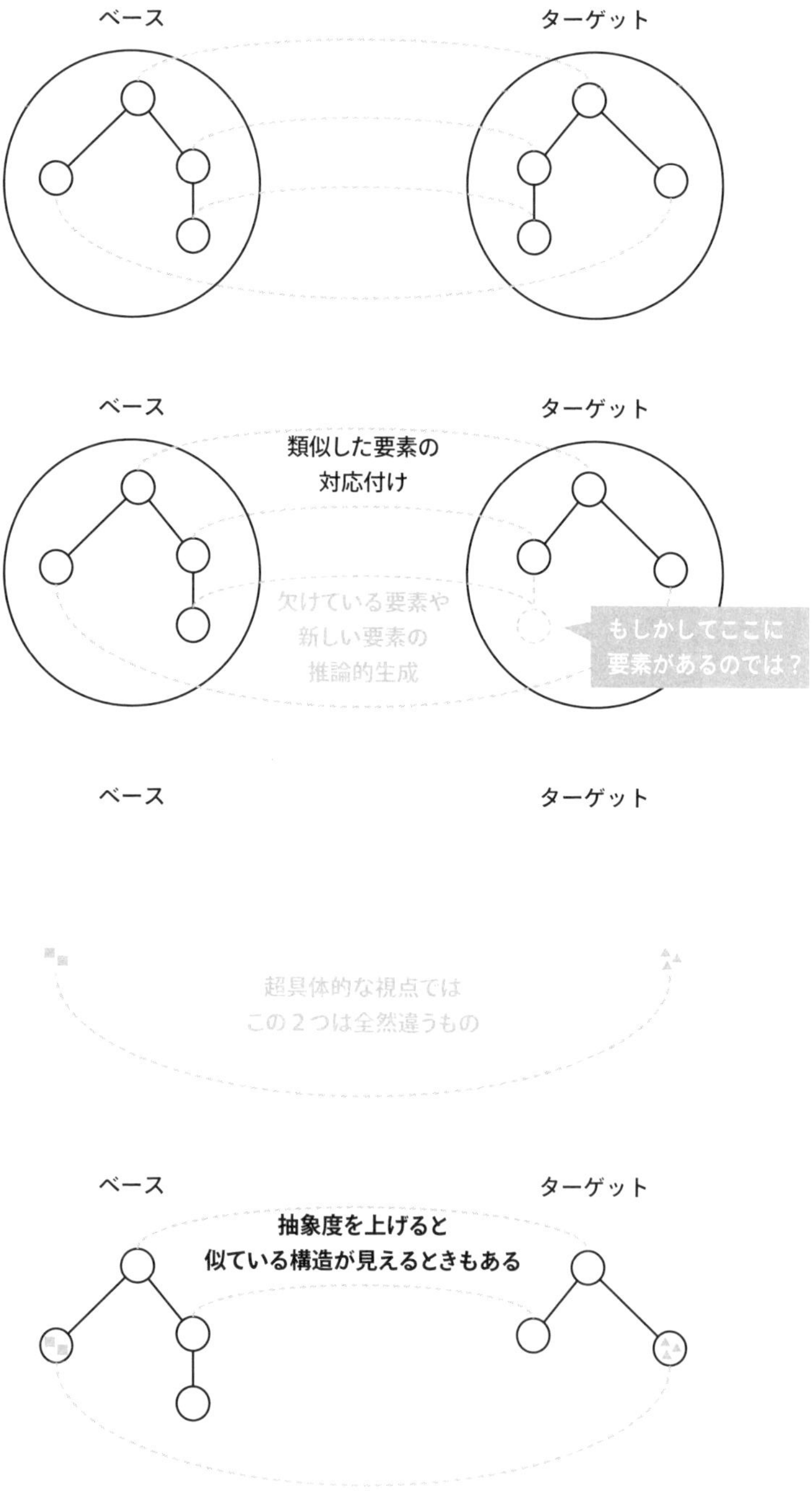
ベース
ターゲット
ベース
ターゲット
類似した要素の
対応付け
欠けている要素や
新しい要素の
推論的生成
もしかしてここに
要素があるのでは？
ベース
ターゲット
超具体的な視点では
この２つは全然違うもの
ベース
ターゲット
抽象度を上げると
似ている構造が見えるときもある

ここまで「分ける」「比べる」「関係づける」の3つの構造化の手法を解説してきました。最後に「省く」ことを紹介しておきます。省くとは、削ったり、除いたりすることです。「省く」ことは「分ける」「比べる」「関係づける」のすべての項目のなかで行うべきことですが、共通して意識的に行うべきことなので、最後に独立して取り上げることにしました。

たとえば**「分ける」ときには、割合として小さいものはすべて「その他」という項目の中に入れて分析を省くことができます。**また**外れ値のようなデータを省くことで、現象を理解しやすくなることもあるでしょう。**売上全体の約2割が大手顧客1社から出ており、残りの8割がかなり多くの会社に分散しているのであれば、外れ値である大手顧客は省いたうえで売上のトレンドを分析したほうが意味のある洞察が出てきます。

また、**「比べる」ときに行う抽象化の例で挙げた「数にする」ことは、特定の特徴以外を省くことでした。**抽象化において、一部の特徴を省くことを捨象と呼びますが、この捨象をすることで本当に大事なところに着目することができます。**「関係づける」ときも、グループ化すれば必ず何かがグループ外のものとして省かれます。つながりが悪いもの同士はあえてつながない、つまり、つながりを省くことで、つながりの見通しを良くすることもできるでしょう。**この構造のパートの序盤で紹介した抽象化が難しいのは、省くことや捨てることが難しいからです。うまく捨てられれば、良い抽象化ができます。捨てることが下手であれば、間違った抽象化をしてしまいます。抽象化ができない、苦手だという人は、具体の細かなところを大事にしすぎて、省くことや捨てることが苦手なのかもしれません。

省くことは、普段から私たちが目にしたり、自然としたりしていることでもあります。映像などのデジタル変換は、アナログのデータを一定時間、一定の大きさごとに切り取ることです。デジタルにすることで、一部の情報が省かれますが、その分、情報を処理しやすくなります。日常でも行っている数値の四捨五入は、大まかな比較や計算を容易にするための省く行為です。

つまり、**目的に応じて情報の一部を「省く」こと、言い換えれば解像度をあえて「粗く」することで**、比較や計算が行いやすくなるというメリットもあるのです。

たとえば、友人関係は様々な種類があり、仲の良さの程度も異なります。インタビューなどを通して、高い解像度でそれぞれの関係性を見ていくこともできますが、それではコストがかかりますし、大局も掴めません。インタビューをして細かな情報を得たうえで、より大きな全体像を掴むために、あえてアンケートで「特定の誰かと友人関係があるか、ないか」を粗く問うことで、関係性をゼロか一で把握することができ、人のつながりの構造を把握できるようになります。大局的な人間関係の分析ができるデータが手に入り、新たな洞察が生まれるかもしれません。

複雑な情報を伝えるときも、分かりやすくするために、あえて重要な情報以外の要素を省いて伝えるときがあります。たとえば本書では、情報と思考と行動の3つが解像度を上げるときに大事だとしましたが、特に行動が大事であることを伝えるために、情報と思考を鍛える方法については、あえて省いている部分も多くあります。情報や思考の鍛え方についても詳細に語れるものの、あえて省くことで、解像度における行動の重要性を際立たせる、という意図があります。

ただし**省くときにはなぜ省くのか、その理由を明確に持つことが肝要**です。自分の仮説に合わないデータを、理由をつけて意図的に省いてしまえば、自分に都合の良い結論を導くこともできてしまいます。たとえば顧客インタビューをした結果が自分の仮説と合わないからといって、例外として省いてしまうと、仮説を良くする機会を失ってしまいますし、真実に辿り着けなくなってしまいます。省くことは有用ですが、十分に気を付けながら進めてください。

ここまで「分ける」「比べる」「関係づける」「省く」という構造を見極めるための4つの思考の型を解説してきました。ここからはこれらの精度を上げるための行動と情報収集のコツをお伝えします。

質問をする

質問することは、構造化の現在地を知るうえで有効な行動です。自分の考える課題について、より深く知るための質問を考えてみましょう。質問のメリットは、相手から情報が引き出せるだけではありません。解像度が低いときの症状として、質問できないことを挙げましたが、逆に言えば、質問できるということは、ある程度解像度が高いということです。皆さんも、自分の専門領域のことを質問されたときに、質問の内容から「この人は分かっている」、あるいは逆に「この人は分かっていないな」と感じた経験はないでしょうか。**良い問いを立てられるかどうかは、現在の解像度を映す鏡**でもあるのです。

良い質問をするためには、自分の持っている情報を構造化したうえで、分からないところや曖昧なところを特定する必要があります。そもそも持っている情報がある程度の深さまで辿り着いていなければ、構造化したとしても、当たり前のことを聞く質問になり、新たな学びは得られないでしょう。

「その質問をすればどういった答えが返ってきそうなのか」「そのときは次に何を聞けばよいのか」という、答えと再質問の仮説を持ったうえで質問をすると、より良い質問ができるようになります。主張をするときに、反論や再反論を考えたうえで主張を組み立てるのと同様です。こうした仮説を立てるためにも、ある程度の解像度が必要です。良い質問をするのは、とても難しいからこそ、良い質問をしようとすることで、必然的に解像度を上げることになりますし、質問の答えとして受け取れる情報は、解像度をさらに上げるために大いに役立つでしょう。

　質問は有用ですが、勇気がいることです。自分の無知を晒すことでもあるからです。質問をすることで目立ちもします。その恐怖を乗り越えるためには、頑張って勇気を出すか、もしくは自分が強制的に質問をしなければいけない場に身を置いてみることです。質問による言語化を自ら促すのです。たとえば専門家の講演では、必ず質問をするようにしてみてください。「馬鹿な質問をして、笑われたり、呆れられたりするのが怖い」と恐れるのも分かりますが、積極的に質問するつもりで人の話を聞くことで、話をより深く理解しようという姿勢になれますし、自分の解像度の現在地を確認する機会になります。

　そして質問をすることは最初は怖いですが、徐々に慣れてくるものです。早めに慣

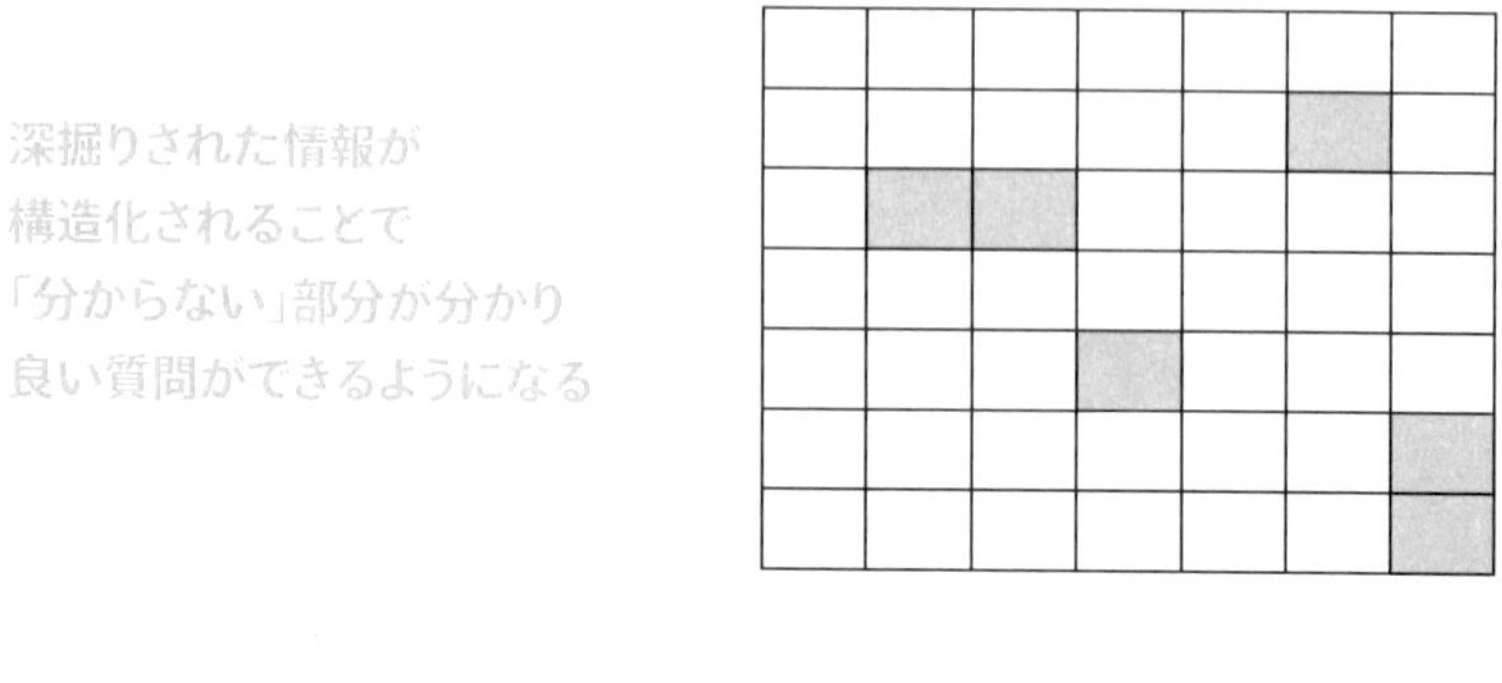

深掘りされた情報が
構造化されることで
「分からない」部分が分かり
良い質問ができるようになる

れておくことで、質問をする機会が増えてさらに慣れることができますし、質問を通してより多くの情報を得られるようになります。

構造のパターンを知る

「分ける」「比べる」「関係づける」「省く」、**どの作業も成否を分けるのは、どれだけ多くの構造のパターンを知っているか**です。分けるための切り口にもパターンがありますし、比べるとき、関係づけるときにもパターンがあります。過去にうまくいった切り口のパターンを記録しておく、上司がうまく物事を分解して考えているのを見て参考にする、書籍から切り口のパターンを学ぶなど、日々パターンの蓄積をしていきましょう。

また、アナロジーを適切に行うには、ベースとターゲットの両者の構造や特徴の把握を適切に行えることが前提となります。ベースとなる知識を大量に持っておくことで、アナロジー可能なものが増えます。

課題の「深さ」の章で、理論や概念を知ることで現実の認識が変わるとお話ししましたが、構造もそうです。たとえば本書で取り扱ったいくつかの構造理解の方法は、ハーバード大学の哲学科の教授だったネルソン・グッドマンによる書籍『世界制作の方法』[13]で挙げられていた「合成と分解」「重みづけ」「順序づけ」「削除と補充」「変形」という概念や、その他のビジネス書の理論や概念も参照しながら、構造化しました。

13 ネルソン・グッドマン『世界制作の方法』（菅野盾樹訳、筑摩書房、2008）

物事にどのような構造を見出すかは、どれだけ多くの構造のパターンを知っているかが大きく影響します。**顧客の課題を深掘りしたいのであれば、人間の行動パターンや思考パターンを知りましょう。社会の構造を知りたいのであれば、社会構造の分析アプローチを何種類も知っておくことで分析が進むでしょう。ビジネスであれば業界構造を知ることで、課題の把握の一歩先を行くことができるかもしれません。**

課題の「構造」まとめ

□ まずは分けることから始めましょう。切り口を意識しながら、MECEに分けていきます。ツリー構造に分けていくことで整理もできるようになります。

□ 分けた後は比べましょう。カテゴリーと抽象度を合わせたうえで比べるようにしてください。大きさや重みを比べてみましょう。切り口を工夫したり、視覚化することで、より容易に比べられるかもしれません。

□ 関係づけるときには、グループ化をする、並べる、つながりを見る、システムを把握する、アナロジーを使う、などの方法があります。効率的に行うためには、視覚化する、環境に目を向ける、などといった手法を意識しましょう。

□ 省くことはどの構造化のフェーズでも重要です。注意しながら、意識的に省くようにすることで、構造の理解が進みます。

□ 構造のパターンの引き出しを増やしましょう。知識や情報があることで、アナロジーの対象も広がります。

「時間」の視点で、課題の解像度を上げる

経時変化や因果関係、
物事のプロセスや流れを捉える。

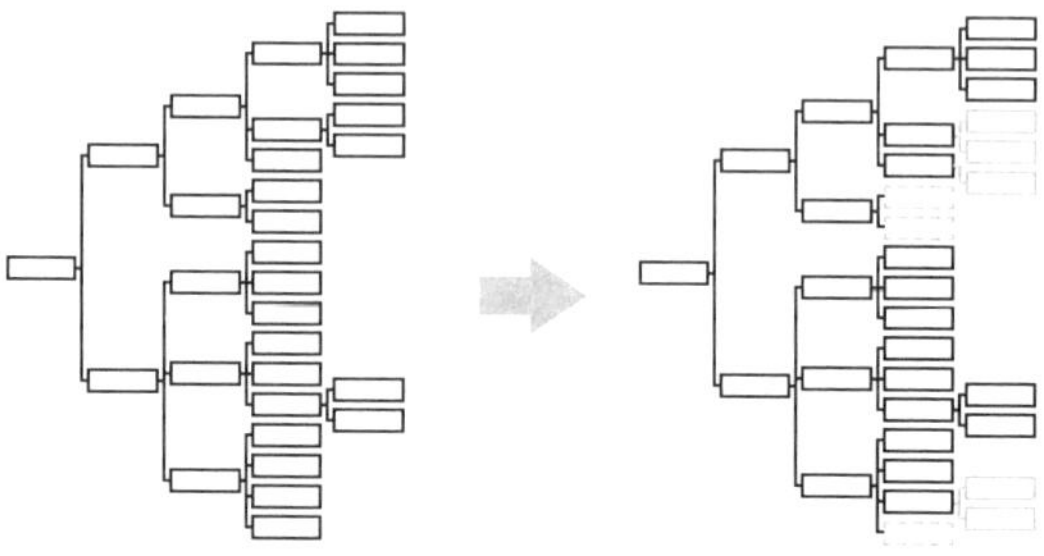

「深さ」「広さ」「構造」の視点で解像度を上げることは、物事を特定のある時点でスナップショットとして捉えて、その一時点を綺麗に見ることだと言えます。

　しかし、実際のビジネスでは、時間とともに状況が変わり、それに応じて課題も変わります。飛ぶ鳥を撃とうとするときに、その動きを予測して撃つ必要があるように、課題の解像度を上げるには、課題がどう移り変わっていくのか、という時間軸を意識する必要があります。現時点では正しく認識できていて、優先度の高い課題も、明日には社会情勢が変わって、優先度の低い課題になるかもしれません。「ビジネス上のイシューは動く的（ムービングターゲット）」という言葉もあるように、課題は常に動き続けるのです。その動きをどこまで把握できているかは、解像度の高低に大きく影響します。

　ここからは、「変化」「プロセスやステップ」「流れ」「歴史」という4つの「時間」の視点で、解像度を上げる方法を見ていきます。

物事は時間とともに変化します。そこで**変化に着目する**ことで、時間の視点で解像度を上げることができます。

ビジネスでは毎月の売上の変化が、基礎的な情報としてよく参照されます。変化を時系列で見ることで、今後の売上がどのような変化を辿るかが、ある程度予測できるからです。多くの場合、**変化にはパターンがあり、そのパターンを把握すると、構造や因果関係も見えてきます。**「営業チームが訪問回数を増やした月は、売上が増えている」という変化のパターンを見つけたら、そこには「訪問回数を増やすと売上が増える」という因果関係があるのかもしれません。

変化を見るときには、時間の単位に注意してください。どの単位で見ればよいかは、目的によって異なります。細かく見れば見るほど良いというわけではありません。たとえばハチドリの羽ばたきを精緻に見たければ、マイクロ秒単位の高い解像度で見るべきです。しかしハチドリの渡り鳥としての習性を見たければ、もっと長い時間単位で見るべきでしょう。製造プロセスを改善したい場合、意味のある工程のまとまりごとに見ていくのが良いでしょう。製造プロセスをマイクロ秒単位で細かく見たところで、それほど意味がないどころか、データが多すぎて全体像が追いづらくなってしまいます。売上の場合は、チーム単位であれば週次で見ていくべきかもしれませんが、部署単位であれば月々で十分かもしれません。社外の投資家にとっては、毎秒の売上の情報よりも、四半期や年単位での売上推移のほうが判断の助けになるかもしれません。

時間単位を細かく見ていくほうがよいときもあります。指数関数的な変化が起こっているときです。

指数関数的な変化は、最初はゆっくりと、次第に急激に変化するように感じます。たとえば、感染症の新規感染者数は指数関数的な変化です。最初は100人の感染者がいたとして、毎週1.5倍ずつ増えるとしたら、翌週は150人、2週間後は225人、3週間後は338人、4週間後は506人、5週間後には759人と増えていき、10週間後には5767人と、たった10週間で50倍以上の変化が起こります。

多くの人はこうした指数関数的な変化を認識しづらく、物事は直線的に変化すると捉えてしまいがちです。逆に**市場やユーザーの指数関数的な変化に初期に気づくことができれば、最終的に大きくなる市場にアプローチできます。こうした変化が起こるときには、あまりに長い単位での時間の変化を見ていると、足元で起こっている重要な変化を見逃してしまいます。**長い時間単位で変化を見ている職種であっても、ときにはミクロな足元でどういった急激な変化が起きているのかを見てみるのは、課題の解像度を上げるうえで有効です。

また、**複雑なシステムでは、時間的な遅れが発生することがあります。**一つの要素の状況が変わったときに、かなりの時間をおいてから、つながっている他の要素に変化が反映されるのです。二酸化炭素の排出量増加と、地球の気温上昇は、変化の反映が非常に遅かったため、つながりを把握するのに時間がかかった、というのは前述したとおりです。通常のビジネスでも、商談開始から契約までに時間がかかる商品の場合、営業回数が売上にかなり影響するとしても、営業回数を増やしたからといって、すぐに売上が上がるわけではありません。こうした時間的な遅れを伴う変化にも注意しておくのが、時間の視点で解像度を上げるためのコツです。

プロセスやステップを見る

時間の流れに従って何が起こるかを把握することで、見えてくるものがあります。**物事をステップごとに分割し、プロセスを見ていく**と、解像度を上げることができるのです。

物流や製造工程は分かりやすいプロセスです。物流は、地点間での物の動きのプロセスとして理解できます。製造工程は、工場に資材が入ってきてから、特定の順序で加工されて最終的な製品となるプロセスです。農作物の生産は、半年や1年という時間をかけて、種を植えるところから始まり、一定の作業を経て、収穫へと至る、より長いプロセスとして把握することができます。こうした**プロセスを知ることで、プロセスのどの部分に課題があるのかが分かります。**

広告やＩＴのビジネスでは、しばしばファネルモデルというものが使われます。漏斗《ろうと》（ファネル）でろ過するように、プロセスやステップを経て、減っていく人や物の数を可視化する手法です。たとえば購買行動では、認知→興味関心→比較検討→購入の順に、対象となる人がどのくらい減っていくかを整理することで、どの部分に取り組むべき課題があるかを見極めることができます。アプリのユーザー獲得や人材採用活動などでも、ファネルモデルで整理できることは多く、汎用的に使えるプロセス把握のモデルです。

より抽象的なプロセスとして、戦略コンサルタントがしばしば使う**バリューチェーン**があります。企業が価値を生む活動の連なりをプロセスとして可視化したものです。**可視化することで、どの部分を改善するべきかが見えてきますし、独自のバリューチェーンを構築すれば独自の価値を生みだすことができます。**業界全体の価値生成のプロセスを可視化したものは、バリューシステムと呼ばれます。バリューシステムを見渡すと、自社のバリューチェーンをどこからどこまで伸ばせば良いのかを考えることもできます。

たとえば、農業業界のバリューシステムでは、通常、スーパーは農作物の「店頭販売」を、飲食店は「調理」を担当します。飲食店の中には、こだわって産地直送で野菜を仕入れるところもあるかもしれません。そうすると、その飲食店は、「流通」まで自社のバリューチェーンを伸ばしていることになります。そうすることで、より付加価値の高い商品を提供できるからです。

これまでのバリューチェーンと全く異なるやり方で価値を届けるスタートアップも考えられます。たとえば、コンテナの中に水耕栽培の農場を作り、産地まで生育しながらコンテナを輸送するスタートアップであれば、バリューチェーンのなかの「生産」から「流通」を代替することになります。都市内での垂直水耕栽培ができれば、流通や店頭販売を最小化して、消費者やレストランに美味しい野菜を直売するようなビジネスモデルが可能になるかもしれません。バリューチェーンで価値の流れを把握することで、構造が見えてくるだけではなく、新たな構造を生み出すヒントを得ることも可能なのです。

バリューチェーンのような大きなプロセスだけではなく、**日々の業務にも様々な大小のプロセスがあります。**経費精算も一つのプロセスですし、

バリューシステムとバリューチェーン

※色がついた部分か自社のバリューチェーン

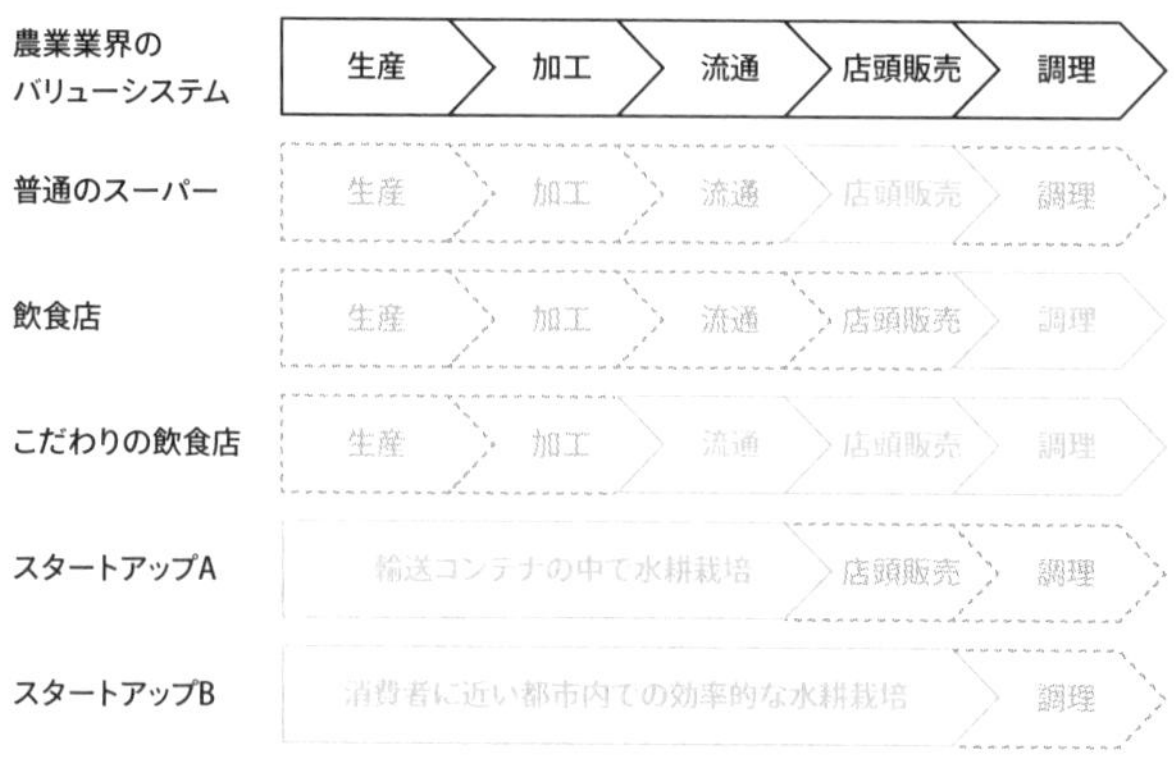

勤怠の報告も勤怠管理全体の一プロセスでしょう。こうした業務プロセスをステップごとに明らかにすることで、業務の改善も可能です。また**ユーザーの行動をプロセスとして捉えて、ステップごとに把握することで、ユーザーがどこに最も摩擦を感じているのか、その一連のステップの中でどこが最も課題なのか、といったヒントも得られるでしょう。**

プロセスやステップで整理することで、解像度がぐっと上がることは多いものです。何か時間的な連続性を持つものを見つけたら、ステップごとに分解して整理してみましょう。

流れを見る

ここまで説明してきたプロセスはある種の「流れ」です。時間に注目することで、私たちは**物や情報の流れ**を見ることができるようになります。流れを把握することは、構造を理解するための基本の一つです。『ザ・ゴール』[14]で提唱されている制約理論は、製造業の生産現場の効率を上げるために提唱された考え方ですが、これも「流れ」に着目したものです。

制約理論では、業務全体のパフォーマンスは、制約条件と呼ばれる「流れ」を止めている要因、いわゆるボトルネックに依存していると考えます。この制約条件を継続的に改善して流れをせき止めているボトルネックを広くしていくことで、全体の流れを最大化して、パフォーマンスを向上させる、というのが制約理論の基本的な考え方です。

ボトルネックとは、もともとボトルの首の狭くなっている部分を指す言葉です。ボトルは、このボトルネックがあることによって、液体の流れを制約し、一気に瓶の中の液体を出すことなく、

14 エリヤフ・ゴールドラット『ザ・ゴール――企業の究極の目的とは何か』(三本木亮訳、ダイヤモンド社、2001)

適量を注げるようになっています。このボトルネックという概念を、様々なモノや情報に適用してみると、流れがどうなっているのかをより詳細に把握できるようになります。

流れを継続的に改善するには以下の方策が有効だと言われています。

1 ボトルネックを見つける
2 ボトルネックを徹底的に活用する
3 ボトルネック以外をボトルネックに従わせる
4 ボトルネックを強化する
5 惰性に注意しながら繰り返す（新たなボトルネックを見つけて強化する）

製造業の生産現場では、（1）の「ボトルネックを見つける」ために、まず仕掛かり中の作業や在庫に注目します。ボトルネックの直前には、在庫が積み上がるからです。流れの中でボトルネックとなっている作業を特定したら、次の（2）「徹底的に活用する」に移ります。そのボトルネックに無駄があれば取り除き、ボトルネックとなっている工程で最大のパフォーマンスを発揮できるようにするのです。そして（3）の「ボトルネック以外をボトルネックに従わせる」では、業務全体の処理能力を、ボト

ボトルネックが扱える量以上の水が流れても
結局はボトルネックの最大量しか流れない

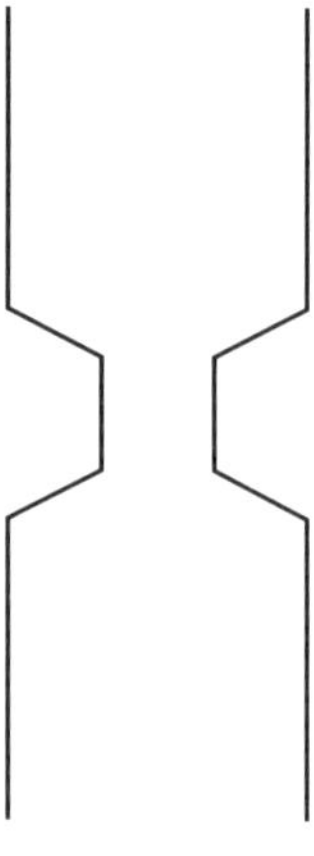

ルネックでのパフォーマンスに合わせます。流れは、ボトルネックに制約されることになるので、ボトルネックよりも前にある工程でボトルネック以上のモノが流入しても、ボトルネックのパフォーマンスを超えたものは無駄になってしまうからです。物理的なボトルで考えてみても、ボトルネックが扱える量以上の水を流しても、ボトルネックの幅でそれ以降に流れる水量は決まっているでしょう。

ボトルネックは鎖で表現されることもあります。鎖は輪を複数つなげて作ります。そして鎖の強度（鎖を引っ張ったときに鎖がちぎれるかどうか）は、輪の最も弱い部分で決まります。他の輪の部分がどれだけ強くとも、鎖がちぎれるかどうかは一番弱いところに依存しており、この構造はボトルネックと似ています。

だからこそ（4）の「ボトルネックを強化する」ことが大事です。**鎖の最も弱い部分の課題に着目し、強化すること、つまりボトルネックが扱える量を増やすことが、全体の流量を増やすことにつながります。**そして強化が成功し、今のボトルネックが広がると、必ず流れの中で違う部分が相対的に弱くなり、今度はそこがボトルネックになります。つまりボトルネックは移動するのです。そこで（5）の「新たなボトルネックを見つけて強化する」ことが必要になります。

この（1）から（5）のサイクルを何度も回していくことが継続的な

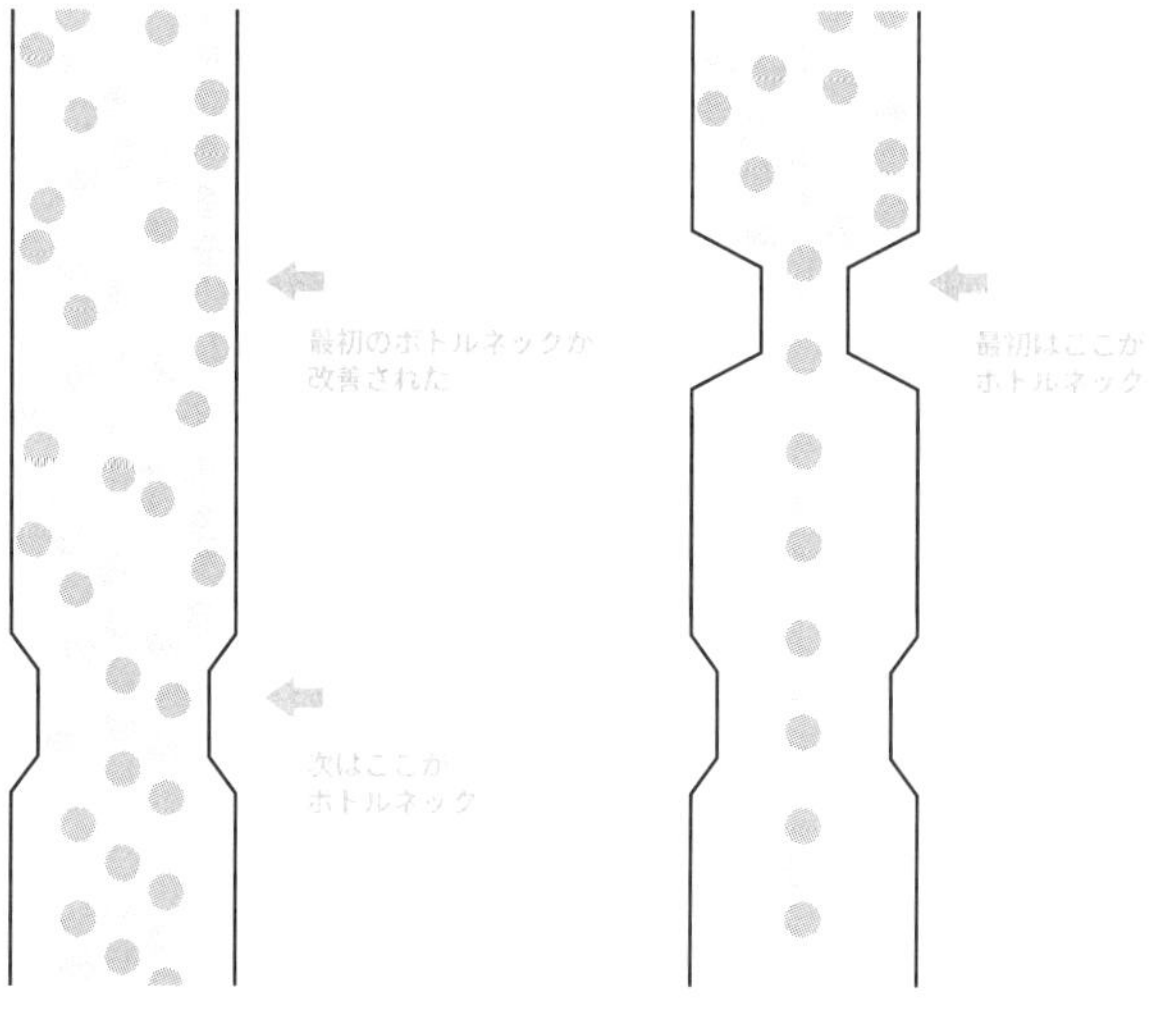

流れの改善であり、この改善が成功すると全体の流れはどんどん大きくなっていきます。物の流れに着目することで、こうした改善が可能になります。

2022年現在、ソフトウェアエンジニアに高い給料が支払われつつあります。これは業務でのソフトウェアの重要性が高まり、ソフトウェア開発が各業界でボトルネックになっているからです。その部分を解消すれば業務全体としての流れがスムーズになり、ビジネスがより成功するだろう、と考えられているので、ソフトウェア開発への需要が高まり、そのためソフトウェアエンジニアに高い給料を出してでも採用したい、という潮流になっているのです。同時に、そこには大きなビジネス機会もあり、ITエンジニアの人材採用支援業務や、ITエンジニアの教育ビジネス、ITエンジニアなしでも開発ができるツール、などが生まれてきています。

このように、ボトルネックの考え方は物の流れだけではなく、人の流れや仕事の流れ、情報の流れにも応用可能です。そして、それぞれの流れの中にあるボトルネックを特定して解決できると、大きな価値を生むことができます。

ぜひ時間を軸とした物や情報、仕事の流れに目を向けて、解像度を上げてみてください。

歴史を振り返る

過去や歴史という時間について知ることも、解像度を上げるうえで役に立ちます。

課題には必ずそれが生まれた歴史があります。たとえば社内の面倒な承認プロセスは、過去の不正から生まれたのかもしれません。契約書や誓約書が長いのは、これまで会社や社会が悩まされてきた各種トラブルを繰り返さないための叡智が含まれているからです。

特定の業界の課題を見つけようとしているのであれば、**時間をさかのぼり、業界の変遷の歴史を見てみましょう。**

たとえば、「保護者と教職員との間のコミュニケーションの課題を解決したい」と考えるならば、PTAの成立した歴史を調べてみるとよいでしょう。そもそもPTAがどんな課題のために組織され、時代と共にどんな変化を経てきたのかを調べると、課題の成り立ちを理解する助けになります。他にも、どうしてこの業界にはこんな規制があるのか、どうしてこんな業界構造になったのかなどは、歴史を振り返ることで理解できます。業界の歴史を見ていくと、ほぼ必ず何か事件があり、その対策として何かが生まれてきたという事実があります。そうした歴史を踏まえることで、課題の解像度は上がるでしょう。

またアプリやサービスの場合、過去に失敗した類似サービスを調べると、顧客の理解につながります。こうした過去の歴史を調べることは、軽視されがちですが、たくさんのヒントを得られる有効な活動です。

歴史には多くの学びがあります。将来を見通すためにも、ぜひ一度、過去に目を向けてみてください。

課題の「時間」まとめ

□ 時間経過による変化を見ることで、ムービングターゲットである課題を捉えることができます。

□ プロセスやステップに分けて、物と情報の流れを見てみましょう。流れが遮られているところ、つまり、ボトルネックは大きな価値につながる課題である可能性があります。

□ 歴史を振り返り過去から学ぶと、課題が生まれた経緯が見えてきます。

課題の解像度を上げるとは、その課題の研究者やマニアになるということです。ビジネスならその**業界の顧客のことならなんでも知っている、カスタマーマニアになっていると自信を持って言えれば、解像度が高い状態**です。逆にそう言えないのであれば、まだ十分に解像度が高くないのかもしれません。

そして課題は常に動き続けるムービングターゲットです。課題の解像度が一度高くなったからといって満足をせず、常に見直し、自分の解像度が十分なのかを常にチェックするようにしましょう。

一方で、課題のことを知るだけでは不十分です。価値は、課題と解決策のフィットから生まれます。解決策なくして、価値は生まれません。ここからは解決策の解像度を上げるための手法を解説していきます。

6

解決策の解像度を上げる
――「深さ」「広さ」「構造」「時間」

ビジネスにおける解決策（solution）は、施策や打ち手と呼ばれることもありますし、製品という実体を伴うこともあります。課題をどれだけ正しく認識していたとしても、解決策がなければそこに価値は生まれません。課題と解決策のフィットの度合いが小さく、少し掠っている程度であれば、その解決策から生まれる価値は小さくなりますし、課題と解決策のフィットの度合いが大きければ価値も大きくなります。価値は課題によってほとんど決まるものの、解決策にも工夫が必要です。

既存の課題の解決策を改善して、より大きな価値を生み出すこともできるでしょう。あるいは、まだ解けていなかった課題について、誰も気づいていなかったような解決策を見つけて、課題を見事に解決することもできるかもしれません。どちらにしても、解決策の解像度を十分に上げなければなりません。

本章では、解決策の解像度を上げるための型を紹介します。その前に、良い解決策とはどういうものかを考えてみましょう。

ここからは解決策側の話

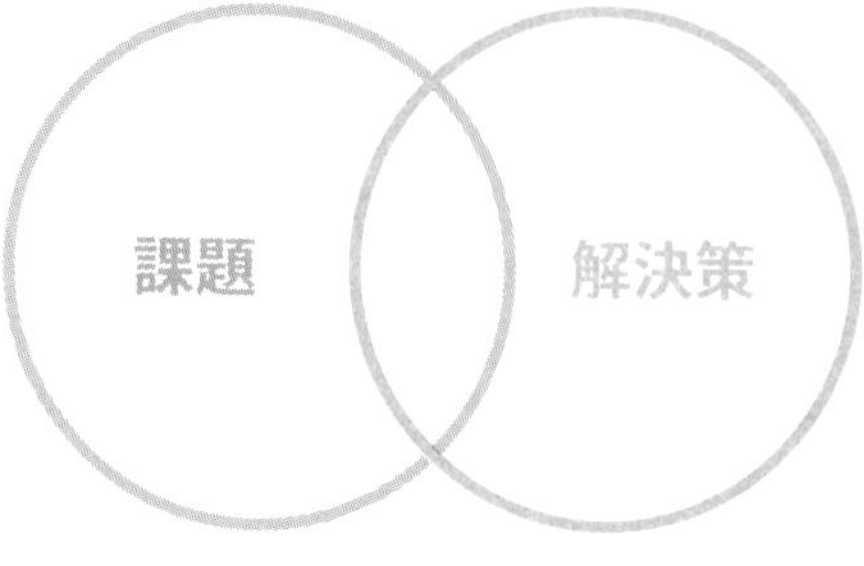

良い解決策の3条件

良い課題の条件として、「大きな課題である」「合理的なコストで、現在解決しうる課題である」「実績を作れる小さな課題に分けられる」という3つの条件を挙げました。同様に、良い解決策の条件を3つ挙げるとすれば、以下のようになります。

(1) 課題を十分に解決できる
(2) 合理的なコストで、現在実現しうる解決策である
(3) 他の解決策に比べて優れている

(1) 課題を十分に解決できる

まずは課題を十分に解決できることです。当たり前ですが、課題を解決できない解決策は、解決策とは言えません。

ここでポイントになるのは、**十分に解決ができれば良い**、ということです。「課題以上の価値は生まれない」ことを説明するときに、「課題に対して解決策がオーバースペックでも、課題以上の価値は生まれない」ことを解説しました。これは解決策を考えるときにも重要

**「オーバースペックの解決策」を作っても、
価値は「十分な解決策」から生まれるものと同じ**

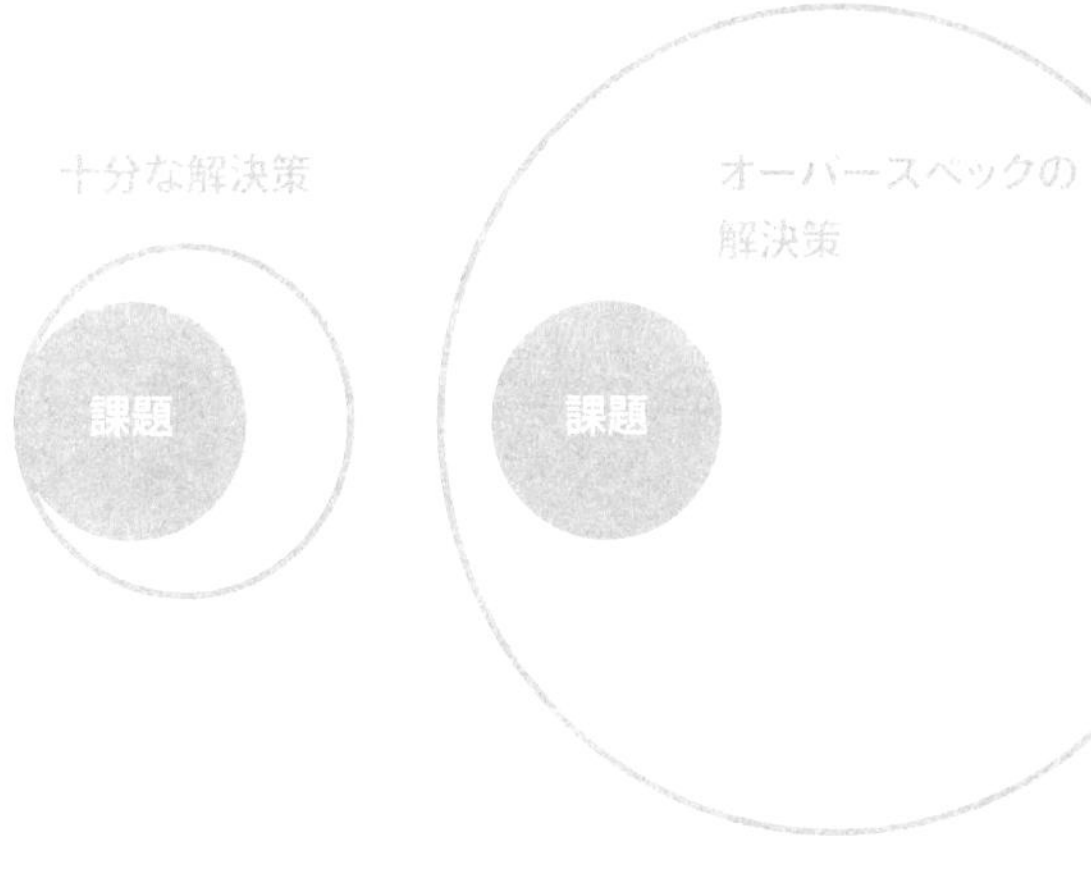

な観点です。近距離の移動をするためには、音速ジェット機を作る必要はなく、バスがあれば良いように、課題を十分に解決できさえすれば良いのです。課題に対してオーバースペックなものを作ってしまうと、その分コストも増して、「帯に短したすきに長し」で言うところの「たすきに長し」になってしまう危険性も高まります。課題では大きさが大事でしたが、解決策は課題に対してちょうど良い大きさを狙うほうが良い、ということです。

この条件は当然と言えば当然のことなのですが、**研究や製品開発の現場といった解決策を主に作る側の人たちや、解決策となる打ち手を考えるフェーズに入ったチームなどは、忘れがちになる**ようです。

たとえば、ＵＳＢメモリの開発をするときに、32ＧＢ、64ＧＢ、１２８ＧＢ、２５６ＧＢ、５１２ＧＢと、大容量なものを安く作るという研究開発計画を立てたとします。しかし多くの人が64ＧＢぐらいの容量で足りるのであれば、５１２ＧＢのＵＳＢメモリを作ってもそれほど売れません。容量という特定の課題に対してオーバースペックなものを提供し、欲しい人が少なくなってくると、今度は安さで勝負することになりますが、そうすると競合も値段を下げてくるため、利益は少なくなっていきます。オーバースペックのものを頑張って作ったにもかかわらず、その努力が報われなくなってくるのです。

それでも研究開発や新製品の企画の現場では、「より高性能で、より安いものを開発する」ことを追求して、課題に対してオーバースペックな解決策を作ってしまうことがしばしばあります。こうなってしまう背景には、顧客の求める最低限のスペックを把握できていない、つまり**課題の解像度が低く、うまく課題を選定できていない**、ひいては顧客への意識が薄い、ということがあるように思います。

先ほどの例であれば、一定の容量を超えて、容量の課題がある程度解決したあとは、小ささや重量などの携帯性、デザインなどの意匠性に顧客の課題の重みが移ってくるかもしれません。そうであれば、容量の大きさや安さではなく、携帯性や意匠性といった**別の課題への解決策を提供することで、より大きな価値を生むことができる**ようになるでしょう。

このように、十分な解決策を作るためには、まず課題が何なのかを高い解像度で把握しなければなりません。「どの程度性能を高めれば、課題を十分に解決できるか」が分からないまま研究開発を進めるのは、ゴールがどこにあるか知らないまま走り出すようなものです。そのため研究開発の段階であっても、早めに顧客のところに行き、顧客の要求するスペックの最低ラインを見定めて、「どの程度研究開発をすれば良いのか」を決める必要があります。

最先端の技術を用いるスタートアップは、本格的に物を作り始める前に、作る予定の製品のスペックシート（仕様書）をまず作り、「このような性能のものを作る予定なのですが、作ることができたら買ってくれますか？」といった営業を行って、最低限の解決策の程度を見計らおうとします。そうして**開発するべき最低限のラインを決めてから、それを十分に満たせる解決策の開発を始める**のです。つまり、**課題の解像度を上げて、解決策のサティスファイスの条件を見定める**活動をしているのです（サティスファイスについては3章のコラムで解説しています）。営業活動を通して、研究開発の要件定義をしているとも言えます。

さらに、顧客が買ってくれると言った場合には、作る前に基本合意書や意向表明書をもらうことで、「作ることができれば売れる」という状況を作り、その実績を持って技術開発のための追加の資金調達などを行うこともしばしばあります。資金を投資する側から見ても、「作ることができれば売れる」ということが分かっているというのは、「作れるかどうかも分からないし、作っても売れるかどうか分からない」状況に比べればリスクは低く映り、投資判断を行いやすくなります。

②合理的なコストで、現在実現しうる解決策である

とはいえ、スペックシートを提案して、顧客から基本合意書をもらっても、技術的に実現できなければ最終的に買ってもらえません。そこで良い解決策の条件の2つ目として、**合理的なコストで、現在実現しうる**ことが挙げられます。

良い課題の条件では「合理的なコストで、現在解決しうる」ことを挙げましたが、解決策ではそれを合理的なコストの範囲内で実現できるかどうかが肝になってきます。特に解決策に用いる技術が最先端であればあるほど、目指した性能の実現可能性が低くなり、コストも高くなる傾向にあり、条件を満たすのが難しくなりがちです。

サービス業であっても、優れた宿泊サービスを実現するためには100人の従業員が必要だけれど、100人の人に給料を支払おうとすると宿泊ビジネスとして成り立たない、ということもあるでしょう。

(3) 他の解決策に比べて優れている

合理的なコストの範囲内で実現されていて、かつ課題を十分に解決できるような解決策が複数あるとき、選ばれるのはその中で最もコストの低い解決策です。たとえばレシートの分別のような面倒な作業を外注するとき、人を雇って手作業で解決してもらうのか、ロボットにやってもらうのかは、分別の精度がある程度同じであれば、結局安い解決策を選ぶことになります。バズワードになるような新しい技術が出てきたとき、「○○という課題を解決できます」と喧伝されることも多いですが、その課題を解決できる術が他にも多数あるのであれば、他に比べて優れていない限り採用されることはありません。

このように、十分に課題を解決でき、合理的なコストで実現できたとしても、**他の解決策に比べて優れていなければ、選ばれない**のです。

顧客は解決策を選ぶとき、コストの他に、使いやすさや既存の業務プロセスとの相性、重量や大きさ、入手しやすさといった様々な評価軸を同時に検討します。特定の強みを持つ技術や解決策で、一つの評価軸では競合に勝っていても、他に必要とされる評価軸ではまだ十分に課題を解決できていない、という解決策も劣位に置かれます。たとえば性能要件やコストの観点からは最も優れていても、明後日までの納品が必要なのに、それには絶対に間に合

顧客にとっての優先順位高

	○	○	○
	○	×	○
	×	×	○
	○	○	×
	×	○	×
	○	○	○
	⋮	⋮	⋮

わない解決策は、おそらく選ばれないでしょう。**顧客が重要視する複数の評価軸で課題を十分に解決できており、総合的に優れている**必要があるのです。

解決策の要素となる新技術を開発してから、課題と解決策を考えるとき、この比較の視点は重要性を増します。なぜなら、多くの場合、新しい技術は成熟していないため、性能が既存の代替品に比べて低く、コストも高くなりがちで、確かに課題は少し解決できるかもしれないものの、他の既製品のほうが優れている、ということが大半だからです。

そうした状況では「もっと性能を上げるための研究開発をしよう」「もっとコストを下げるための研究開発をしよう」という努力をしてしまいがちです。もちろん必要な評価軸でまだ十分に課題を解決できていなければそうした努力も必要ですが、並行してやるべきなのは、**既存の代替品と少しずらした課題や評価軸を積極的に探して、既製品とは異なる価値を生み出せる領域を探す**ことでしょう。たとえば、パソコンの中に入っているストレージであるSSDは、容量という点ではハードディスクにはなかなか勝てませんが、速度や耐衝撃性、消費電力という別の評価軸ではハードディスクに勝るため、現在ではほとんど

いろいろな課題と
少しずつフィットしているだけの
解決策は選ばれない

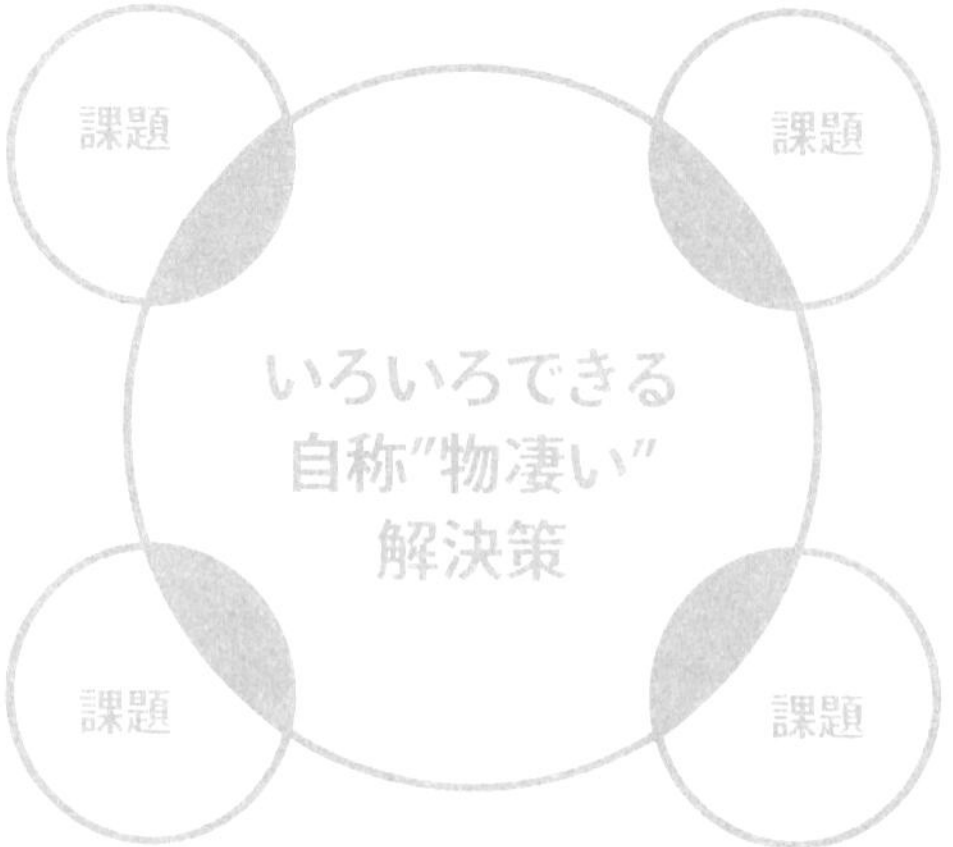

のノートパソコンで採用されています。

新技術を開発した企業の売り込みで、「この技術は様々な課題を解決できる、物凄い技術（解決策）です」という言葉を聞くときがあります。しかし話をよく聞いてみると、

- 挙げられた課題に少し掠っているけれど、課題と解決策のフィットの程度は小さく、他の解決策に比べて劣っている。
- 顧客の重視していない評価軸では他の解決策に勝っているけれど、顧客の重視している評価軸では負けている。

という場合がほとんどだったりします。良い解決策として評価されるには、顧客の重視する何らかの評価軸で勝ったうえで、他の評価軸でも十分に評価される必要があるのです。

良い解決策の3つの条件は、当然と言えば当然の条件のように見えるかもしれません。ただ、あらためてこうして整理してみると、**解決策の良し悪しは課題に大きく依存する**ことが分かります。解決策の解像度を上げる前に、きちんと課題の解像度を上げることが重要であることは再度強調させてください。

ここからは、解決策の解像度を上げるための方法について、「深さ」「広さ」「構造」「時間」の４つの視点に沿って解説します。課題の解像度の考え方も解決策の解像度に使える部分が多くあるので、随時課題の解像度の上げ方を参照してみてください。ここからは、これまで紹介していなかった、特に解決策に関係のある型を中心に紹介します。

「深さ」の視点で、解決策の解像度を上げる

「深さ」の視点で課題の解像度を上げるときに使った言語化の手法やサーベイの手法は、解決策にも活用できます。この章では、課題の深さではカバーしていなかった、解決策の解像度を上げるのに役立つ手法として、「プレスリリース」という外化の型、「Ｈｏｗ」という思考を促す問い、「専門性を磨く」「手で考える」「体で考える」という情報収集と行動のコツを取り上げます。

プレスリリースを書いてみる

課題の解像度と同様、「言語化」は、解決策を深掘りするうえでも重要です。現在地を確認することは、解決策のアイデアを洗練させるための第一歩です。

インターネット上でＥＣサイトを運営するアマゾンでは、**製品やサービスを実際に開発する前に、発表時のプレスリリースを書く**そうです。この方法は、まさに解決策の言語化だと言えます。新し

い製品やサービスのアイデアを思いついたら、アマゾンが使っていると言われている以下のフォーマット[1]に従って、一度プレスリリースを書いてみてください。自分たちの解決策が現状どんなもので、どのような意味を持つのか、何が足りないのかを整理して理解できます。

見出し
サブ見出し
サマリー
課題
解決策
開発者の声
始め方
顧客の声
クロージングとCall to Action

新製品やサービスがあるという状況を仮定して、それぞれの項目を詳細に見ていきましょう。まず「見出し」の項目にはプレスリリースのタイトルを書きます。読者が理解しやすいものを書いてください。次に「サブ見出し」では、誰が顧客で、どういった便益が得られるのかを1行で書きます。「サマリー」では、読者が事前知識なしで製品の概要や便益を理解できる文章を書いてください。「課題」では製品が解決する課題を、「解決策」ではどうやって製品がその課題を解決

1 What is Amazon's approach to product development and product management? (Quora) https://www.quora.com/What-is-Amazons-approach-to-product-development-and-product-management

するのかを伝えます。次の「開発者の声」では、開発した人がどういった思いでこれを作ったのかなどのコメントを入れて、「始め方」ではどうやれば使い始めることができるのかを書きます。そして顧客がこの製品を体験したらどういった感想を持ってくれるのかを想像して「顧客の声」を書き、最後の「クロージングとCall to Action」でまとめと読者への次のステップを示します。

アマゾンを辞め、ＩｏＴ向け通信プラットフォームを提供するスタートアップ、ソラコムを創業した玉川憲氏も、まずプレスリリースを書くところから会社が始まったと述懐しています。[2] ソラコムは創業した２０１４年から３年後の２０１７年に、ＫＤＤＩによって約２００億円で買収されましたが、この買収価格は当時としても現在としても国内最大級です。その始まりが、言語化の作業だったのです。

あくまでプレスリリースで、スライドではない点も注意しましょう。スライドは多くの枚数を一気に作れてしまう分、実際よりアウトプットがあると勘違いしてしまいます。スライドはコンセプトをシンプルに伝えるときや、口頭発表を助ける道具としては有効でも、深めるときには不向きです。解決策の解像度の現在地を確認するときや、内容を詳細に検討するときの言語化は、プレスリリースのような、詳細さと論理が求められる文章形式のものをお勧めします。

文章を書くときに気を付ける点は、課題の解像度のときと基本的には同じです。特に注意するべきところがあるとすると、**「優れた」や「最高の」といった誇張表現や不必要な形容詞・形容動詞は取り除く**ことと、**自分たち独自の専門用語を不用意に使わない**ことです。そうすればシンプルかつ誰にでも伝わる文章になりますし、何を作るのかが明確になります。「優れたＵＸのアプリを提供する」では何を作れば良いのか分かりません。

2 ソラコム 玉川氏が挑む日本発スタートアップのグローバル展開、M&A を経て会社売却で悩む起業家へのアドバイス（Coral Capital、2019 年 4 月 24 日）
https://coralcap.co/2019/04/videointerview-soracom-tamagawa/

言語化したものを読んで、「当たり前すぎる解決策だな」と思った場合は、十分な深さではない可能性が高いでしょう。たとえば「研究室の情報が足りないから、研究室選びのための情報提供をする」といった解決策は当たり前すぎます。**その解決策ならではの、固有の強みを書ける**ようにしてみましょう。なお、解決策が当たり前すぎる場合は、そもそも課題の深さが足りないことも多いので、課題も同時に見直すことをお勧めします。

行動可能な単位までＨｏｗを問う

課題では「Ｗｈｙ ｓｏ？（なぜそうなのか？）」を5回聞くことをお勧めしましたが、**解決策は「Ｈｏｗ（どうやって）」を繰り返して問うことで、深めていく**ことができます。デザイン思考でも**「How might we 〇〇〇？（どうやれば私たちは〇〇をできるか？）」**という問いを繰り返しながらアイデアの創出を行いますが、Ｈｏｗを繰り返し問うことで、解決策の詳細について、深掘りができるようになります。

たとえば「ウェブアプリを普及させる」という解決策を思いついたら、「アプリはどうやったら広まるのか」を考えます。「どうやったら広まるのか」をさらに深掘りして、より詳しく「どうやったらターゲットユー

行動可能な単位になるまで問う

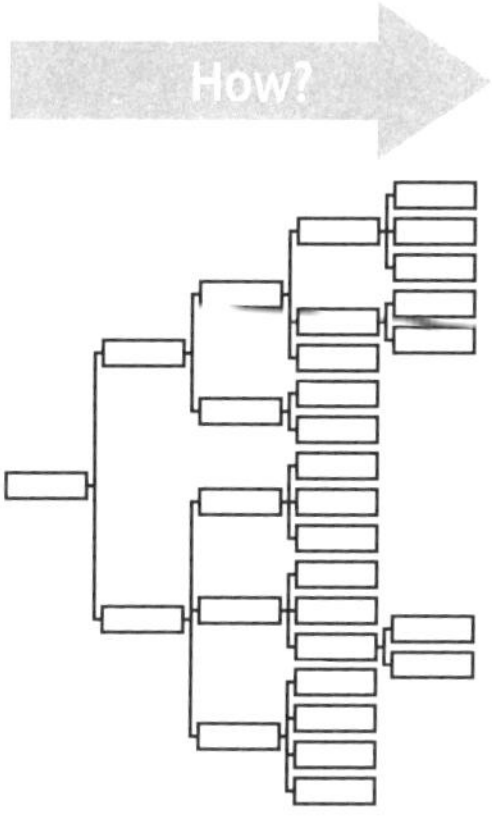

ザーに知ってもらえるのか」を問い、その答えの候補の一つがSNSでのキャンペーンであれば、「どうやったら効果的なSNSのキャンペーンを行えるのか」「どうやったら良いキャンペーン用の画像を作れるのか」と次々に考えることで、それぞれのHｏｗの項目がどんどんと深くなっていきます。そうして生まれてきた選択肢の中で、効果的かつ行動可能な手段を選んで、解決策を実現するのです。**行動可能な単位に落とせるレベルまで深くHｏｗを問うていきましょう。**

専門性を磨いて、新たな解決策に気づく

言語化し、Hｏｗを繰り返し問いかけて深めていく中で、必ずと言って良いほど、どこかで専門的な知識が必要になります。 たとえば解決策を実現するために特定の剛性の金属が必要だとなったとき、金属に関する技術的な知識がなければ、適切な金属を選択するのは難しいでしょう。**解決策を深めていくうえで最も素直で効果的な手法は、専門的な知識を身に付けること**です。特に昨今、ほぼ全ての領域で課題が複雑化しており、かつてのようにジェネラリストが短期間で論点を掴み、素早く学んで解決策を出す、ということはほとんど不可能になっています。優れた発想法があれば何とかなる場合もそう多くはありません。むしろそうした発想法に過剰に期待して頼ることは、専門性を磨くための時間を奪い、結果的に課題解決を遅くしてしまう、悪影響もあるように思います。課題解決のためには、専門性という深さが必要なのです。

最先端の知識を身に付ければ、これまで解けなかった課題を解けるようになるかもしれません。最先端のコンピュータサイエンスの論文を読んでいれば、これまでは膨大な計算量が必要だった課

題を、合理的な計算量で解決できることに気づけ、それをビジネスに変えていけることだってあります。経済学のマーケットデザインの知識を持っていれば、優れたマーケットを作れる可能性も高まるでしょう。

最先端の知識は徐々にしか進んでいかないことが普通です。しかし少しずつの進歩でも、解決できる課題が増えることもまた確かです。そうした**着実な進歩の兆しに気づき、解決策の進歩を最大限生かせる課題を見つけることで、新しい価値を生み出せる機会に出合えます。**そうした機会に気づくためにも、専門性を磨き続けることは重要です。

また**直近の進歩だけではなく、長期的な進歩に目を向ける**のも一つの手です。CPUの性能が毎年10%上がれば10年後には2倍になります。2倍の性能を持つようになったら何ができるようになるのか、といった少し遠くの未来を予想して、今からどんな手を打つべきか考えることで、将来、価値が大きくなる領域に気づけるかもしれません。専門性を磨くことは、時間がかかるものの、効果的な方法の一つです。面倒くさがらずに、自分の領域の最先端の技術を常に追い続けましょう。

手で考える

課題の解像度において「外化」を紹介しましたが、解決策を深めていくときにも外化は有効です。解決策の場合、外化は言語化だけではなく、**解決策を実際に自分の手を動かしながら作ってみましょう。手で考える**のです。

エクセルの関数を覚えるとき、多くの人は関数の説明を延々と読むよりも、簡単な関数から実際に使って覚えていくでしょう。同様に、解決策のアイデアが思い浮かんだら、どんなものでも構わないので、**プロトタイプを作りましょう。**アプリやハードウェア、サービスや物などを、最終形とは程遠くても、作ってみるのです。作る中で気づくことは、想像以上に多くあります。頭で考えることには限界があるのです。もし**物が作れないのであれば、スケッチをしたり、模型を作ったりする**のも一つの手です。少しでもいいので、頭の中のものを外に出して、手を使って具現化してみてください。

私が相談を受けたハードウェアスタートアップの創業者は、最初スケッチから始めて、そこから模型を作り……と、自分の中のイメージを外化していきました。スケッチと製品の間にある差は大きく、スケッチしても意味がないと思われるかもしれません。しかし、少しでも手を動かしてみることで分かることは多いですし、形にすれば周りを巻き込めるようになります。実際、そのスタートアップは、スケッチに始まって、模型を作っていくなかで、徐々に仲間が集まり、仲間と一緒に部品を作り、全体を作り、そして最終的にはプロトタイプに至って、投資家を巻き込んで資金調達することもできました。

『誰のためのデザイン?』などで有名な認知科学者ドナルド・ノーマンは**「デザイン思考(thinking)ではなく、デザイン行動(doing)であれ」**[3]と述べています。デザイン思考はデザイナーの行動様式や規律を体系化したものであり、その中には必ず「作る」プロセスが入るはずなのに、「考える」手法ばかりが注目され、重要な「作る」ところが抜けてしまうことが多いようです。付箋を貼って議論するワークショップに留まらず、作るという行動を伴うのがデザイン思考の要諦です。解像度を上げるときにも、思考だけではなく行動(doing)を意識してください。

3 Changing Design Education for the 21st Century(jnd.org、2020年4月5日)
https://jnd.org/changing-design-education-for-the-21st-century/

手を動かして作ることは、単に体験したり消費することとは大きく異なります。ユーチューブが流行りだしてから、若者の動画編集がうまくなり、センスがよくなっているようですが、この背景には、動画発表をする機会が増え、動画撮影や編集を実際にやってみる機会が増えたという理由がありそうです。もし単に見るだけで動画編集のセンスが伸びるのであれば、テレビを視聴していた世代は若者と同等かそれ以上に動画が編集できるはずです。しかしそうでないのだとしたら、単なる消費だけでは作るセンスやスキルは伸びないということです。

もし作るのが難しいのであれば、**参考になる製品を分解してみる**ことをお勧めします。これはゼロから手で考えるよりも簡単です。時計のような精密機械や電子機器を分解してみたり、ウェブページのソースコードを見るのです。他人が作ったものを理解しようとすることで、学べるものはたくさんあります。

ポイントは分解のときに「なぜ」を考えることです。**なぜこの設計にしたのか、なぜこの部品やネジを使っているのかといった、製作者の思考を追跡してみると、解決策の解像度が上がります。**自分たちが作っているものや制作過程をスライドなどで公開しているIT企業も多くあります。どのような経緯で作ったのかの解説を読むことでも、解決策の解像度は上がるでしょう。

絵画作品の見方の一つとして、見たものを30秒程度の短い時間で、自分の手でスケッチしてみる手法があります[4]。そうすると、その絵にどんなことが描いてあるかを意識できますし、描くうえでどこが難しいか、自分の描いたものと実際に描かれているものの違いは何で、そうした違いが出たのはなぜかなど、単に見るだけよりも絵のことを詳しく理解できます。単に見るだけではなく、自分の手で構成しなおしてみることは、物事の理解を深めるのに役に立つのです。映画などでも、

4 池上英洋『西洋美術史入門』（筑摩書房、2012）などで紹介されている手法。対象を素早く簡潔に描く場合、スケッチのフランス語であるクロッキーという言葉が使われることもあります。

実際に感銘を受けた映像を模して撮ってみることで、構図やカメラワークの難しさや製作者の意図に気づくことができます。

解像度を上げるためにも、常に「**自分は最近ちゃんと手で考えているか？**」と自問自答しましょう。

体で考える

手で考えるだけではなく、**体で考える**ことで、気づけることは多くあります。

解決策を思いついたら、簡単に**一度自分でその製品があるかのようにふるまう、ロールプレイ**をしてみることをお勧めします。**実際に体を動かしてやってみることで、状況や解決策に違和感を見つけることができ、改善するべき点が簡単に見つかります。**

ロールプレイをするときは、事前に起承転結で4コマ漫画のようなものを描いてからやってみると、演じるのが少し楽になります。**①製品やサービスが必要となる文脈 ②課題 ③解決策 ④顧客が手に入れるアウトカム**といった形のコンテを描くイメージです。ロールプレイは恥ずかしがってなかなかやらない人も多いですが、1人でも手軽にできて気づきの多いお勧めの方法です。

ロールプレイから一歩進んで、**プロモーションビデオを撮ってみる**のもお勧めです。長めのCMを撮るつもりで、30秒から1分程度の製品やサービスを紹介する動画を作ってみましょう。1分以上になると、少し冗長になってしまい、メッセージをまとめづらくなります。一方、テレビ広告のような15秒の尺だと、単に製品のイメージを伝えるだけで終わってしまいます。

動画を作るためには、動画で何を伝えたいのかをはっきりさせる必要があるため、第三者的な視点に立つことを促してくれます。また、**言語化とは異なる形での外化**となり、解決策の異なる側面を明らかにしてくれるでしょう。一度撮影しておけば、いろいろなところで販促ツールとして使えるというメリットもあります。昨今、スマートフォンやアクションカメラなどの普及で、動画を撮るハードルが一気に下がり、動画撮影はより実施しやすくなっています。DaVinci Resolveなどの高機能な動画編集ツールも無料で使えるようになりましたし、スマートフォンのアプリで簡易的な編集も可能になっています。ぜひ一度やってみてください。

競合製品を使い倒すことも、ある種の「体で考える」ことです。「広さ」の視点で課題の解像度を上げる手法としてもお勧めしましたが、解決策を深掘りするときも、競合製品を試してみることは役立ちます。

課題を深掘りするときには、「足で考える」ことが重要だと指摘しましたが、解決策を深掘りするためには、頭だけではなく手で考え、さらに手だけではなく体で考えることが有効です。思考と体は密接につながっています。頭だけではなく、手や足、体を使って考えましょう。

解決策の「深さ」まとめ

□ まずは言語化してみて、自分の解像度の現在地を確認しましょう。解決策は、プレスリリースの形で言語化することが有効です。

□ Howを問い続けることで、解決策は深まっていきます。

□ 専門性を磨くことで、解決策に気づくことができるようになります。新たに解決可能な課題も見つけられるかもしれません。

□ プロトタイプを作る、ロールプレイをしてみる、競合製品を使い倒すなど、手や体を使って考えることで、より深まります。

「広さ」の視点で、解決策の解像度を上げる

「広さ」の視点で解決策の解像度を上げるときも、課題の「広さ」のパートで紹介した手法が使えます。レンズを切り替えてみたり、競合製品を使ってみたりすること、また広さの視点で解像度を上げたあとにどの部分をあらためて深めるかを選ぶことは、解決策でも重要です。

ここでは特に解決策の選択肢を広げる手法として、「使える道具を増やす」「外部資源を獲得する前提で広げる」「探索に資源を割り当てる」「解決策の真の意味を考える」という4つの型について解説していきます。

使える道具を増やす

「ハンマーしか持っていなければ、全てが釘に見える」ということわざがあります。ハンマーという一つの手段にこだわるあまり、そのハンマーをむやみやたらにすべての課題に適用しようとしてしまう傾向を指摘したものです。これは技術者にしばしば起こりがちなパターンです。最先端の技術を知ったとき、その技術を応用して様々な課題の解決を試みたくなることはよくあります。技術者でなくとも、覚えたての語彙や概念をつい過度に使ってしまった経験のある人は多いのではないでしょうか。

この話は悪い文脈で語られがちです。しかし逆に考えると、ハンマーに限らずたくさんの種類の道具を持っていれば、たくさんの「その道具で解決できるかもしれない課題」のパターンを見ることが

できるようになる、ということでもあります。引き出しの中に多くの道具を持てば、「道具を持ったときの視点」、言い換えれば道具に紐づく「レンズ」を複数得られるということです。

たとえばエクセルのマクロのことを知っていれば、特定の作業を自動化できることに気づけるかもしれません。マクロが向いていない課題に対して、マクロを過度に使おうとすることは避けるべきですが、マクロという解決策を知っていることで、繰り返しの作業であれば自動化可能な課題である、と気づくことができるようになります。政策に通じる人であれば「ルールメイキングをしてビジネスを拡大する」という解決策を当然のように思いつくでしょうが、政策と縁遠い人は、ルールを用いてビジネスを拡大しようと思うことはないでしょうし、思いついたとしてもどれぐらい難しいかが分からず、解決策に落とし込めないでしょう。**解決策を広く知らなければ、課題を解決できることに気づけない**のです。

数多くの特許を持ちポストイットで有名な化学メーカー3Mで行われた発明に関する研究では、開発者を「専門家」「ゼネラリスト」「ポリマス（博識家：少なくとも一つの分野で深い知識＋幅広い知識を持つ人のこと）」に分類したところ、社内でイノベーションを起こした人におくられる栄誉ある賞を受賞する可能性が高いのはポリマスだったそうです。[5] また特許の研究を見てみると、不確実性の高い分野では、役に立たなかった特許と大当たりした特許が混在し、大当たりの特許は幅広い経験がある人のチームから生まれていたという結果が出ています。[6] ヒットした漫画家の研究では、複数のジャンルに関わったことがある漫画家のほうが、商業的価値の高いコミックや革新的なコミックを生み出していたそうです。[7] 通常であれば一緒に引用されないような雑誌からの引用が同時にされている論文は、引用回数が多いという研究[8]もあります。つまり、より幅広い知識を持っているチー

5 デイビッド・エプスタイン『RANGE（レンジ）──知識の「幅」が最強の武器になる』（東方雅美訳、日経BP、2020）
Wai Fong Boh, Roberto Evaristo, Andrew Ouderkirk "Balancing breadth and depth of expertise for innovation: A 3M story", Research Policy, Volume 43, Issue 2, p.349-366, ELSEVIER, March 2014
https://doi.org/10.1016/j.respol.2013.10.009

6 Eduardo Melero, Neus Palomeras "The Renaissance Man is not dead! The role of generalists in teams of inventors", Research Policy, Volume 44, Issue 1, p.154-167, ELSEVIER, February 2015
https://doi.org/10.1016/j.respol.2014.07.005

7 Alva Taylor, Henrich R. Greve "Superman or the Fantastic Four? knowledge combination And experience in Innovative Teams", Academy of Management JournalVol. 49, No. 4, 1 Aug 2006
https://doi.org/10.5465/AMJ.2006.22083029

ムが、良い論文を出していたということです。さらにノーベル賞を受賞する科学者は、科学とは少し離れた芸術的な趣味を持っている傾向が強いと言われています。[9] **隣接した分野だけではなく、遠い領域の視点や手札を増やしておくことは、ホームラン級の解決策に至るための一つの方法**なのかもしれません。

こうした解決策の幅を広げるときにも、4章の課題の「深さ」で紹介した**サーベイやコミュニティ**は有効です。特に**最先端の技術についてサーベイする**ことで、応用可能な新しい技術を発見できるかもしれません。ビジネスにおいては**成功事例や失敗事例を知る**こともよいでしょう。そして良いコミュニティに属していれば、人とは異なる情報が入ってくる可能性も高まります。

課題の「広さ」のパートでも「人と話す」ことの有効性を指摘しましたが、これは解決策でも同様です。むしろ人と話すことは、課題よりも解決策でより有効だと感じています。課題に比べ、解決策は少し知るだけで、自分たちの課題に適用可能か分かるときもあるからです。**今考えている課題を誰かに話すことで、その人から解決のヒントとなるような異なる視点からの情報や、キーワードを提供してもらえるかもしれません。**もし解決策に詰まったら、物知りな人や人的ネットワークを多く持つ人と壁打ちしてみましょう。他人をうまく使うのは、解決策の解像度を上げるうえでも重要です。

ただ、広げるときは、単に知るだけで満足しないようにしましょう。

うまく解決するには、その解決策を**自分の手で使える**ようにしておく必要があります。ハンマーという道具を知っていることと、ハンマーをうまく使えることは異なります。そして技術的にどこまで使えるかは、**実際に使ってみないと分からないことが多い**ものです。たとえばプログラミングを一度でもやってみると、プログラミングというものがどこまで使えて、何が得意で何が不得意な

8 Brian Uzzi, Satyam Mukherjee, Michael Stringer, Ben Jones "Atypical Combinations and Scientific Impact", Science, Vol 342, Issue 6157, p. 468-472, American Association for the Advancement of Science, 25 Oct 2013
http://dx.doi.org/10.1126/science.1240474
Jian Wang, Reinhilde Veugelers, Paula Stephan "Bias against novelty in science: A cautionary tale for users of bibliometric indicators", Research Policy, Volume 46, Issue 8, p.1416-1436, ELSEVIER, October 2017
https://doi.org/10.1016/j.respol.2017.06.006

9 Robert Root-Bernstein, Lindsay Allen, Leighanna Beach, Ragini Bhadula, Justin Fast, Chelsea Hosey, Benjamin G. Kremkow, Jacqueline Lapp, Kaitlin M Lonc, Kendell M. Pawelec, Abigail Podufaly, Caitlin Russ, Laurie Tennant, Eric Vrtis and Stacey Weinlander. "Arts foster scientific success: Avocations of Nobel, National Academy, Royal Society, and Sigma Xi members.", Journal of Psychology of Science and Technology, Volume1, p.51-63, 1 October 2008
https://psycnet.apa.org/record/2009-22160-003

のかの理解が深まります。

ほんのちょっと試してみたことでも、単に字面で知っていることとは、雲泥の差があります。ほんの少しの体験ですべてを知ることができるわけではありませんが、課題の「広さ」のパートでも紹介したように「百聞百見は一験にしかず」と言います。直接その使い心地や癖を体験してみることで、思い出しやすくなり、引き出しから取り出しやすくもなるでしょう。解決策の幅を広げるときも、体験することを忘れないようにしてください。

外部資源を獲得する前提で広げる

解決策を広げていくうえで、**多くの人が陥りがちなのは「自分ができないことは、解決策の選択肢から外してしまう」こと**です。意識的に外してしまうだけではなく、無意識のうちに、自分一人でできないことや難しすぎることを諦めてしまうのです。そうすると、解決策の選択肢が十分に広がりません。**「ない」のは「今はない」だけであって、その一部を外部から調達してくることもできるの**で、「今はない」からといってその選択肢を諦めるべきではありません。

たとえば「自分にスキルがなくて実行できない」「お金がなくて実施が不可能」という解決策でも、スキルやお金は外部から調達できるかもしれません。最も分かりやすいのは、起業家にとっての資金調達です。起業家は、投資家や銀行から資金を集めることで、取りうる解決策の幅を一気に広げて、アイデアを実現します。「お金がない」からといってそのアイデアを諦めるのではなく、「お金があればできる」と捉えて周囲を説得し、資金を調達します。事業会社の新規事業担当者であれば、自分たちの事業の将来性を上層部に話して、予算を増やしてもらうこともできるでしょう。スキルが足りないのであれば、アイデアを周りに話して、そのスキルを持つ人に協力してもらうこともできます。お金が足りないのであれば、資金調達をしましょう。人が足りないのであれば、人を誘って巻き込みましょう。**良いアイデアであれば、必ず協力してくれる人やお金を出してくれる人は現れます。**

ハーバード大学のアントレプレナーシップ研究の権威ハワード・スティーブンソン教授によれば、アントレプレナーシップとは「コントロール可能な資源を超えて機会を追求すること」です。解決策を考えるときには、この発想を持っておくと、取りうる選択肢が広がります。解決策の選択肢が広がることで、取り組める課題も増えますし、より大きな課題にも取り組めるようになるでしょう。

逆に外部資源を獲得してでも解決するという発想がないと、自分のできることだけを考えてしまい、発想が小さくなってしまいます。「○○がないからできない」という壁にぶつかったときも、その選択肢を捨てずに、いったん保留にしておき、選択肢には入れておくようにしてみてください。むしろ「○○さえあればその先に進める」と考えましょう。そのうえで「○○を外部から獲得する」という発想を一度持つと、見えてくる解決策の選択肢が広がり、解像度も上がる可能性が高まります。

探索に資源を割り当てる

解決策の幅も、課題と同様に、徐々にしか広げていくことはできません。だからこそ、日常的に地道に**探索して自分の興味関心の幅を広げ続ける**しかありません。

人は解決策を「深める」ことに資源を投下しやすい傾向にあります。専門性を高めたり、一つのスキルを磨いたりするほうが、リターンも見えやすく、方法も分かりやすいからです。一方、探索は当たりはずれで言えばはずれのほうが多く、コストパフォーマンスが悪いように見えてしまい、さらに確実に成功するような方法論があるわけではありません。その結果、探索への資源の投下は少なくなりがちです。

このトラップに陥らないように、意識的に探索に資源を割り当てましょう。お勧めは、**2割程度の時間やお金を広げるために使う**ことです。

勤務時間の20%の時間を使って普段の業務とは異なる業務や新規事業をしてもよい、というグーグルの20%ルールも、こうした探索のための取り組みだと捉えることができます。できればその20%は、本業とは離れたもので、失敗率は高くとも成功すればとても大きなリターンをもたらすようなものに取り組むと、活動全体として良いリスクのバランスになる傾向にあります。

まったく異なる領域で、サイドプロジェクトをしてみることも良いでしょう。違う領域の専門性を高めるための勉強も良いでしょうし、趣味のようなものでも構いません。その多くは直接的な解決策につながらないかもしれませんが、幅を広げる継続的な時間投資は、いつかきっと何かの役に立つ日がくるはずです。

解決策の真の意味を考える

解決策をより広く見る手段として、その解決策が実はどういった機能を持つのか、**解決策の真の**

意味を考えてみることもお勧めします。

たとえば、「名刺の整理が面倒」という課題に気づき、それに対する解決策として「名刺をスキャンしてデータ化する」ことを考えたとします。これも確かに名刺管理の面倒さという課題を解決しているのですが、よく考えると他の良い面も見えてきます。

まず、データ化することによって、社内での顧客情報の共有が楽になります。社内で誰がどのような人脈を持っているかが可視化できるので、営業同士の連携が容易になります。そうすれば、「新規顧客にアプローチしたいときに、社内でその顧客に伝手のありそうな人を探す」といった、本来の営業活動とは異なる業務を減らせて、営業全体の効率化にもつながるかもしれません。さらに、企業名から詳しい企業情報を自動的に結び付けて、顧客候補がどのような経営課題を持っていそうか、といったことがシステムから提案でき、営業の質を改善できるようになる可能性もあります。名刺のデータ化という一見単純な解決策が、実は多くの顧客にとってより重要な課題である「営業の効率化や営業の質の改善」という課題の解決につながるかもしれないのです。

もしこうした発想をせずに、単純に解決策をより良くしていこうとすると、「名刺の管理が面倒」という課題に対する「スキャンしてデータ化する」という単純な解決策をより効率的にするために、使い勝手の良さやスキャン速度の高速化などの改善に手を付けることになるでしょう。しかし、真の意味に気づくことができれば、もっと異なる改善方法や解決策の方向性も見えてくるはずです。そしてそのほうが、より大きなビジネス機会を掴めるかもしれないのです。

一部の解決策は、発案した本人たちも最初は気づいていなかった可能性を秘めていることがあります。こうした可能性に気づくと、解決策の幅は思ってもみなかった方向に広がります。

「実はこの解決策はどのような意味を持つのか」「この解決策がうまくいって、課題が解決できれば何が起こるのか」「この解決策が本当に解決している課題は何なのか」「この解決策が生み出す本当の価値は何なのか」を定期的に自問自答してみましょう。そうすることで、その先にある大きな課題や、解決策が持つ真の意味に気づくことができるかもしれません。

解決策の「広さ」まとめ

□ 引き出しに道具を増やすように、解決策の知識を増やし、手になじませましょう。そうすることで、解決できる課題に気づけますし、ホームラン級の解決策に至れるかもしれません。

□ 人と話すことは解決策のヒントとなるキーワードを得られる機会です。

□ 外部資源を活用する前提で、自分にできること以上の広さを持つように心がけましょう。

□ 探索のために、日頃から時間やお金を割り当てるようにしましょう。

□ 解決策の真の意味を考えることで、解決策の他の可能性を模索してみましょう。

「構造」の視点で、解決策の解像度を上げる

課題では「構造を見極める」ことで解像度を上げましたが、**解決策は「構造を築く」ことを意識すると解像度が上がります。**

解決策の構造は、その解決策の中で人やモノがどう動くかを大きく規定します。

たとえば、与党と野党に分かれている日本の国会の在り方も、国民の代表である議員が国会で議論をして、より良い政策に至るために生み出されたシステムであり、解決策です。日本の野党は劇場型の批判ばかりしている、という不満をよく聞きますが、それは日本の国会が、質疑応答型の審議形式、与党の事前審査制、そして厳格な党議拘束といった構造[10]を採用しているから、という面もあります。

これらの構造によって、国会の審議の場は、与党内で承認を得ている法案を野党と国民に説明する会となっています。その結果、国会討論は形骸化し、討論したところで野党の意見を反映することはほぼできず、野党がその活躍を国民に見せるには、法案を批判して廃案させるぐらいしかできません。つまり、構造が議員の行動、ひいては国会という解決策の在り方を決めている、とも言えるのです。

注意してほしいのは、構造を意識せずに適当に解決策を作り上げたとしても、必ずそこには何らかの構造が生まれる、ということです。ただし、その構造が適切なものだとは限りません。著名な建築家の作った建築物と、初心者の作った建築物には、両方ともに構造は見出せますが、頑丈さや美しさは異なるでしょう。土地の広さや建築基準法などの制約をうまく使えているかどうかも、プ

10 以下を参照しています。
白井誠『危機の時代と国会――前例主義の呪縛を問う』（信山社、2021）
山本龍彦「『政治オペラ』の構造、切り込んで」（朝日新聞デジタル、2021年12月21日）
https://www.asahi.com/articles/DA3S15149487.html

ロと初心者の建築物では異なってくるはずです。ビジネスでも、ベテランが作ったスライドと新人が作ったスライド、その両方ともに構造はあるものの、読みやすさは異なります。**何も考えずに作っても構造は必然的に生まれてしまうものだからこそ、効果的な構造を作り上げるためには意識的な努力が必要**です。

解決策の構造はシステム

解決策の構造はある種のシステムです。5章で紹介したとおり、システムとは、複数の要素とその相互作用から構成される、まとまりや仕組みの全体のことです。たとえばスマートフォンという製品は、部品となるネジやチップ、OSなどを組み合わせたシステムです。ソフトウェアも、コンポーネントをロジックでつないだシステムと見ることができます。

課題の解像度を上げるときもシステムを理解することが重要でしたが、解決策の解像度の構造を考えるときには、このシステムを自らの手でうまく築くことが求められます。

システムを築くときに強く意識したいのが、**システムを作り上げる目的、つまり、どういった課題を解決したいか**です。人はつい、システムの設計そのものの美しさにこだわってしまいます。油断していると、建築物の外観や構造の美しさにこだわるがあまり、人が住めないような建築物を作ってしまうのです。都度システムの目的に立ち返り、そもそもの課題を強く意識しながら進めていきましょう。ここからは、システムを築くためのコツを紹介します。

あえて特定の責務を負わないように設計すること、つまり**解決する範囲（スコープ）をきちんと決めること**は、構造（システム）を築くうえでとても重要です。「省く」こととも言えるでしょう。良いシステムは、できることと、できないことの両方が明確です。

一つの解決策で全てを解決しようとすると、そのシステムは複雑の一途を辿ります。だからこそ、課題を分割したうえで、今回の解決策ではどの課題を解決するかを決めることが重要になってきます。

良いシステムには、必ず弱いところがあります。たとえば戦略はある種のシステムですが、良い戦略には必ず強みがあると同時に、弱みもあります。戦略とは何かをしないと決めること、つまり省くことでもあり、やらないと決めたところには必ず弱さが生まれるからです。たとえば、戦略的に資源配分をあえて減らしたところにはリスクも生まれてくるでしょう。

組織も一つのシステムであり、必ず弱い面があります。すべての目的に対して完璧に対応できる組織設計はありません。一般的に、組織の生産性や効率性を重視すると、自由度は薄れ、創造性は失われます。創造性を重視して自由にすれば、効率的な業務執行は難しくなり、生産性は上がりづらくなるでしょう。どちらを選ぶにせよ、組織の構成員からは「我が社は創造性が低い」「我が社は生産性が低い」といった不満が出てきます。しかし、システムには弱みが必ずあるので、不満が出てくるのは必然でもあるのです。**「今回のシステムはここが強いけれど、ここには弱さがあり、これは意図的に目をつぶっている」と言えなければ、良いシステムであるとは言えません。**

私たちが設計するシステムは、ほとんどの場合、より大きなシステムの一部です。**自分たちの解決策でどこからどこまでを担当するのか、全体のシステムのなかで境界をうまく区切り、あえて特定の領域には手を出さないという判断をしましょう。**これは非常に難しいものですが、その分とても重要です。

捨てることのメリットは他にもあります。あえて特定の価値や機能を捨てて、お金や人などの資源を使わないようにすることで、浮いた資源を別の価値を伸ばすことに費やせます。たとえば、ヘアカット専門店のQBハウスは洗髪をするというサービスを捨てることで、水回りの設備がいらなくなり、店舗開設時の工事費用を大幅に圧縮しました。さらに、水回りの設備がないことで、比較的狭い場所でも開店でき、駅前などにも出店できるようになりました。その結果、回転率が良くなり、低い単価でサービスを提供でき、その結果さらに人も集まる、という好循環を実現しました。

野菜の皮をむくピーラーや、野菜を薄く切れるスライサーもその一例でしょう。こうした器具を使えば、包丁に慣れていない人でも、数倍早く、数倍安全に切ることができます。包丁の万能さを犠牲にする代わりに、早さと安全性を重視した構造を採用しています。「最高のサービスをどこよりも安価で提供する」というのを実現しようとすることはほぼ不可能です。素晴らしいホテルを運営しようとして、すべてのサービスレベルを高くしようとすれば、どうしても人が増え、価格も高くなってしまいます。だからこそ、何をして何をしないかという取捨選択、つまり**トレードオフをあえて作ること**がビジネスでは求められます。

割り切った仕様にして価格を下げてシェアを取るという戦略も、捨てることです。高品質なモデルにこだわって、「品質や技術では負けていない」とうそぶいても、その品質や技術が市場から求められているものとは限りません。正しく市場の要求を分析して、その要求に見合う仕様を見つけ、それ以外をあえて捨てましょう。

あえてサービスレベルを極端に設定して、従来のトレードオフを崩すことで、他の人から真似されづらい構造にすることもできます。さきほどのＱＢハウスのサービスも、普通の理容店は真似しようとしてもかなり難しいでしょう。価格を下げるなど表面的には真似することはできますが、その結果、ビジネスが成立しなかったり、客足が遠のいてしまうことは容易に想像できます。その他の例として、ウォルマートは郊外の安い土地に出店することで、コストを下げた物流網を構築し、さらにスタッフによる店内サポートも薄くすることで商品の販売価格を安くすることができました。これを百貨店が自分たちのサービスレベルを維持しながら模倣しようとすると、ブランド価値を毀損することにつながりますし、スタッフの人件費などのコスト構造の面から模倣はほぼ不可能です。サウスウエスト航空は、ハブ空港を使わず、旅客機の種類も限定する戦略を取ることで、安さを実現した航空会社です。国際線などで儲ける大手の航空会社がこのモデルを模倣するのはかなり困難でしょう。

こうした**極端なサービスレベルへの振り切り方は、顧客が欲しいものを知っている、つまり課題の解像度が高いからこそ行えること**です。特徴のある解決策であっても、その特徴自体が顧客の重要な課題を解決するものでなければ、価値は生まれません。

構造のパターンに当てはめる

構造を築くとき、何も一人ですべてを考える必要はありません。先人の知恵を使いましょう。

ソフトウェアのシステム構成にはパターンがありますし、ビジネスモデルにもパターンがあります。複数のパターンを使えるようにしておくと、システムは劇的に作りやすくなります。

たとえば、文章やスライドなどの形で情報を提示することが解決策である場合、ピラミッド構造は基本的なパターンとなるでしょう。この構造を当てはめることで、情報を論理的に整理して伝えられます。

綺麗なピラミッド構造を作るためには、まずピラミッド構造の頂点に一つの主張やメッセージを置き、そのメッセージを支えるために必要な要素を下部に置いていきます。下部にある要素が正しければしっかりとしたピラミッドになるでしょうし、下部の要素が正しくなければ、上のメッセージを支えられなくなってしまい、ぐらついたピラミッドになります。

ピラミッド構造は、樹形図を描くツリー構造の派生形とも言えますが、ロジックツリーなどは横向きに展開していくのに対し、ピラミッド構造は縦向きに展開する場合が大半です。下の要素が上の要素を論理的に支える関係性がピラミッドの物理的な構造と似ていて分かりやすいからでしょう。

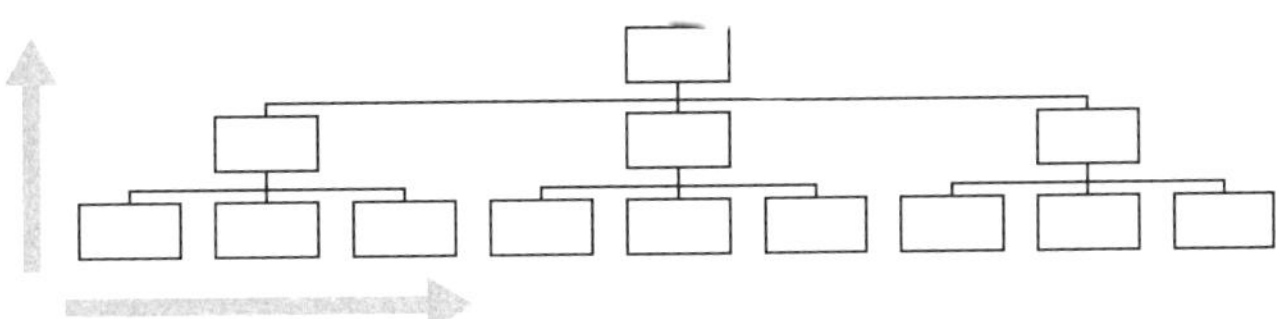
それぞれの要素は
上のメッセージを支えているか
帰納法的になっている
話の展開は演繹法かストーリーになっている

この本もピラミッド構造を意識しながら書いています。アウトラインエディタを使って、伝えたいメッセージをもとに大まかな構成を作るところから始め、それぞれのメッセージを支える細かいメッセージを一言でまとめて、見出しにして構成していきました。本文は見出しのメッセージを、証拠やエピソードなどで支えるピラミッド構造になっています。

製品に必要な要素を整理するときも、最終的な製品をピラミッドの最上部に置き、それを実現するための様々な部品や要素をピラミッドの下側に分解していき、行動可能なレベルまで具体性を高めていくことで、最終的に何をするべきかが分かりやすくなるでしょう。

ビジネスモデルも構造のパターンです。成功企業のビジネスモデルは、55種類のモデルのいずれかに分類されるという主張をしている書籍もあります[11]。スタートアップの考え方や方法論にもパターンがあります[12]。こうしたビジネスのパターンを多く知っておくと、初期のビジネスを立ち上げやすくなるでしょう。

研究者や技術者がビジネス領域に挑戦する際、ビジネスのパターンをあまり知らないために、技術をビジネスにできていない様子をしばしば見かけます。ビジネスのパターンは外から見ると単純に見えますが、とても奥深いものです。**研究や技術のサーベイと同じく、ビジネスのパターンのサーベイをきちんと行うことで、解像度を上げるヒントは必ず得られます。うまくいっている企業の事業構造を深く分析して、その中でも特に重要な構造を見つけられれば、自分たちのビジネス**

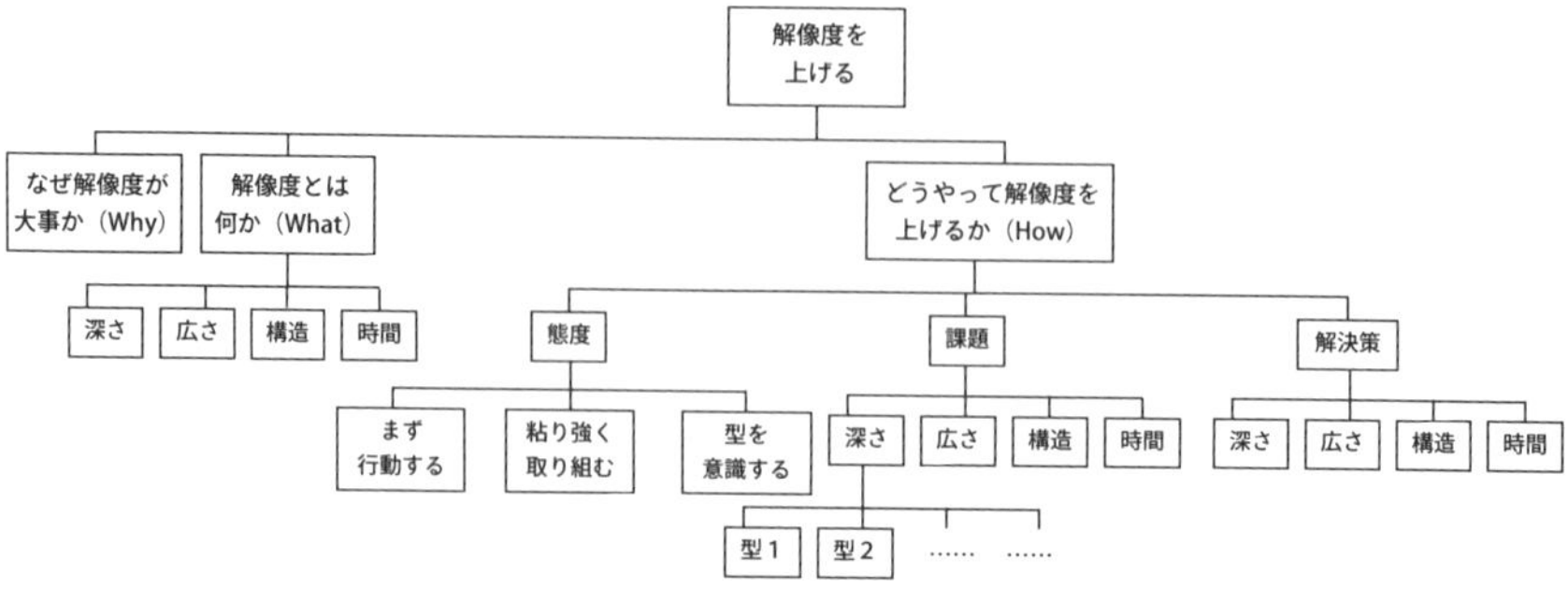

にも応用できるかもしれません。

たとえば誰かと誰かを結びつけるようなビジネスを考えているのであれば、人材派遣やオンデマンド型サービスなど類似のビジネスの構造を知っていると、供給側と需要側のどちらから始めるべきか、どのようにマッチング率を高めていくかなど、考えるべきポイントが分かります。

表面的な情報はサーベイで出てきますが、重要なところは徹底的に分析して詳細に見ていかないと出てこないことが多いので、インタビューなどもして、多面的にビジネスの構造を解析しましょう。多くのパターンを知れるよう、様々なところにアンテナを張っておくようにしてみてください。

新しい組み合わせを生み出す

パターンに当てはめていく作業は、効率的に解決策を作るときには重要です。しかし一方で、こうしたパターンでは解決できない課題には、創造的な思考が必要です。

そんなときは**新しい組み合わせを生み出すことを意識してみましょう**。新しいアイデアの多くは、既存の要素の新しい組み合わせから生まれます。同じ要素で構成されるシステムでも、そのつながりが新しければ、新しいシステムや新しいアイデアになりうるのです。

システムとは互いにつながり合って相互作用する要素の集合体のことだと述べました。システムとして新しい組み合わせを生み出すためには、2つの条件があります。

1つ目は**課題と解決策をたくさん知っておく**ことです。そうすることで、課題×解決策はもちろん、解決策×解決策の組み合わせのパターンが増えます。その中に新しい組み合わせもあるかもし

11 オリヴァー・ガスマン、カロリン・フランケンバーガー、ミハエラ・チック『ビジネスモデル・ナビゲーター』（渡邊哲、森田寿訳、翔泳社、2016）

12 筆者らがそれらのスタートアップのパターンを調査してまとめたのが、『FoundX Online Startup School』です。
FoundX Startup School Course、Coursera
https://ja.coursera.org/learn/foundx-course

れません。様々な道具を持っておくことは、「広さ」のパートでもお勧めしましたが、組み合わせの候補を増やすという観点でも有効です。組み合わせる要素を少ししか持っていない状態で、世の中にまだない新しい組み合わせを作り上げることはほとんど不可能です。まずは要素をたくさん持ちましょう。

2つ目の条件は、**新しい関係性を作り上げる**ことです。新しい関係性を作り上げる方法の一つが、発想法を活用することです。たとえばオズボーンのチェックリストを参考にして作られたと言われるSCAMPER法は、代理（substitute）、結合（combine）、応用（adapt）、変更（modify）、他用途（put other purpose）、削除（eliminate）、逆転や再構成（reverse, rearrange）の頭文字をとったもので、アイデアを強制的に広げるためのヒントが含まれています。また類似の発想法であるTRIZでは、40種類ものアイデア発想のための考え方が提案されています。

そのほか、マンダラートや9つの窓といった、穴を埋めていくようなツールも、強制的に発想を広げてくれるでしょう。あえて制約をかけることも、新しい関係性を無理やり導き出すようなきっかけになります。たとえば「絶対にキーボードを付けないスマートフォンを作る」という制約をかけることで、iPhoneのようなタッチ操作中心のデバイスの発明に至ることもあるでしょう。

ただし、こうした発想法だけではたいていうまくいきません。単に新しい組み合わせというだけでは、課題を解決できないからです。パクチーのせカレー生クリーム抹茶納豆トマトアーモンドフラペチーノは確かに新しい組み合わせかもしれませんが、美味しいものを食べたい、という課題を満たすような解決策ではありません。**課題を意識しながら要素を組み合わせていく**必要があります。

なお、要素同士を効果的につなげるためには、それぞれの要素自体をある程度深く知っている必要があります。多くの要素には相性があり、必ずつなげられるとは限りません。

そのためにも、**何かの領域である程度深く物事を知っておくことが、効果的な新しいつながりを見つけるための基盤になります。**たとえば建設業界についてかなり詳しい人は、プログラミングという解決策を少し知ることで、簡単に解決できる建設業界の課題に気づけるかもしれませんが、建設業界もプログラミングもほどほどにしか知らない人は、それぞれを新しい形で組み合わせる方法にはなかなか気づくことができないでしょう。

新しい組み合わせを考えるうえでは、**新しすぎる組み合わせは受け入れられづらい**ことにも注意しておきましょう。テーマの組み合わせの新規性が高すぎる論文は、ヒットしない傾向にあるという研究があります[13]。新しすぎるアイデアは、奇異に見えて危険に感じたり、慣れないために受け入れられないこともあるようです[14]。新規性と慣れているものの間にあるスイートスポットを見つけることが、社会に受け入れられる新しい組み合わせを生み出すうえでは重要な発想となります。

要素間の相性を考える

要素をつなげるうえで新しいつながりを見つけるだけではなく、すでにある要素同士の相性を意識することは重要です。なぜなら解決策のアイデアは、独立して存在するわけではないからです。**中心となるアイデアの周辺に、そのアイデアと相性の良い要素を揃えていき、解決策のシステムの総体を完成させる**必要があります。**そもそも解決策は、ゼロから作り上げることは稀で、多くの場合、新しい機能の追加や活動の追加といった形で考えます。**すでにある製品や既存の資産などをうまく使う

13 Brian Uzzi, Satyam Mukherjee, Michael Stringer, Ben Jones “Atypical Combinations and Scientific Impact”, Science, Vol 342, Issue 6157, p. 468-472, American Association for the Advancement of Science, 25 Oct 2013 http://dx.doi.org/10.1126/science.1240474

14 アレン・ガネット『クリエイティブ・スイッチ――企画力を解き放つ天才の習慣』（千葉敏生訳、早川書房、2018）

となると、そうした既存の製品との相性なども考える必要が出てきます。

たとえばスマートフォンを作ろうとしたとき、カメラの性能を極端に良くするときっと売れる、と考えたとしましょう。そうなると、まずカメラの部品を決め、そこからその部品に合う周辺の部品を集めていくことになります。カメラの部品にお金をかけているぶん、価格の制約からNFCの搭載や良いCPUは諦めなければならない、カメラが大きすぎて他の部品を搭載することができない、といったことも起こりえます。さらにそのカメラを選ぶと、一部の写真撮影アプリを使えなくなるということもあるかもしれません。それでもそのカメラの部品を使うのか、もう少し性能を落としてアプリだけは使えるようにするのかなど、様々な要素間の相性を考える必要があります。

このように**顧客が求める価値や期待する成果を基にトレードオフを選び、その周りに適切な要素を配置していく**ことで、システムを設計していくのです。このときほぼ必ずと言っていいほど、解決策の要素の相性を考えることになります。戦略論の大家であるマイケル・ポーターも、付加価値を生む活動同士の親和性をうまく構築していくことが戦略の要諦の一つだと説いており、この親和性を明らかにするために、活動システムマップというツールを提案しています。[15]

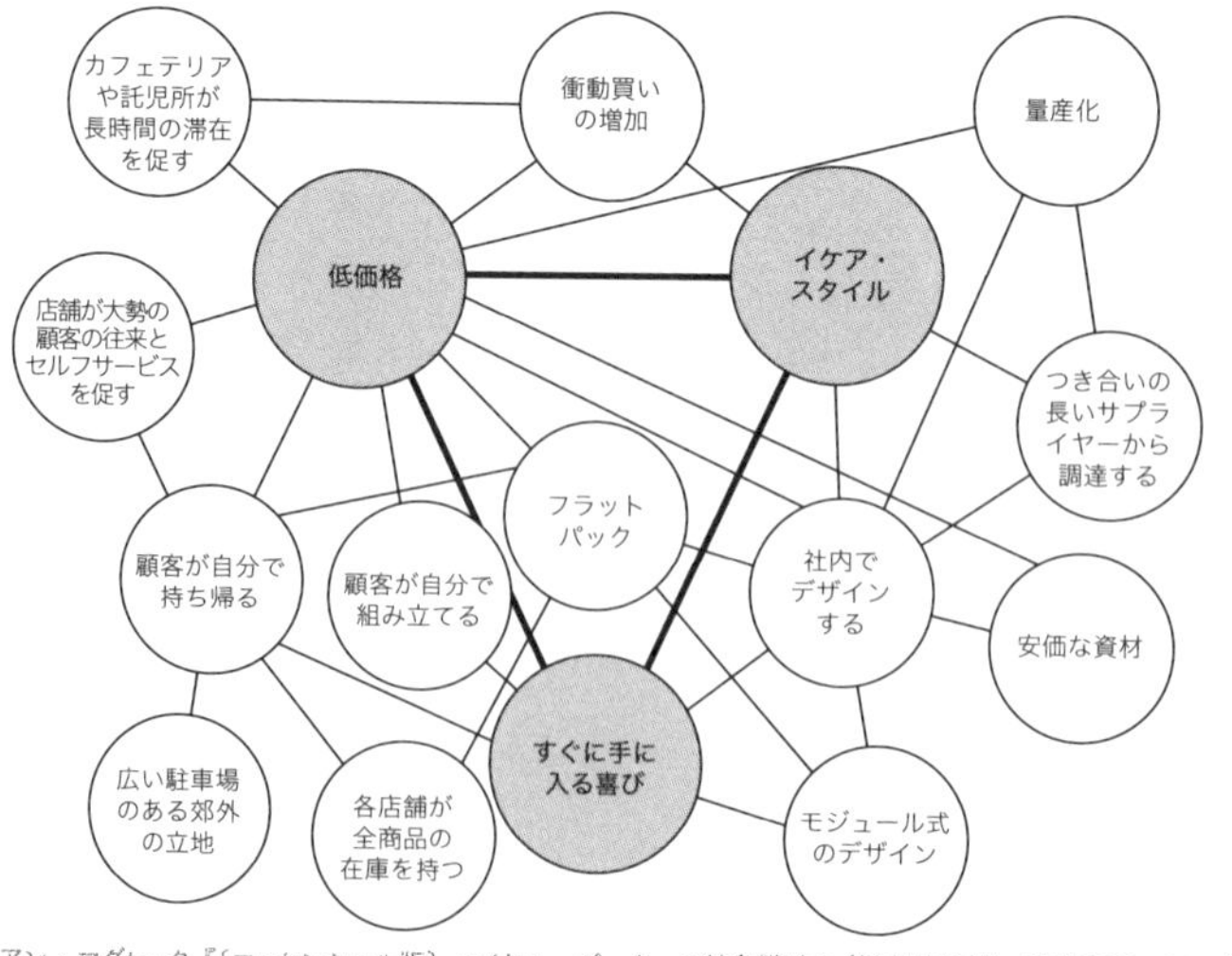

出典：ジョアン・マグレッタ『〔エッセンシャル版〕マイケル・ポーターの競争戦略』（櫻井祐子訳、早川書房、2012）

図はイケアの活動システムマップです。グレーの部分は顧客への価値提案、その周辺にある白い円が実際の活動です。それぞれの活動が、顧客への価値提案に貢献しており、さらに影響を及ぼしあう活動同士が線で結ばれています。イケアの「低価格」で「イケア・スタイルのデザイン」があり、「すぐに手に入る喜び」という価値提案や解決策は、この一見複雑な活動がうまく組み合わさり、つながることで、成立していることが図示されています。**要素と要素の間に何重ものつながりを張りめぐらせることで、全体として強固な解決策の構造を作ることができる**というわけです。

関係する要素のつながりをうまく把握すれば、ビジネスの生態系の中で良い位置を獲得することもできます。ウィンドウズは、パソコンを機能させるハードウェアやソフトウェア全体から見ると一つの要素でしかありませんが、全体をつなぐ役目を持っています。そうした結節点ともなる要素は重要度が高くなるため、パソコン業界全体ではその他のプレイヤーをコントロールしてしまえるぐらい大きな影響力を持ちます。**システム全体の中でこうした重要な立ち位置を取ることで、業界全体に大きな影響力を持つことができる**のです[16]。

捨てることで独自性を出す

こうしたつながりを作っていくうえで大事なのが、「捨てる」ことです。あえて物事を加えないこと、つなげないこと、すでにつながっているものからあえてつながりを取り除くこと、とも言えます。

何を加えてつなぐかだけではなく、「何を捨てるか」も、独創性のある解決策の構造を築くうえで大事な要素です[17]。加えることよりも捨てることのほうが多くの人にとって難しいので、**むしろ「何**

15 ジョアン・マグレッタ『〔エッセンシャル版〕マイケル・ポーターの競争戦略』（櫻井祐子訳、早川書房、2012）
16 マルコ・イアンシティ、ロイ・レビーン『キーストーン戦略――イノベーションを持続させるビジネス・エコシステム』（杉本幸太郎訳、翔泳社、2007）などを参照しました。
17 ロバート・マッキー『ストーリー――ロバート・マッキーが教える物語の基本と原則』（越前敏弥訳、フィルムアート社、2018）

を捨てるか」のほうにより独自性が出ると言っても過言ではないでしょう。

たとえば今期注力するKPIを設定することを考えてみましょう。売上を顧客数と顧客単価に分け、さらに顧客数を新規顧客と既存顧客に分けたとします。このとき「新規顧客と既存顧客の両方を増やそう」ではなく、「今期は新規顧客を増やす、既存顧客の増加数は考慮しない」と決めて集中するほうがおそらく怖いことです。ただその答えが正しければ、集中したほうが大きな成果は出ます。論文や書籍の要約もそうです。本文に書かれていることの多くを捨てることで、重要な点だけを抜き出し、短い時間で理解できるようにするという試みが要約であり、一種の創造的な作業だと言えます。

『Nature』に掲載されたある論文[18]の実験では、多くの人が捨てる解決策を選べないことが示唆されています。図のようなレゴブロックの天井部分を安定させるにはどうすれば良いでしょうか。安定させる手段としては、新しいブロックを柱として追加するか、今あるブロックを抜くかの2つがあります。この実験の被験者は、それぞれの手段にかかるコストが示されたうえで、どちらを選ぶか問われました。その結果、柱を加えるほうがコストは高いことが提示されているのに、多くの人が柱を加える選択肢を選んだのです。

私たちはどうやら足し算をしたがる傾向にあるようです。だからこそ、意識的にどうやって引き算をするかを考えたほうが良いのでしょう。スタートアップの思考法を説く『ゼロ・トゥ・ワン』[19]という書籍がベストセラーになりましたが、むしろ「ワン・トゥ・ゼロ」をどうやっていくかを積極的に考えていくことで、発想が広がるのかもしれません。

スライド作成のような日常的な作業でも「捨てる」ことは構造化を助けてくれます。たとえば、

19 ピーター・ティール、ブレイク・マスターズ『ゼロ・トゥ・ワン――君はゼロから何を生み出せるか』（関美和訳、NHK出版、2014）

18 Tom Meyvis, Heeyoung Yoon "Adding is favoured over subtracting in problem solving"（nature、2021年4月7日）
https://www.nature.com/articles/d41586-021-00592-0#:~:text=A%20series%20of%20problem%2Dsolving,removing%20features%20is%20more%20efficient.

グラフ全体をグレートーンにして、強調したいところだけ色を付けることで、何に注目してほしいのか、何を伝えたいのかという構造がはっきりとします。さらにその強調色と文字色を合わせれば、より分かりやすくなるでしょう。

一方で、官公庁が出す情報量の多い「ポンチ絵」と呼ばれる図が分かりづらいと話題になることがあります。上司のレビューを経るごとに「あれも大事」「これも大事」と情報が加わっていくため、どんどんと図としてややこしくなる傾向にあるそうです。物事を正しく伝えることが求められるだけに、「何かを捨てる」ということを避けてしまいがちな官公庁の組織文化が反映された図でもあるのでしょう。情報に不足がないようにすると、むしろ構造が分かりづらくなることはしばしばある、というのを示す一例です。

物事を本当に重要なものに絞ることを、結晶化（クリスタライズ）と言うことがあります。深い洞察をもとに要点だけを抽出して、その他のものを削るからこそ、**結晶のように美しく鋭い構造**を築くことができます。解決策の解像度を上げるときには、この結晶化のプロセスを行っているのだと意識してみてください。

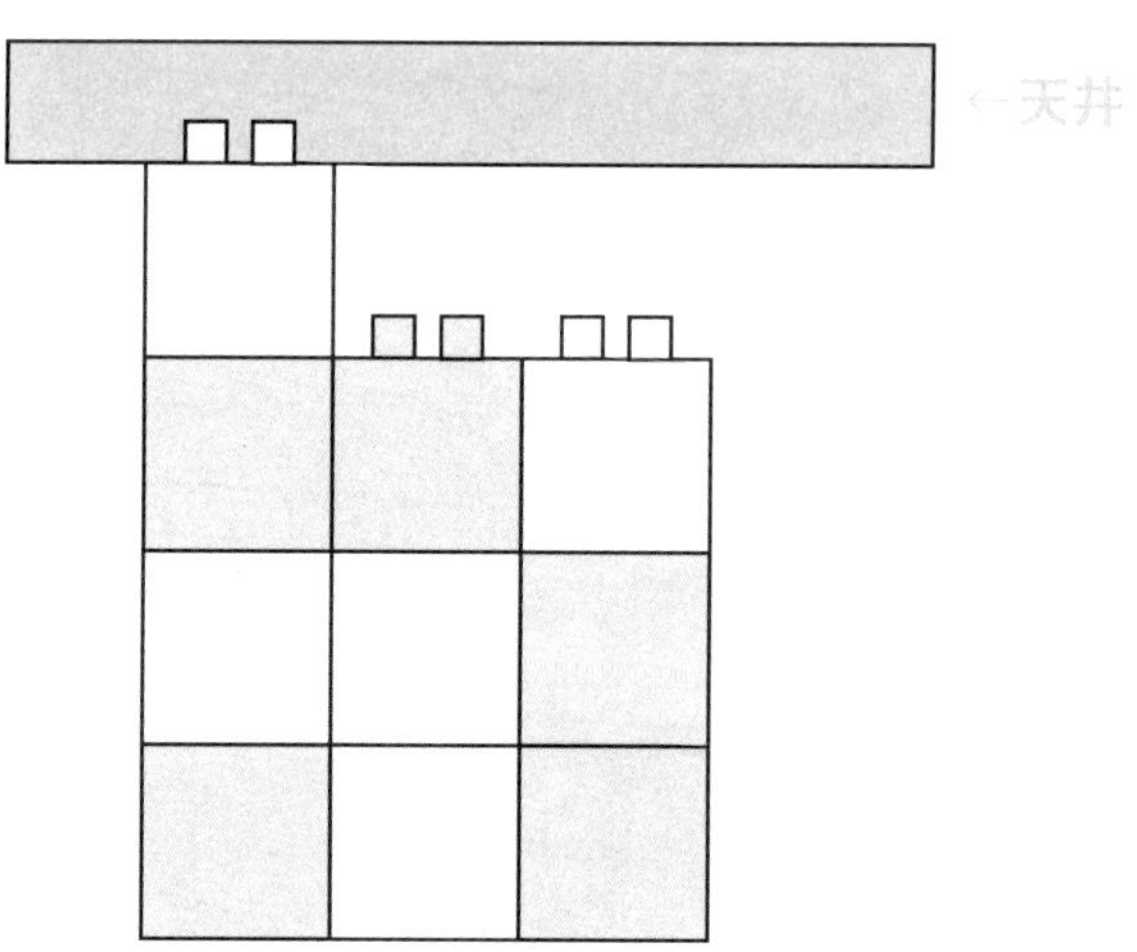

Tom Meyvis, Heeyoung Yoon"Adding is favoured over subtracting in problem solving"（nature、2021年4月7日）を参考に作成。
https://www.nature.com/articles/d41586-021-00592-0#:~:text=A%20series%20of%20problem%2Dsolving,removing%20features%20is%20more%20efficient.

解決策の解像度が高いときは、たくさんのアイデアを考慮したうえで、その中の多くが捨てられているので、「やるべきことが十分に少ない」はずです。ただし、単にやっていることが少ないだけではなく、選んだ少数のやるべきことに強度高く取り組めているかどうかが重要だ、ということは忘れないようにしてください。

制約を意識する

解決策の構造（システム）は、**制約を意識しながら築く**必要があります。分かりやすいのは予算です。特定の額の予算しかないのであれば、その予算内で実現可能な解決策を作る必要があります。セキュリティ上、このＩＴシステムは使ってはいけないという制約がかかることもあるでしょう。制約自体を疑うべきときもありますが、制約が外せない場合は制約の中でどうやって解決するかを考えていかなければなりません。スタートアップは短期間で急成長することが求められますが、それもある種の制約となります。短期間での急成長を成し遂げられるアイデアや施策を考える必要があり、そのためには通常の人とは異なる発想、ある種の逆張りをする必要も出てきます。法制度や規制なども一種の制約条件となるでしょう。

制約は、システムとして何をしては駄目かを決定します。破ってはいけない制約があることで、システムは一貫性や特性を維持できます。たとえばエクセルのような表計算でも、特定の列には数字しか入力できない、などの制約があることで、その列の

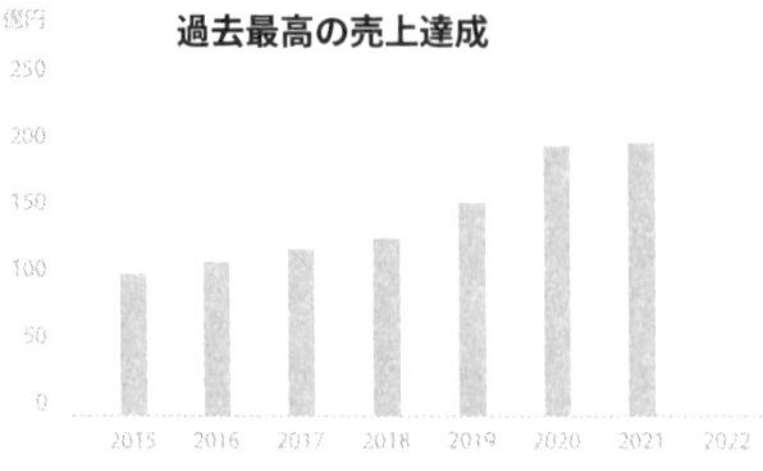

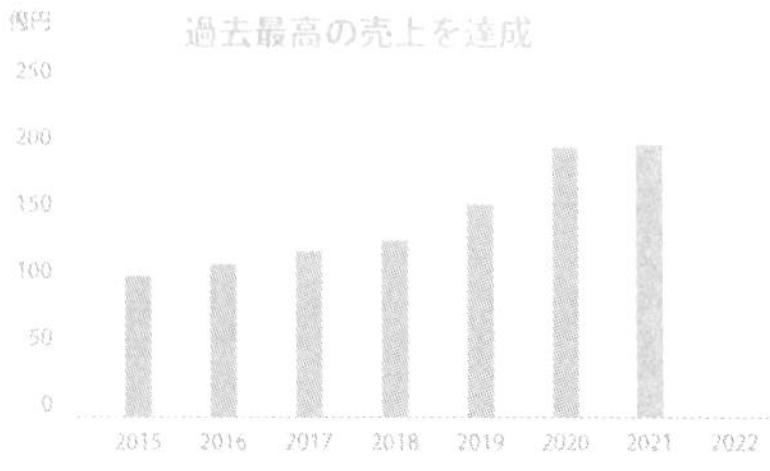

合計などの数値計算が行いやすくなるといったメリットを享受できます。

また**美しさを担保するデザインのガイドラインや、メンテナンス性を保つための開発のガイドライン**など、制約方針を自分たちで用意して、その制約に準じることで一貫性を保つ場合もあります。たとえばスライドの色使いのガイドラインがあることで、スライドの一貫性を保つことができます。選択に迷ったときはそうしたガイドラインに戻ることで、適切な判断を下せることも増えるでしょう。

前述したレゴの実験のように、人はつい何かを加えようとしがちですが、そうするとシステム全体が複雑になり、動作が重くなったり、脆弱性が増えたりもします。積極的に「捨てる」ためにも、自ら制約を定めることをお勧めします。物理的なシステムは、重力などの物理的な制約が出てくるため、ほぼ必然的に節制することになりますが、ソフトウェアシステムやビジネスの仕組みは、物理的な制約が少ないため、意識しないと容易に足し算が行われ、システムは複雑になります。

「あるべき尖った特性を捨てない」ことも、制約になります。**全体のシステムを破綻なく作り上げることを意識するがあまり、トレードオフや尖らせておくべき特徴をなくしてしまい、平凡で見慣れた解決策に小さくまとまってしまう**ことがあります。たとえば、例として挙げたＱＢハウスでは、水回りのサービスを捨てる代わりに、早く安く散髪ができるというシステムを作っています。せっかくこうした特性があるのに、サービスの改善案として店の居心地を過剰に良くしようとすると、コストもかかりますし、おそらく散髪の早さという、尖っているべき特性が落ちてしまいます。「居心地が良い」というのは一見良いように見えますが、サービス次第では既存の要素との相性が悪いのです。

シーソーのバランスの取り方として、すべての重りを同じ形にして均等に配分することでバランスを取ることもできますが、特殊な形の重りをうまくばらばらに配置することで、いびつには見えるものの全体としてバランスが取れている状況を実現できることもあります。他者の取り組みのコピーがうまい人は、しばしばこうしたシステム上の尖りをなくしてしまい、見た目上綺麗にバランスを取ろうとしてしまう傾向にあります。しかし持つべき尖りがあるのであれば、それをある種の制約として、独自性のあるシステムを作るようにしてみましょう。

なお、場合によっては**制約自体を取り払って、新しいシステムを作ることが可能な場合もあります**。予算の制約は、外部から資金を獲得することでどうにかなるかもしれません。ルールや法制度、規制も人が作ったものです。時代に即していない場合など、調整すれば変更可能なものもあります。技術的な制約も、時代が進めば制約でなくなっているかもしれません。制約条件を所与のものとして考えず、前提を取り払って考えることも忘れないようにしてください。

他システムとの連携を考える

もし一つのシステムで解決できないのであれば、複数のシステムを連携させて、全体としてうまく解決できるようにしましょう。いわゆる、システム・オブ・システムズをうまく作って解決するのです。一つのシステムの機能をあえて限定すると、そのシステムは他で利用できる可能性も高まりますし、そのシステムはシンプルになり、維持管理も楽になります。

業界のバリューチェーンの中で、自社の担当範囲を決めて、そこでの能力を伸ばし、それ以外

のところはパートナー企業と一緒に解決するのも、システム・オブ・システムズと考えられるでしょう。お菓子の生産から包装、販売まで、一気通貫で全て行う企業よりも、包装にだけこだわる企業であることで、より良い包装をコスト低く実現できるかもしれません。さらにお菓子以外の包装にもその能力を利用できるかもしれません。あえてバリューチェーンの一部しか行わないことで、その業界ではサブシステムと化しますが、そうすることで接続性が高まって、**他の業界というシステムへの接続**ができるようになるかもしれないのです。

解決策自体が社会というシステムの中にどう位置付けられるのかを考える必要もあります。解決策はすでにある社会システムに入れることになるので、関係する別のシステムを理解し、協調をしなければなりません。人や企業、制度や社会規範などと、どんな相互作用が生じるか考慮する必要があるのです。そして場合によっては、制度や規制など自社の外にある要素を自ら変えていくような、社会への働きかけも必要かもしれません（これについては前著の『未来を実装する』[20]で方法論をまとめました）。

そうした要素が複雑に連携する現代において、システム・オブ・システムズを意識しながらシステムを設計していくことが、多くのビジネスに求められています。難しいことではあるものの、うまく社会になじむ解決策を作ることができれば、大きなアドバンテージを取ることができます。ぜひ挑戦してみてください。

20 馬田隆明『未来を実装する——テクノロジーで社会を変革する4つの原則』（英治出版、2021）

設計時にはうまく動くと想定されたシステムでも、実際に作られたシステムではうまく動かなかった、ということは往々にしてあります。建築物でも設計図面ではうまくいっていたのに、実際に作ってみたところ、想定していた以上に頑丈だという良い面はあったけれど、想定外に室内が寒かったり、臭いが酷くて住めなかった、といったこともあるでしょう。部品を完璧に組み合わせてスマートフォンを設計したあと、設計図通りに作って実際にテストしてみると、ある部品が隣の部品の熱に影響されてしまって、うまく動くときと動かないときがあることが分かった、なんてこともあるかもしれません。

うまく動かないだけではなく、**考えきれていなかった副次的な影響**が起こってしまうこともあります。たとえば第二次世界大戦後、建材を調達しやすくしようと意図して設計された植林政策によって、日本にスギが大量に植えられました。しかし、国外の木のほうが安価になり、日本国内に想定以上の木が残ってしまい、その副作用として花粉症に悩む人が増える、といった想定外の影響が出ています。

実際に作られたシステムが、意図したものと異なるふるまいや、想定外のふるまいをすることは往々にしてあるのです。

さらに**あるシステムを他のシステムと連携させたときは、予期しないふるまいが発生する**可能性は高まります。たとえば、株価が一定以下になると円を売るシステムと、円安になったときに自動的に株を売るシステムの両方が動いていると、株価が一定以下になったときにはどんどんと円安と株安が連鎖してしまう、といったことが起こります。一つのシステムでは安定的に目的を果たしているものでも、システム同士がつながることでそれぞれの影響が連鎖していき、システム・オブ・システムズとしては不安定になる、ということもあるのです。

最初から完璧なシステムやシステム・オブ・システムズを設計できる人はいませんし、すべての外部要因や影響の連鎖を考慮してシステムを作ることはほぼ不可能です。設計したシステムが複雑であればあるほど、そうした設計時の不備は起こりやすくなります。しかし一方で、昨今の解決策のシステムに求められる複雑さは増しており、そうした不備が起こる可能性も高まっていると言えます。

だからこそ、システムは常に改善していく必要があります。設計だけに留まるのではなく、**きちんと一度作ってテストして、ミスがあれば改善していきましょう。**そうしたときのため、後から修正できるようにシステムに柔軟性を持たせておくことも、システム設計時に留意しておきたい点です。

予想外のことが発生するからといって、システムを考えることは無駄だと断じるのも性急すぎると強調させてください。意図してシステムを設計しないと、そもそもシステムとして成り立ちません。設計図なしで、その場その場の勘で建築物を作ったら、その建築物は早晩崩壊してしまいます。物事の要不要はゼロか一ではありません。完璧なシステムはないかもしれませんが、より良いシステムを作ることは可能です。そうした考えを持って、システムの設計と改善をしていきましょう。

ここまでどうやって構造を築くかという観点でお話ししてきました。その基本は論理的な構造です。しかし人は論理だけでは動きません。解決策が実際に活用されるものにするうえで、もう一つ意識したいのが、**受け手の理解を促し、感情をかき立てる構造を築く**こと、つまり**ストーリーという観点から物事をつなぎあわせる**ことです。

ストーリーを考えるときには、物語構造を参考にすると良いでしょう。ストーリーには構造のパターンがあると言われています。物語の原型を説明するものとして、古くはウラジーミル・プロップの『昔話の形態学』[21]やジョーゼフ・キャンベルの『千の顔をもつ英雄』[22]といった本があります。こうした物語の原型の考え方を応用した形で、ハリウッドでは脚本の書き方が定式化されており、クリストファー・ボグラー、シド・フィールドやロバート・マッキー[23]などによる脚本の指南書がしばしば参照されています。日本では大塚英志による解説書[24]などが有名です。こうしたストーリーのパターンに沿うことで、頭にすっと入ってくる構造にすることができますし、聞き手の感情的な高ぶりを引き起こすこともできるでしょう。

優れたストーリーを構成する一つの方法として、観客が予想していることを裏切る、というものがあります。まず約束事やお決まりのこと、オマージュのようなものを使って聴衆を引き込みます。そして観客が予想していることを予想したうえで、それを裏切ることによって驚きを生み、印象に残るシーンにするのです。ただし観客の予想を裏切るには、そのジャンルの約束事や通例に精通していなくてはなりません。

21 ウラジーミル・プロップ『昔話の形態学』（北岡誠司、福田美智代訳、水声社、1987）
22 ジョーゼフ・キャンベル『千の顔をもつ英雄〔新訳版〕』（倉田真木、斎藤静代、関根光宏訳、早川書房、2015）など
23 ロバート・マッキー『ストーリー―ロバート・マッキーが教える物語の基本と原則』（越前敏弥訳、フィルムアート社、2018）
24 大塚英志『ストーリーメーカー―創作のための物語論』（星海社、2013）など

ビジネスでも、当たり前の市場のデータなどを見せて、現状認識をしていることを知らせつつ、クライアントが予想していなかったような意外で重要な課題やデータを見せて裏切ることで、注目を集めることができます。スタートアップのピッチであれば、ピッチに含まれる「ユニークな洞察」によって聴衆は期待を裏切られ、一気にそのストーリーに入り込むことになるでしょう。製品であれば、マジックモーメントと呼ばれる、製品のコアとなる体験が、顧客に新鮮な驚きを提供します。そうした体験を製品の中で設計するのが、製品体験のストーリーになります。

受け手の感情を揺さぶるストーリーという構造をきちんと考えることで、構造は何倍もその機能性を増します。構造を作るときには、論理とストーリーの両方を意識しながら組み立てるようにしてみてください。ただし、ストーリーは強力であるがゆえに、用いるのには十分な注意が必要です。自分のストーリーに都合の良い事例だけを取り上げて、あまりにも単純化されたストーリーを作る、ということはやめましょう。

雑な構造から描きはじめる

ここまで完成形の構造について解説してきましたが、最初から完成した解決策の構造が見えることは稀です。最初はおぼろげに見えてきて、作り進めていくうちに徐々にはっきりとした構造が見えてくることのほうが多いのです。何かを作っている途中で、全く違うより良い構造に気づくこともあります。この書籍も、書いている中で何度も全体目次の構造を入れ替えながら作ってきました。

そこではじめは、捨てる前提で構造を雑に描いてしまうところから始めるのも一つの方法です。

スライドを作るときは、作り始めるのは可能な限り後の工程にして、最初はA3の紙にざっと16マスぐらいの枠を描きましょう。そこに各スライドのメッセージラインを書いて、チャートのイメージも少しだけ書き入れます。後で気兼ねなく捨てられるように、できるだけ雑に書くことが重要です。

筆者もスライドを作るときはまず1スライド1メッセージにして、各スライドのメッセージラインだけを書き、図を雑に描いて構造をチェックするようにしています。

ここでのポイントは、なるべく雑に作ることです。あとで消しても良いぐらいの完成度のものを作るというよりは、**後で消さざるを得ないぐらい雑なものを作ること**です。中途半端に丁寧なものを作ってしまうと、「このまま残してもいいか」と思って、後で捨てずに微妙な完成度のものが残ってしまいがちです。

ソフトウェアでも、あとで書き直すことを前提に、最初は雑に作ることがあります。作ったあとにニーズがないと分かることもよくあるので、まずはニーズがあるかを検証するために雑に作り、必要があればすべて書き直すのです。

なお、雑と言っても知識と思考があれば良い設計をすることは可能です。雑に作るのをお勧めするのはスピードのためですが、スピードと質は常にトレードオフというわけではありません。事前に十分な情報を得て、良い思考を行えば、十分なスピードで十分に質の良いシステムを作ることは可能です。あくまで、**ベストな設計を考え過ぎず、手を動かしてベターなものを作る**、そのために知識をきちんと動員する、という意識でいてください。

またシステムの設計は、あとからやり直せるところもあれば、やり直しづらいところもあります。たとえばソフトウェアでは、データ構造を決めてしまうと、後からその根本的な部分を変えることはとても難しいものです。「何を雑に作って良くて、何は慎重に決めなければならないのか」「何になら比較的時間をかけて考えるべきか」については、パターンを参照したり、周りに聞きながら進めていったほうが無難でしょう。とはいえ、多くの人がリスクを過剰に見積もって、なかなか作り始めないので、基本的には雑に始めることをお勧めします。

解決策の「構造」まとめ

□解決する範囲を決めましょう。

□構造のパターンを学びましょう。特にピラミッド構造は解決策の構造を作るうえで最も汎用的に使えるものです。日々の生活でも意識しながら使ってみましょう。

□つながりを作りましょう。要素間の相性を考えながら、重要な部分では新しい関係性を生み出すことを意識しましょう。

□捨てることや省くことを忘れないでください。

□制約を意識しましょう。

□他システムとの連携を考慮に入れてみましょう。

□システムの意図せざるふるまいに対処できるようにしておきましょう。

□論理だけではなく感情やストーリーも重要です。流れの良いストーリーを作りましょう。

□雑な構造から作り始め、徐々にしっかりとした構造にしていきましょう。最初から完璧を目指すと進みません。

「時間」の視点で、解決策の解像度を上げる

課題の解像度を上げるときに、時間の概念を入れることで、変化や因果、プロセスや流れが見えると解説しました。こうした時間の概念は解決策の解像度を上げるときにも重要です。特に「構造」の中で解説したシステムの中に時間軸を組み込むことで、解決策の完成度はさらに上がります。

最適なステップを見出す

何かを解決しようとしたとき、**すべての課題が一気に解決できることも、すべての課題に手を付けられるほど資源が豊富なこともほとんどありません。** 多くの場合、**課題を一つ一つ順々に解決していく、つまり、ステップを刻みながら進んでいく**ことになります。

ECの分野の覇者となったアマゾンは、最初から大きな野望を持っていました。しかし彼らは最初からEC全体を狙うことはせず、書籍のECという小さな一歩から始めています。書籍であれば腐ることもありませんし、大きな倉庫も必要ありません。さらにロングテールビジネスが可能で、インターネットと相性が良いことから、最初のステップとして書籍を選んだそうです。そこから徐々に取り扱う商品をCDなど、本と類似の性質を持つものに広げ、生鮮食品などにも拡大し、さらにマーケットプレイス自体を第三者のお店に開放し、次にクラウドインフラを貸し出し……と、ステップを刻みながら解決できる課題を増やしていったのが、時間軸を考慮したアマゾンの成長戦略でした。

セールスフォースやインスタグラムなど、今プラットフォーム企業と呼ばれる企業の多くも、顧客管理ができる、写真を加工できる、という小さな一歩から始まっています。もちろん最初からプラットフォームとしての将来像を描いていたところもあるでしょうが、実際にプラットフォームになるのはかなり先の話でした。しかしそうした時間軸をあまり考慮せず、成長した企業の今の姿を見て、最初からプラットフォームという解決策を作ろうとして、結局ユーザーが誰も来ず、失敗してしまうということはよくあります。

アイゼンハワー元大統領は「計画（plan）に価値はないが、計画すること（planning）は役に立つ」と述べました。どういったステップを踏んで進んでいくのかという**計画を立てること自体が、解決策の解像度を上げる一つの手法**なのです。

もちろん、単に計画を立てれば良いというわけではありません。計画1ステップ1ステップに、十分な説得力がある必要があります。「まずはAをして、そのあとにBをして……」と時間の進行に沿って、どのように展開していくのかを考えましょう。未来の解像度の高さが、ここでは問われます。なぜこの順番で解決していくことが最も有効なのか、その理由を十分に言えなければ、解像度はまだ高いとは言えません。**最初は小さな課題を解決しているように見えたとしても、そこから始めることで、より大きな課題の解決につながっていくという未来へのステップ、そしてその小さな課題から解決することこそが、実は大きな価値を生む最適な第一歩なのだ、という話が説得力高くできているかどうか**は、優れたアイデアの一つの条件と言っても過言ではありません。

「一歩目に何をするか」は、参入角度や参入アングル、打ち出し方、市場に楔《くさび》を打つ、と呼ばれることがあります。大きな岩であっても小さな楔をいくつも打ち込み、ハンマーで何度も叩くことで、

2つに割れます。同様に、既存の企業が独占する大きな市場であっても、楔となる小さな製品を上手に打ち込んでいくことで、市場の構造が変わり、それを機に大きく成長できるのです。

アマゾンは最初、商品全体から見てみればほんの一部でしかない書籍の販売から始め、今ではアメリカのECの40%を占めるようになりました。Stripeという決済ツールの提供から始まった会社は、請求管理やクレジットカードなど、企業財務全体に関わるサービスや会社設立支援のサービスを段階的に展開し、いまやB2Bの財務のインフラ企業となっています。

このように、**大きな課題の一部でありながらも、重要で解決可能な課題を最初に選び、その課題に対してどのような方向から解決策を差し込むと、市場に楔が打ち込めるのか、あるいはドミノ倒しが起こって周りのピンがどんどんと倒れていくような課題解決の連鎖が起こるのか、そうしたストーリーをきちんと言えるか**は、解決策の解像度の高さをチェックするときのポイントにもなるでしょう。

SNSを作るときにも、最初からSNSを作って人を集めるのか、それともツールを提供することで人を集めて、そこからSNSにしていくのか[25]など、そこに至るまでのステップや切り口は様々にあるはずです。複数の道筋を挙げることができ、その中の**どの道筋を辿っていくのが最短ルートだと考えているのかを明確に言えるようにする**ことは、時間の解像度を上げるうえで大切な観点です。

最短ルートを考えるうえでは、現時点からできることを考えるのではなく、最初にゴールを決めてから、**ゴールからの逆順でステップを考える**という方法も有効です。こうした将来の時点を最初に考え、そこから逆算してステップを導き出す考え方は、課題の「広さ」のところで触れた死亡前

25 Chris Dixon "Come for the tool, stay for the network"（cdixon、2015年1月31日）などを参考にしました。
https://cdixon.org/2015/01/31/come-for-the-tool-stay-for-the-network

死因分析や、解決策の「深さ」のところで触れた「プレスリリースを書いてみてから、やるべきことを考える」といった手法でも通底している考え方です。アマゾンではこうしたゴールや顧客ニーズから逆算して仕事を行う方法を「ワーキング・バックワーズ[26]」と呼んでいるそうです。

一歩目を踏み出すタイミングも重要です。踏み出すタイミングが早すぎても遅すぎてもうまくいきません。ユーチューブ以前にも動画共有サービスはありましたが、ブロードバンドが普及し始め、リッチメディアがブラウザで動作するようになりはじめていた、あのタイミングだからこそうまくいったのだ、という論[27]があります。投資家も「なぜ2年前でもなく、2年後でもなく、今なのか」をしばしば問います。ビジネスだけではなく、政策の世界にも、政策が変わりやすくなる「政策の窓が開く」タイミングがあります。**「なぜ今なのか」という問いに答えられるか**は、時間の視点から解像度の高さを見る一つの物差しになるでしょう。

シミュレーションする

将棋やオセロなどのボードゲームや、『Civilization』や『信長の野望』などの戦略シミュレーションゲーム、心理戦を描く漫画のように、「ここでこうした一手を打てば、おそらく相手がこう来るだろう、それならばおそらく今はこうするべきだ」と、将来のシミュレーションをすることは、解決策に時間軸を入れて考えることでもあります。**一手先の成果は最大になったとしても、二手先に破滅が来るのであれば、その道は取るべきではありませんし、逆に一手先の成果自体は微妙であっても、数手先に確実な自分の勝利が見えるのであれば、その道を選ぶべきでしょう。**

26 コリン・ブライアー、ビル・カー『アマゾンの最強の働き方――Working Backwards』（紣川謙監訳、須川綾子訳、ダイヤモンド社、2022）

27 My 25 lessons learned From 25 years of creating companies Number 2: Find Great Timing（Idealab、2021年3月16日）
https://25-lessons.idealab.com/find-great-timing/

レベルK思考（Level-K Thinking）と呼ばれる考え方があります。将来の相手の出方を何も考えず目の前の合理性だけで結論を出す場合をK＝0とすると、相手がK＝0で思考しているだろうと読んで、それなら自分はこうすると決めるのがK＝1です。さらに、相手がK＝1の思考くらいはしてくるだろうと踏んで、さらにそのうえで自分はどうするか決めるのがK＝2です。多くの人はK＝0～1程度の思考で終わってしまうため、K＝1～2程度の思考をすることで、相手の一歩上を行けることが多いとされています。ちょっと先を読み、それを考慮に入れるだけで、相手を上回れることは多いものです。たとえば、映画館で映画の上映が終わった後、多くの人は近いトイレに行く（K＝0）ので混むだろう、と考えて、あえて遠いトイレに行く（K＝1）ことで混雑を避けられるかもしれません。

日々のメールでも、「おそらくこうしたメールを送ったら、こういう質問が来そうだから、このメールの中にはこの情報を入れておこう」といったことを考えて、必要な内容を書いてくれている人とのやり取りはスムーズです。一歩や二歩先を考えて行動できる人は、仕事の面でも優秀だと評価されるのです。

シナリオプランニングの技法を使って、いくつかのシナリオを描いておくのも一つの手です。未来に起こりうることについて幅を持って考えておくことで、最悪のシナリオが起きたときにも事前に対処できるようになります。

ちょっとしたシミュレーションをしておくことで、解決策の精度は良くなります。時間を意識して、二手先、三手先を読み、複数のシナリオを作っておく癖をつけてみてください。

課題の解像度の「構造」の部分で、循環について言及しました。解決策を考えるうえでは、**時間経過とともに起こる循環を作っていく**ことも1つの方法です。特にＩＴを使ったプラットフォームビジネスやネットワーク効果のあるビジネスでは、この観点がより重要になってきます。

『ビジョナリー・カンパニー2――飛躍の法則』[28]や『ビジョナリー・カンパニー――弾み車の法則』[29]で指摘される「フライホイール効果」は、この好循環を表現したものです。フライホイールは弾み車とも呼ばれる機械設備で、回転力をエネルギーとして蓄積できる円盤状の機械部品です。回し始める段階は大変なものの、一度回転すると慣性力によって回転が保たれます。これにちなんでビジネスでも一度回り出したビジネスで好循環が起こり、飛躍的に成長することをこう呼びます。

有名なのはアマゾンの例です。１９９０年代初頭、アマゾンの共同創設者で会長であるジェフ・ベゾスはアマゾンの基礎となる最初のアイデア「顧客に多くの商品の選択肢を持たせ、できる限り低い価格で提供する」を考え出しました。まず低コストでプラットフォーム上で商品を売ることができるようにすることで、商品の価格を下げることを狙います。安い価格を求める消費者は、安ければ良い顧客体験を得たと認識します。満足した顧客はアマゾンで再び買い物をするため、取引量が増え、そうすると他の販売店もアマゾンのプラットフォーム上で売るようになります。品揃えが増えると、さらに顧客体験が良くなり、その結果アマゾンは成長します。そして成長により、さらに低いコスト構造で提供できることになり、好循環を生み出すようになります。そして一定の規模になるまで、「取引増→売り手増→品揃え増→顧客体験向上→アマゾン成長→さらなる低コ

28 ジム・コリンズ『ビジョナリー・カンパニー2――飛躍の法則』（山岡洋一訳、日経BP、2001）
29 ジム・コリンズ『ビジョナリー・カンパニー――弾み車の法則』（土方奈美訳、日経BP、2020）

スト化→顧客体験向上→取引増……」という好循環が回り続ける、というわけです。

もちろん、こうした好循環の構造は絵に描いた餅になってしまうときもあります。意図的に作り出すのが難しいこともあるでしょう。時間的な遅れもあり、好循環が構築できたかどうかの検証も難しいかもしれません。しかし初期からこのような構造を意識して解決策を設計することは、中長期の競争優位性を作るうえで大切です。課題の分析のところで因果分析や因果ループ図を紹介しましたが、こうした因果のつながりを、解決策を作るときにも積極的に応用してみてください。

長期の視点で考えて、時間を味方につける

時間を味方につけるための方法として、**長期の視点で考えることがあります。**

長期で考えることのメリットは、短期的な変化の予想をそれほどしなくても良くなる点です。また時間軸を長期で取ることによって、取りうる選択肢も増えます。**難しい課題を1年で何とかしたいのか、それとも10年かけても良いのかによって、取**

アマゾンのフライホイール効果

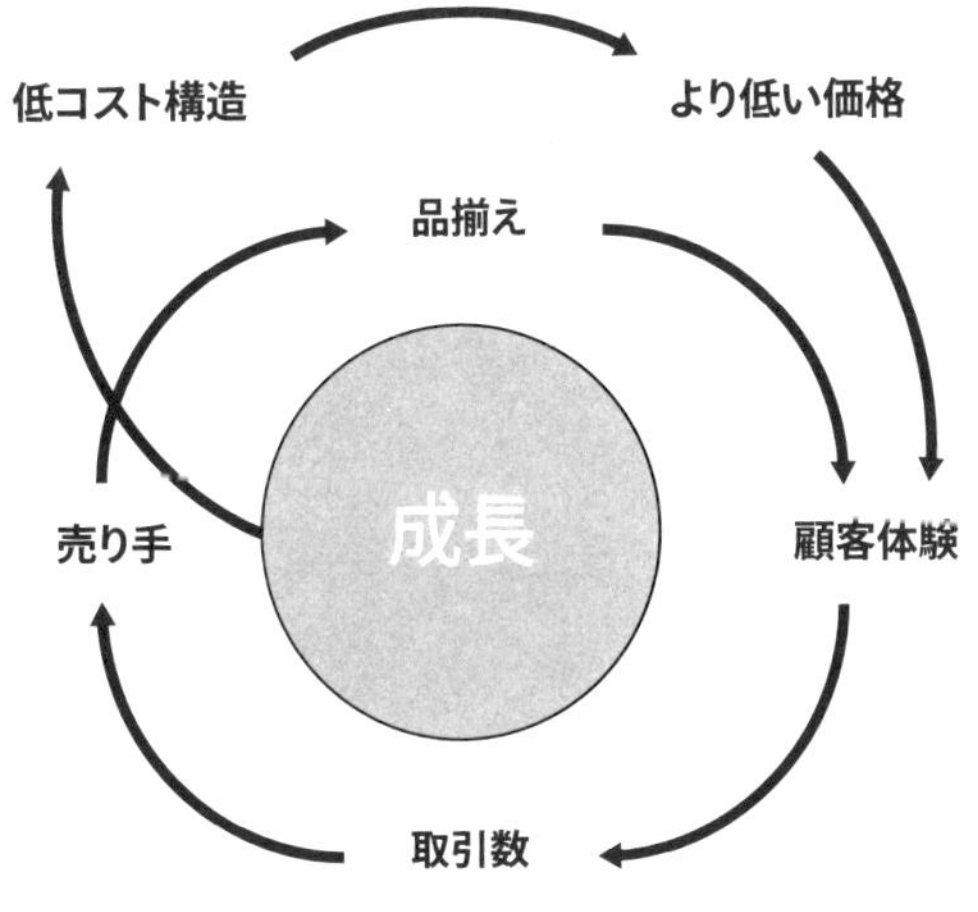

以下を参考に作成。
https://www.amazon.jobs/en-gb/landing_pages/about-amazon
https://www.youtube.com/watch?v=QLYhtIhaLEU

れる解決策は大きく異なります。

たとえば、とある企業が「1年で黒字にする」という目標を立てたなら、その手段はすぐに手が付けられて効果が見えるコストカットが中心となりますが、もし5年かけて良いなら新製品の投入なども視野に入ってくるでしょう。個人が「5年で上場して大金持ちになる」という目標を掲げたとき、この目標を達成するための解決策は限られます。おそらく現在流行しているビジネスを始めるか、投機的な賭けに出るかしかないでしょう。しかし「20年かけてお金持ちになる」という目標であれば、取れる手段はもっとたくさん出てきます。リスクとリターンの大きな、時間のかかる研究開発なども選択肢に入るでしょう。長期で取り組むことを前提とすれば、その領域を学びながら徐々に進めていくこともできます。

それに短い時間で変化を起こすことを望む人は多いので、短期での成功を目指す領域は競争が激しくなりがちです。実は長期で物事を考える人のほうが、機会が多くなる傾向にあります。長期思考を行う企業は、短期思考の企業に比べて、2001年から2014年の間で、売上は47%、利益は81%上回ったというデータもあります[30]。

株式投資でも、個人が短期のトレーディングで株式投資のプロを打ち負かすことは難しいものです。しかし、プロのトレーダーの多くは短期で成果を上げることが求められるため、取れる戦略が限られます。そこで個人の投資家は時間を味方につけて長期で考えることで、プロの投資家とは異なる戦略を取ることができ、大きなリターンを得られるかもしれないのです。

もちろん時間が経つことで課題の状況が変わっていく可能性もありますし、短期的に一気にシェアを取らなければ、市場を寡占されてしまう場合もあります。その場合は短期での成長を選ぶべき

30 McKinsey Global Institute "MEASURING THE ECONOMIC IMPACT OF SHORT-TERMISM（McKinsey&Company、2017年2月）
https://www.mckinsey.com/~/media/mckinsey/featured%20insights/long%20term%20capitalism/where%20companies%20with%20a%20long%20term%20view%20outperform%20their%20peers/mgi-measuring-the-economic-impact-of-short-termism.ashx

かもしれません。しかし、**長いスパンで物事を考えることで、他の人たちとは異なる道を選べるようになる**のは、忘れないようにしておきたい「時間」の視点です。

アジリティと学ぶ力を高める

長期の時間軸を取ることで、短期の予測に左右されないと紹介しましたが、もう一つ、短期の予想をしなくても良くなる方法があります。それは**敏捷（アジャイル）に対応できるようにしておくこと**です。

アジリティ（俊敏性、敏捷性）が高い組織であれば、変化の兆しが見えたときにすぐに対応できます。特に未来の予想をしづらい不確実性の高い状況では、アジリティを高めることも有効な選択肢です。たとえば、ＩＴ系のスタートアップでは、技術面で優れているＩＴエンジニアがいると、アジリティが飛躍的に高まります。技術的に作れるものが多ければ、一つのアイデアがダメになったときにでもすぐに方向転換ができ、何個もアイデアを試しながら進むことができるからです。特にスタートアップが挑む領域は環境変化も激しいため、アジャイルに対応できる優れたエンジニアがいることは大きな優位性になります。

とはいえ、大きな方向性を毎回変えていくのは現実的ではありません。大きな船がなかなか旋回できないように、どれだけ組織のアジリティを高めても、大きな方向性はなかなか変えることができないでしょう。一方で、大きな方向性がないままアジリティだけを高めてしまうと、状況の変化に右往左往してしまうだけにもなります。そうした組織は、機会を見つけるごとに様々な事業に手を出し、ダメだと思えば事業をすぐに閉じ、会社の軸となるものがないまま、日和見主義的な行動を取り続けることになります。だからこそ、**ミッションやビジョンといった大きな方向性を決めて、未来の解像度をある程度上げたうえで（詳しくは8章を参照）、その方向性に沿う範囲内でアジリティを高めて探索していく**、というバランスが大切です。

また、俊敏に動けるだけでは不十分です。動いて辿り着いた先で、その領域のことを**素早く学ぶ**必要があります。そしてもし辿り着いた先が間違いだと分かれば、その間違いを素直に認めて、さらに方向転換をして進む必要もあるでしょう。つまり、俊敏であるためには、新しい領域に何度も挑戦しながら、その場その場で素早く学び続け、もし間違っていれば自らそれを認めて、何度も失敗を繰り返しながら、常に解像度を上げる必要があるのです。そうした素早い学びを実現するときに、本書で解説してきた解像度を上げるための「型」が使えるはずです。

解決策の「時間」まとめ

□ ステップを刻むことを前提に、解決策を考えてみましょう。

□ 二手先、三手先をシミュレーションすることで、より良い解決策に辿り着けることがあります。

□ 好循環をつくることも意識しましょう。

□ 時間を味方につけて長い視点で考えることで、より良い解決策を見つけられるかもしれません。

□ アジリティを高めることで、急速な変化に随時対応するという戦略もあります。

ここまで課題と解決策のそれぞれの解像度を上げる方法を、「深さ」「広さ」「構造」「時間」の4つの視点に分けて紹介しました。

「どの部分の解像度を上げれば良いのか」という整理がしやすくなったのではないかと思います。また、単に解像度を上げるだけではなく、適切な解像度のレンズを用いて、事象にズームインしたり、ズームアウトしたりできるようになるヒントが得られたのではないでしょうか。

しかしここまでで解像度を上げた課題と解決策は、あくまで仮説です。正しいかどうかを検証していく必要があります。そこで次章では、課題と解決策の仮説を検証していくための、いくつかのヒントを提供したいと思います。

7

実験して検証する

解像度を上げた後の課題と解決策も、あくまで仮説

課題と解決策の解像度をどう上げるかについて、ここまでお話ししてきました。これまでに挙げてきた様々な方法論を活用することで、解像度はぐっと上がるはずです。

しかし気を付けていただきたいのは、ここまで解像度を上げてきた課題や解決策はあくまであなた自身が作り上げた「仮説」だということです。どれだけ深く、広く、構造化され、時間について考慮されていようと、仮説である以上は間違っている可能性もあります。

そうであれば、仮説を検証して、どの程度正しいかを確認する必要があるでしょう。

ではどうすれば検証できるのでしょうか。その一つの答えは、本書で何度も重要性を指摘している「行動」です。**検証のための行動、つまり実験**をしてみるのです。

顧客について十分に解像度が高ければ、顧客は想像通りの反応を返してくるでしょう。業界や組織といったシステムへの解像度が高ければ、そのシステムに何らかの刺激を与えたときに、システムはあなたの予想通りに動くはずです。もし仮説が間違っていたら、想定外の動きをして、実験は失敗に終わります。でも、失敗から得られた新たな情報を使って、学び、考え、もう一度実験すれば、次第に高い解像度に辿り着くことができるはずです。

実は私たちは日々実験をしています。誰かとのメールでのやり取りでも、「こう書けば、こう返ってくるかな?」と思いながら本文を書きます。メールの相手に対しての解像度が高ければ、おそらくその仮説は正しく、思った通りの返答が返ってくるでしょう。想定と異なる答えが返ってきたら、その人に対する解像度があまり高くなかったということです。でもそれは単なる間違いではなく、

その人に対する解像度を上げるための学びの機会として活かせます。

情報×思考×行動が解像度を上げるための鍵だと本書ではまとめましたが、**実験という行動をすることによって、解像度を上げるための独自の情報や思考のきっかけを得られます。**

小学校で行う理科の実験も、自然や物理現象というシステムを対象に、自分たちの仮説を検証し、自然や物理現象への解像度を上げる行動です。ビジネスでは人や社会というシステムを対象に実験を行うことで、自分たちの仮説を検証し、解像度を上げていくのです。

科学の最先端の研究でも、ある程度の解像度までは論文や学会に参加することで至ることができますが、一定以上深まると前人未踏の領域に辿り着き、そこからは自ら実験してみることでしか、さらなる解像度に至ることができなくなるでしょう。ビジネスも同様で、一定までには情報の獲得や分析で辿り着けますが、そこからは行動して実験していかなければ、解像度を上げることはできません。特にビジネスの現場や最先端の領域、不確実性の高い新規事業などでは、既存の情報がない場合が多く、自ら実験をして情報を得る必要性が高まります。

実験は、現在の解像度を知る機会にもなります。起業家によく見られる特徴として、**行動することに対する抵抗感の少なさや過度とさえ言える積極性**があります。たとえばアイデアを思いついたら、あるいは思いつかなくとも、とりあえずコンテストやプログラムに応募してみる、というのは一つの例です。彼ら彼女らは、コンテス

トをアイデアの良し悪しを評価する実験の場として捉えて、自分の解像度の現在地を確認しているのです。中には「賞を取れなくても良い。応募をすることで、フィードバックが返ってくるし、新しい選択肢が見えてくることもあるので、とにかく行動をしている」という起業家もいます。そうした行動をどんどんする起業家ほど、早く学び、早く進んでいるように見えます。

ここからは、課題や解決策の解像度を上げた後、その仮説がどの程度正しいかどうかを検証するための、いくつかのヒントを提供したいと思います。

MVPを作り、スケールしないことをする

完璧な実験をしようと思えば、解像度に基づく製品を作って、ふんだんにマーケティング費用を使って広めて、顧客や社会からの反応を見ることになります。でもお金も時間もかかりますし、むしろ実験ではなく本番になってしまうでしょう。

実験はコストパフォーマンスの良い、小さな単位でしてみましょう。そして、**本番に近い形でのフィードバックが返ってくるような実験になるように、実験方法を工夫するのです。**この実験方法を考えるのは、とても創造的な取り組みです。

たとえば、3章で紹介したMVP（実用最小限の製品）はある種の実験です。実用最小限の製品を作ってみて、それを売ってみることで、課題と解決策の方向性が合っているかどうかを確認できます。

ただし、何が「実用最小限」なのか、どの程度の雑さでも良いのかは、時代や状況によって異なります。2010年前後であれば、紙で作ったアプリの疑似プロトタイプでも、ある程度ユーザーから良いフィードバックが得られたかもしれませんが、2020年代にはそうした品質のプロトタイプでは良いフィードバックを得られないでしょう。自動化が進んだ企業向けの製品では、3章で紹介した飲食店予約の例のような、人手を介すサービスでは最低限の処理速度を満たさないため、実用最小限とは言えないかもしれません。

過去のパターンにならうだけではなく、何が今の実用最小限なのかを考えながら、かといって作りこみ過ぎないように、バランスを見ながら作ってみましょう。ただし、**人は作りこみ過ぎてしまいがちなので、まだ雑だと自分では思うような段階で出すことをお勧めします。**

論文はあらすじを書くところから[1]、戦略コンサルは絵コンテを描くことから始まると言われます[2]。まさにこうした最小限のものを作り、それを周りと共有してみて感触を得ることで、自分たちの考えている方向性が正しいかどうかが、早い段階で分かります。もし間違っていたら、自分の解像度をさらに上げるための情報を貰ったと考えて、情報×思考×行動のサイクルに戻り、さらに解像度を上げれば良いだけです。

それに、**実験的に作ってみることで新しい価値に気づく**こともあります。たとえば倉庫用運搬ロボットは倉庫内の荷物を運ぶことを効率化するために考えられたものですが、作って動かしてみると、実は人間の作業が減って効率化できるだけではないことに気づく人が出てきました。倉庫の面積を減らせることも分かってきたのです。従来だと人間がすれちがったり、荷物を取るときにしゃがんだりできるように、通路には一定の幅が取られていました。それがロボットに最適化すると、

1 暦本純一『妄想する頭 思考する手――想像を超えるアイデアのつくり方』(祥伝社、2021)
2 安宅和人『イシューからはじめよ――知的生産の「シンプルな本質」』(英治出版、2010)

幅を狭くしてもよくなり、その結果倉庫の面積を減らすことにつながったようです。作って動かしてみたからこそ、こうした新しい可能性に気づくことができるのです。

「手で考える」ことの重要性について触れましたが、まさに実験は手を動かしてみることでもあります。人は行動することを億劫に思いがちですが、その障壁を乗り越え、実験という行動をすることで、解像度はぐっと上がります。

スタートアップの世界には**「スケールしないことをしよう」**という言葉があります[3]。スタートアップは最終的にスケールして急拡大することが目的なのに、初期はスケールしないことをする、というのは少し不思議に聞こえますが、これには理由があります。**スケールしないことをすることで、顧客と直接触れ合うことができ、顧客の解像度が上がる**のです。さらに**スケールしないことを前提にサービスを構築すれば、すぐにサービスを始めて、実験を行い、解決策の仮説検証をすることもできます。**

たとえば、食事のデリバリーを行っているDoorDashという米国のサービスを見てみましょう。スケールする事業をするには、配達員向けのシステムを作ったり、配達員を雇ったりする必要があります。もしそれを最初から実現しようとすると、実際にサービスをローンチするまでに数か月以上の時間が必要だったかもしれません。しかしDoorDashの創業者たちは、初期は自分たちで配達をしました。そうすることで、アイデアを思いついてから数時間後にサービスを開始し、配達する中で顧客と直接対話して、どのようにサービスを改善すれば良いかを聞いて、改善のサイクルを回していったのです。

理想とは程遠い最小限の内容でも、実際にサービスをローンチしてみることで、その解決策が

3 Do Things that Don't Scale（paulgraham.com、2013年7月）
http://paulgraham.com/ds.html

本当に求められているかが分かります。そして**まだ自動化されていない手間のかかるプロセスを自分たちで行うことで、解決策のどの部分が大事なのか、どの部分がいずれ自動化できそうかも分かります。**自分たちが作ったシステムを使って、実際に自分たちがデリバリーを行えば、配達員にとってシステムのどこが使いづらいのかも体感として理解できるでしょう。

つまり、「スケールしないこと」によって、解決策のMVPを作るのです。これは様々なサービスや製品で実施可能です。たとえばユーザーによるレビュー投稿を受け付けて、情報提供をするウェブサービスを考えているのなら、実際に製品を作る前に、対人で顧客に情報を提供するコンサルティングをするのも良いでしょう。研究室などで培った最先端の技術を応用する製品開発を考えている場合、その技術を使って受託開発や受託研究をするのも一つの手です。そうすることで、顧客の課題と解決策の解像度が上がり、顧客の求める製品の要件が徐々に分かってきます。

「スケールしないことをする」は、「**泥臭いことをする**」と言い換えられるかもしれません。課題の「深さ」の部分で見てきたように、多くの起業家が初期は泥臭い行動を通して、多くの学びを得ています。そして泥臭いことであれば、今日からでも行うことができ、今日からでも学び始めることができる、ということです。メディアを見ていると、奇抜で洗練されたアイデアがあればすぐに事業は成功するという幻想を持ってしまいますが、そうした事例は例外的だからこそ、メディアで取り上げられるのだということを忘れてはなりません。そうした幻想を振り払い、むしろ**初期の段階では、売上という成果よりも、学びを得ることが重要**なのだと認識しましょう。スケールしないことをして、解像度を着実に上げることが差別化の源泉となります。

一方、スタートアップを目指すのであれば急成長をしていく必要があります。そこで成功するスタートアップ企業は、スケールしないことをしつつ、売上やアクティブユーザー数の週次5～10%成長を目指すことを同時に行います。そうした成長目標を同時に掲げることで、スケールしないことと成長を両立させることを目指すのです。そのためには「スケールしないこと」の業務の一部を自動化していくというプレッシャーが否応にもかかります。実際、DoorDashの創業者たちも、スケールしないことをしながら、徐々にその業務の一部を自動化していくことで、最終的に全米の各都市で提供できるサービスへと成長していきました。

ぜひ今すぐサービスを始めて、顧客を通した学習を始めてみてください。

身銭を切ってもらって、課題の大きさを検証する

良い課題の条件の1つとして、課題の大きさが重要であることをお伝えしました。**課題の大きさは、相手がお金を払ってくれるかどうかである程度検証できます。**「その製品がとても欲しい」と熱烈に口頭で伝えられても、信用しないほうがよいでしょう。**相手が身銭を切らなければ、それは本気ではありません。**「いいね」「欲しい」「あったら良いと思う」「そうしたい」という言葉をもらったからといって、課題の仮説が検証できたとは言えないのです。なぜなら、それらは単なる共感やお世辞であるケースが多いからです。

そこで「欲しい」ではなく「実際にお金を払ってくれる」かどうか、「そうしたい」という言葉ではなく「すでにそう行動している」かどうかをチェックしましょう。

たとえば解決策のアイデアを話すインタビューをしてみて、「欲しい」と言われたら、「では、『この要件を満たした製品ができたらお金を払う』という、この覚書にサインしてもらえますか。実際に出来るまで、請求はしませんから」と聞いて反応を見てみましょう。本当に欲しいのであれば、現時点ではお金はかからないので、サインしてくれるはずです。もし躊躇するようであれば、さきほどの「欲しい」はお世辞と受け取ったほうが良いでしょう。また、躊躇する理由を聞いてみるのも勉強になります。たとえば「この機能がないから今はサインできない」「私は欲しいけれど、上司に聞いてみないと分からない」といった答えが返ってくるでしょう。さらに「その機能を追加することを約束するので、覚書にサインしてもらえますか？」「上司の方を呼んできてもらえますか？」と聞いてみれば、その躊躇した理由がどれだけ本当なのかを推し量ることもできるでしょう。

さらに、支払ってくれる金額によって、課題の解像度がどれくらい高いかどうかもはっきりとするでしょう。きちんと広い視野を持ったうえで課題を掘り下げることができていて、構造化もできているのであれば、顧客のバーニングニーズを突き止められているはずです。そして本当に顧客の**課題がバーニングニーズであれば、まだ品質の低い製品であっても、かなり高い金額を支払う約束をしてくれる**でしょう。もし高い金額を払ってくれないようであれば、まだ課題の解像度が高いとは言えないかもしれません。

身銭を切るのはお金だけではありません。時間や評判という観点でも、身銭を切ってもらうことで本気度が分かります。たとえば専門的な技能を持つ人が時間を費やしてくれるか、紹介のリスクを冒して誰か別の人や顧客候補を紹介してくれるかどうかも、そのアイデアにどれだけ見込みがあるかを示す良い指標になります。

皆さんも友達から「アプリを作ったので使ってみて、もしよければ手伝ってほしい」「宣伝してほしい」と言われたとき、本当に良いアプリであればちょっと手伝っても良いと思ったり、周りに宣伝したりするでしょう。しかし見込みがなさそうなときには、「忙しいから手伝えない」「今度誰かに宣伝しておく」という風に、体よく断るか、言葉を濁すのではないでしょうか。

このように**お金を払う**、**時間を使う**、**自分の信頼を削ってでも誰かを紹介する**など、相手の身銭を切って投資してほしいとお願いすることで、本物の検証が可能になります。

システムに働きかけて試す

顧客の課題だけではなく、業界の課題や組織の課題も、実験することである程度把握できます。もし家電システムへの理解が的確であれば、どこのボタンを押せば、家電が動きはじめたりストップするのかが分かっているでしょうし、自社の組織というシステムを分かっていれば、どの人に働きかければ組織というシステムが動き出すのかを予想できるはずです。そうした予想を立てて、システムに働きかけてみて実際に起こることを見てみること、つまり実験してみることで、「構造」の視点での解像度が十分に高いかどうかが分かります。

カオスエンジニアリングと呼ばれるような、あえて疑似的に障害を起こして、現実に近い不安定な状態を作り上げ、弱い部分を発見したり、復旧がうまくいくかを検証する方法もあります。システムは意図せざるふるまいをするときがあることに触れましたが、そうしたふるまいが起きやすい状況をあえて実験的に作ることで、予想外のシステムのふるまいを事前にチェックすることができます。

もし仮説と異なる反応が返ってきたら、それを学びとして活かして、さらに解像度を上げていきましょう。

粘り強く改善し続ける

実験の成功の程度は、自分の仮説が合っていることの程度ではなく、学びがどれだけ得られたかどうかで測りましょう。逆に実験を通して学びが得られなければ、それは失敗です。仮説が間違っていても、それ自体は解像度を上げるうえで失敗ではありません。

「まず行動する」「粘り強く取り組み続ける」「型を意識する」ことが解像度を上げる鍵だと、本書の冒頭でお話ししました。解像度は行動をすることで、改善をする機会を得られます。実験をすることや行動することは億劫です。仮説が間違っていることも多く、打ちのめされることも多いでしょう。そのたびに心が折れそうになるかもしれません。

しかし実験をしないと、自分の解像度の現在地すら確認できません。**解像度がある程度上がったと思ったら、すぐに実験をしてみましょう。最初の仮説が間違っていても、粘り強く続けて、改善し続けてください。**その粘り強さによって、きっと多くのことを学ぶことができ、誰よりも高い解像度へと辿り着けるはずです。

最後に、実験をはじめとした行動は検証以外の効果もあることに触れさせてください。解像度を上げることはある意味、「機会を認識する」ための手段です。物事の解像度を上げることで、見過ごされていたビジネス機会や科学的発見に気づくことができます。

同時に行動は、「機会を創造する」ことでもあります。**行動することで、周りの環境が変わり、新しい機会を作り出す**こともできるのです。

たとえば実験という行動をすることで、あなたが何をやっているのかを知っている人が増え、その結果、あなたの周りにそのことに興味がある人が増えるかもしれません。そうすれば、その人たちに手伝ってもらって、新しい機会を追求することもできるようになるかもしれませんし、新しい情報が舞い込んできて一気に物事が進むかもしれません。

社会でおかしいと思ったことを訴えることで、ルールが変わり、ルールが変わったところに新しい機会が生まれることもあるでしょう。たとえば、気候変動対策として、二酸化炭素のトラッキングをすることが社会規範になったり、制度化されたりすれば、その周辺領域で新しいビジネスを考えることもできます。

「自ら機会を創り出し、機会によって自らを変えよ」とは、リクルートの創業者である江副浩正氏の言葉です。自ら機会を創り出すためには、行動が必要です。徹底的に情報を集め、頭を振り絞って粘り強く考えながら、実験すること、行動することで、あなたの周りの環境や、あなた自身の未来が変わり、新たな機会が生まれていきます。そのためにも、行動することを積極的に行ってください。

8

未来の解像度を上げる

課題とは理想と現状のギャップ

　ここまでは課題がある、という前提で話してきました。多くの人にとって、課題は他人の課題であったり、上司や経営者から与えられるもので、課題があることは明白です。たとえば顧客の課題を解決する場合は、顧客の持っている課題の解像度を上げることになります。若手であれば、上司から大まかな課題の枠が降ってきて、その中で課題の解像度を上げることを求められます。

　マネージャーや経営者の立場に近づくにつれて自由度は増え、徐々に課題を選べるようになってくる、というのは4章で述べたとおりです。ただ実は、自分で課題を選べるようになってきたときに考えなければならないのは、課題がどこにあるかだけではありません。**未来の理想も考える必要があります。なぜなら課題とは、理想と現状のギャップ**だからです。理想なくして、課題はありません。課題を選ぶとは、理想を選ぶことでもあるのです。

　たとえば、自社の売上が今の数倍になっている未来が理想だとすれば、現在の売上とその理想の売上とのギャップが課題となります。解決策は売上を上げるために様々な手段がありえるでしょう。営業を頑張ることもできるでしょうし、まったく異なる商品を売ることもできます。一方、売上ではなく利益を数倍にするのを理想状態と定めれば、売上を上げるだけではなく、コストを下げるという方法も取れるようになるでしょう。利益ではなく利益率を理想にすることもできますし、売上や利益よりも、社会に対してより良いことをするのが自社の理想である、と設定することもできます。理想の設定は自由度が高いのです。

　しかし、理想の設定は間違うと危険です。**理想をどう設定するか次第で課題の在り方は変わる**からです。売上2倍を選ぶか、利益2倍を選ぶかで、課題は違ってきます。売上を選んだとしても、今の10％増の売上を理想とするか、2倍の売上を理想とするかで、課題と解決策は随分と変わってくるでしょう。理想の設定は方向性だけではなく、程度の設定も自由です。

そして理想の設定は、自由度が高い分、難しいことです。

これまで多くの企業は「コストを下げる」という理想を設定してきました。これはあるべき姿を思い描きやすく、リスクも少ない、設定しやすい理想だと言えます。しかしそうしたコスト削減の理想だけでは行き詰まりを感じている企業が多いせいか、現在は新たな価値を創造するための理想を思い描く方法が模索されているように思います。「**自社や自社製品のあるべき未来はどのようなものか**」あるいは「**自分たちはこの社会をどうしていきたいのか**」といった自分たちの理想を考えることの比重が大きくなっているのです。

ではその理想の未来について、どのように解像度を上げていけば良いのでしょうか。本書の最後は「目指したい未来像についての解像度の上げ方」を考えて締めくくりたいと思います。

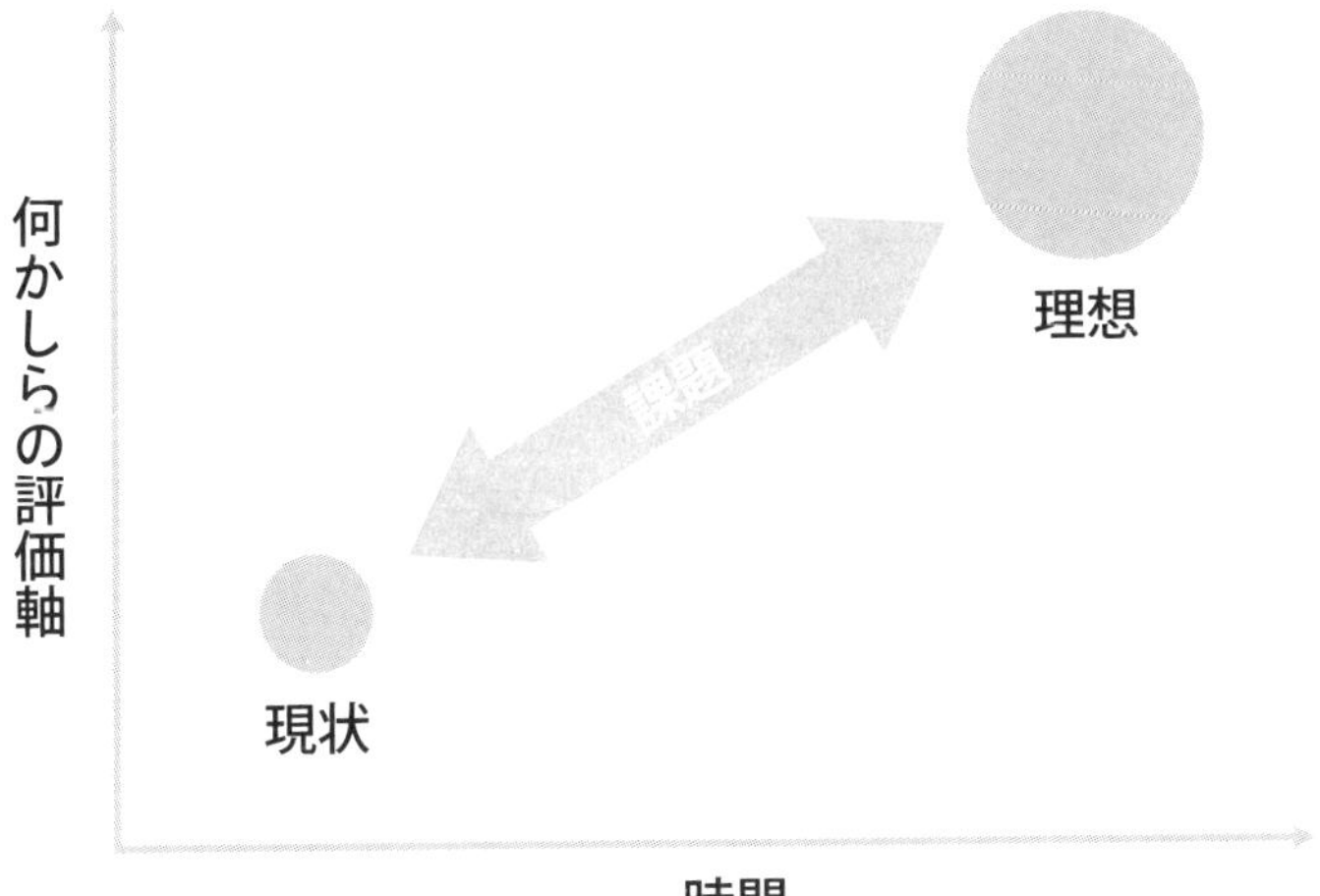

未来を描くために必要な「分析」と「意思」

理想の未来の解像度を上げるためには、まずある程度高い解像度で未来を予測する必要があります。これには課題と解決策の解像度を上げるときと同じく、**情報×思考×行動の3つが重要**[1]です。

まず情報と思考です。情報があれば、少しの思考だけで分かる未来もあります。人口構造はその一例です。将来の生産年齢人口は、現在の出生数という情報があればほぼ分かります。20年後に成人を迎える人口は、今年生まれた新生児の数だからです。もちろん移民など、考慮するべき変動要素はありますが、そこまで多くは変わらないでしょう。同様に20年後に退職して老後を過ごす人の数も、今の人口を見ればかなりの精度で推測可能であり、どういった市場規模になるのかは予測可能です。これらは「起こることがほぼ決まっている未来」です。

制度という情報から見えてくる未来もあります。現在策定された制度が有効になるのは、数か月後や数年後です。長いものでは、その影響が出てくるのに5年や10年かかるものもあるでしょうが、そうした制度が施行されることはあらかじめ決まったうえで変化が始まります。ドラッカーは、第二次世界大戦後の復員兵援護法による退役軍人への奨学金の提供を見て、その後起こる知識社会の到来を「すでに起こった未来」と見なしました[2]。

本書でも何度か言及している２０５０年のカーボンニュートラルも、制度による「すでに起こった未来」と捉えることが可能でしょう。その未来に向けて大きな変化が起こることは約束されており、それを驚異と捉えるか、機会と捉えるかはその人次第です。

このように適切な情報と思考があれば、未来の予想ができることもあります。毎年、年末年始に

1 P・F・ドラッカー『イノベーションと企業家精神』（上田惇生訳、ダイヤモンド社、2007）

2 P・F・ドラッカー『すでに起こった未来――変化を読む眼』（上田惇生、佐々木実智男、林正、田代正美訳、ダイヤモンド社、1994）

は「来年や今年はどういったテクノロジーやビジネスが流行するか」と予想する記事が多く出ますが、そうした未来予想も情報と思考によって成り立っています。

ここでさらに解像度を上げるのに必要なのが行動です。専門家にインタビューすることで、自分より高い見通しを持つ人の意見を参考にできるかもしれません。あるいは未来を生きているような、先進的な人たちを観察することで、何かヒントが得られるかもしれません。そうして得た情報からＷｈｙ ｓｏ？を繰り返して、なぜそうなのかを問うことで洞察を導けるでしょうし、未来を考えるコミュニティに参加して情報を得ることもできるでしょう。新しい技術を実際に体験してみること、人と話すこと、業界構造を分析して、システムとして捉え、どのような時間軸で変わっていくかを考えてみることなど、これまでの「解像度を上げる」ための手法はどれも、未来を考えるときにも使えます。

しかし完全な未来予測は難しいものです。世界的な感染症や大規模な地震が起こるであろうことは以前から予想されていても、それがいつ起こるかは分からず、起こってみると突然やってきたかのように感じることもあります。とある出来事をきっかけとして、バタフライエフェクトのようなものが起こり、想定外の連鎖反応が起こるということもありえます。何が起こるか、それがいつ起こるか、そしてその影響がどのような範囲に及ぶのかについての正確な予想は、とても難しいものです。

未来はまだ決まっておらず、未来予測はなかなか当たりません。しかし、**変わる可能性があり、まだ決まっていないからこそ、私たちは望んだ未来を作ることもできます。**私たちは未来に影響を与えることもできるのです。未来予測はテストのように客観的な正解と不正解があるのではなく、努力することで自分の想像した未来を叶えることも、正解にしていくこともできます。だからこそ**「あなた自身はどういう未来にしたいのか」、つまり未来への意思**が問われます。

現場の人やコンサルタントであれば、解像度を上げて、状況を的確に分析し、イシューと言える重要な課題を見定めて、採りうる解決策のメリットとデメリットを比較して、客観的に正しい判断を行う、というので十分かもしれません。成果も利益と売上で測られることが主でしょう。しかし、経営層に近くなればなるほど、それ以上のことが求められます。先ほど利益を出すことを理想の一つの例として挙げましたが、利益はあくまで会社存続の前提条件であり、利益を出すためだけに会社が存在しているわけではないため、それだけでは良い理想とは言えません。利益が出ていることは会社の健康状態を示す良い指標ですが、多くの会社にとっては健康であることだけが第一の存在意義ではないからです。人が健康であり続けるためだけに生きているのではないように、会社もまた、健康である状態をうまく使って、何かを成し遂げることが本来やりたいことのはずです（健康状態が悪ければ、健康になることを第一の目的とするときもあるでしょう。しかしそれは一時の話です）。

その「何か」が理想であり、それを定めるのが経営層です。つまり、経営層に近くなればなるほど、課題を設定するために、理想の未来を描くための意思や、会社の存在意義をどう定めるかが問われます。経営とは分析や予測だけではなく、意思の要素も強いのです。

もちろん、未来の全てを思い通りにすることはできません。時代の大きな流れに逆らうことはできないでしょう。急流の川下りでも、川の流れに逆らって動くことはほとんど不可能です。しかし、そんな流れの中でも、意思を持ってどちらの方向に進みたいのかを決めることはできます。川の途中に障害物を置いて、流れを変えることもできるかもしれません。未来もそうです。大きな時代の流れに逆流することはできませんが、強い意思を持って取り組めば、行き先を選んだり、流れを少し変えることはできます。

理想の未来を定めるときには「予測を半分、意思や願いを半分」になるでしょう。予測については『超予測力』[3]など、様々な書籍があるので本書では触れません。本書ではここから、自分自身の「意思や願い」をどのように定めるのかを考えます。「こうあってほしい」という未来の願いを描くことも、簡単なようでいて難しいからです。

将来世代の視座に立って「あるべき姿」を考える

未来への思いや願いをすでに持っている人もいるでしょうし、そうでない人もいるでしょう。すでに「こういう社会にしたい」という理想を持てている人に、本節は不要かもしれません。しかし、もしまだ未来への思いや願いを持てていないのであれば、それを考えるときにお勧めする方法が一つあります。**未来に生きる誰かの視座に立ってみること**です。

今はまだ生まれていない未来の子どもたちの視座に立ってみて、その視野にはどのような未来が広がっていると嬉しいか、あるいはどのような未来を避けたいのかを考えてみるのです。

ポイントは今から「こうあってほしい未来」を考えるのではなく、将来世代の視座と視点になって考えることです。**今の自分の視座から未来を想像すると、今までの延長線上の未来や、ニュースなどで言われているような一般的な未来しか想像できない傾向にあるからです。**

3 フィリップ・E・テトロック、ダン・ガードナー『超予測力——不確実な時代の先を読む10カ条』（土方奈美訳、早川書房、2016）

ネイティブアメリカンは7世代先の子孫のことも考えたうえで意思決定をするそうです。彼ら彼女らには「地球は先祖から受け継いでいるのではない、子どもたちから借りたものだ」という格言もあります。私たちは未来を子どもたちから託されているのであり、それを適切に運用する責任があると考えることで、新しい視点を獲得することができるのでしょう。私たちは祖先から環境や文明といった財産を相続した相続人であると同時に、数世代先の子孫たちの財産を預かっている受託財産管理人である。そう考えると、その財産を運用するうえでのスチュワードシップを意識することになり、自ずと将来世代をステークホルダーに入れた意思決定ができるようになります。

日本語にも、8世代先の子孫を示す雲孫《うんそん》という言葉があります。200年ぐらい先の将来世代の視座に立って物事を考えてみることは、私たちの視点を半ば強制的に未来へ、そして長期的な思考へと移してくれます。そうした未来の子孫たちが生きる社会を考えることで、今私たちがやるべきことも少しだけ見えてきます。

たとえば気候変動によって気温が4度上がったとしましょう。異常気象が頻発し、食料事情も大きく変わるであろうその世界を、今を生きる私たちが経験するのは数十年ほどかもしれません。しかしこれから生まれる子どもたちは、数十年、もしかすると100年以上、そうした世界に住むことになるでしょう。気温上昇した世界が過酷であれば、そこに生きる子孫たちは、今の私たちのことをどう思うでしょうか。私たち祖先に何をしてほしかった、と思うでしょうか。

「あの時代の人たちが○○をしてくれたから今がある」と言ってもらえるような判断を今きちんと行っているかを考えてみてください。逆に「あの時代の人たちが○○をしなかったから、今の自分たちが苦しんでいる」と子孫から糾弾されるようなことを、今行っていないかを考えてみましょう。

このように「私たちの今の判断が、未来の子孫たちの視座での審判に耐えうるかどうか」を考えることは、未来を深く考えるための一つの方法です。

全ての人がこうした視点を持つ必要があるかといえば、そうではありません。今を生きる中で大きなリスクを持っている人や、必死に今を生きなければ生き延びることすらできない人たちに、こうした意識を持つように強いるのは難しく、危険なことでもあるでしょう。でも少しでも余裕を持つ人たちであれば、こうした遠い未来の視座に立って考え、今の行動を見直すことはできるはずです。そしてこの方法は、**新しい事業を考える有効な方法でもある**と思います。なぜなら、**将来の社会において、それは必要とされる事業だから**です。

スタートアップの養成機関であるＹ Combinator の共同創業者であるポール・グレアムは「未来に生きて、そこに欠けているものを作る」[4]ことがアイデア発想のコツであると述べましたが、将来世代の視座に立ち、その視座から逆算して未来にあるべき事業、なければおかしい事業を考えることで、これから大きくなる事業のヒントが得られます。

まだ生まれていない将来世代の視点から、今やるべきことや政策を考えてみる実践は「フューチャーデザイン」として知られています。[5]仮想将来世代という概念を用いて、その将来世代が生きる社会を考える方法です。自治体運営ではそうした観点が欠かせないため、一部の自治体では、将来省や将来課といったものを作る取り組みも、試行的に始まっています。

ジェフ・ベゾスがいたころのアマゾンでは、重要なミーティングでは空席を1つ用意していたそうです。その席には最重要なステークホルダーである「顧客」がいるものとして話すことで、顧客の存在を意識することができるから、というのがその理由です。これを応用して、**重要な会議では**

4 "Want to start a startup?"（paulgraham.com、2012年11月）
http://paulgraham.com/startupideas.html
5 西條辰義、宮田晃碩、松葉 類『フューチャー・デザインと哲学——世代を超えた対話』（勁草書房、2021）

1席を空けて、そこに未来に生きる子どもや子孫が座っているものとして考えてみることもできるかもしれません。そうした仕掛けを用いて、未来のステークホルダー（フューチャーホルダー）[6]への共感を持ち、将来の視座から現在を考えるのは、すぐにでもできることです。

6章の解決策の「時間」のパートで、長期的に考えることのメリットや視座を変えることの重要性、そして未来から逆算して考えるワーキング・バックワーズという方法をお伝えしましたが、長期という幅を100年、200年先まで延ばすことは、未来の解像度を上げる重要なヒントとなるはずです。

宇宙の視座に立って、人類の課題を考える

遠い未来の視座に立つのは、時間的な視座を遠方に移すということです。同様に、空間的な視座を遠くにしてみることで、大きな未来を考えることもできます。

本書では、視座を高くするときの比喩として「鳥の目」という表現を使いましたが、一部の起業家などはもっと高い視座、宇宙から見たような全体感を持ったうえで、地球環境や人類の理想について語る傾向にあります。そうすることで、世界的な問題や人類規模の課題を特定しているのでしょう。鳥の目を超えて「人工衛星からの目で見る」、社長の視座を超えて「**人類としての視座に立つ**」とも言えるかもしれません。そうした**遠くの視点から見ることで、大きな課題を見つけることができます。**本書でも何度か紹介してきたイーロン・マスクは、2012年にカリフォルニア工科大学

6 ローマン・クルツナリック『グッド・アンセスター——わたしたちは「よき祖先」になれるか』（松本紹圭訳、あすなろ書房、2021）

で行った卒業スピーチの中で、ペイパルという成功した起業の次の起業では何をしようかと考えたときのことを振り返っています。そのとき彼は、「お金を稼ぐのに一番良い方法は何か」と考えたのではなく、「人類の未来に最も影響を与えると思われるものは何か」と考えたそうです。その結果が、テスラやスペースXなどの大きく影響力のある、そしてお金を稼ぐこともできる事業へとつながっています。

大きな課題に取り組むことで、大きな価値を生めることを本書ではお伝えしてきました。価値の大きさは課題の大きさによってほぼ決まります。大きな課題に取り組むことのメリットは、大きな価値を生めるだけではありません。大きな課題は残念ながらなかなか解決できないがゆえに、長い間その課題を解決し続けることが求められ、その課題に取り組む企業は長い期間にわたって価値を生むことができます。一方、一過性の小さな課題に取り組む企業は、取り組む業態を短期間で次々に変えていかなければならず、そのたびに企業の存亡を賭け続けることが宿命づけられます。

ただし、小さな目の前の出来事を分析していくことも重要なので、単に高みから見れば良いというわけではないことには注意してください。昨今では人工衛星から撮影できる画像の分解能は1メートル以下になっていると言われています。石油タンクの影の長さからタンクの貯蔵量を判別して、その情報をエネルギー関連企業や投資家向けに提供し、企業や投資家はその情報を基に投資するかどうかなどを判断するビジネスも存在します。視座の高い起業家が行っていることは、このように宇宙からの視座に立って、ときには地球の全体像を、ときには高精細な現場の状況を見ながら、適切なビジネスの判断をしているようなものです。両方の視座を行き来することを忘れないようにしてください。

誰かに取り組んでほしい大きな課題に取り組み、未来を受け継ぐ

100点満点のテストと、1兆点満点のテストのどちらに挑むほうが良いのか、という話をしました。これは未来の課題についても言えます。学校での試験のように、100点満点の課題に100%正しく答えることで100点を得ようとするのか、それとも、1兆点満点の課題に0・01%正しく答えることで1億点を得ようとするのか、それはあなたにゆだねられた選択です。

筆者個人の願いを言えば、**大きな社会課題に取り組む人が増えてほしい**と思っています。そこには大きなビジネス機会もありますし、大きな課題に取り組む人はまだまだ希少であり、かつ圧倒的な価値を生む可能性があるからです。

大きな課題が見当たらない、という人がいるかもしれません。そのときはサーベイをしたり、人に話を聞いてみましょう。世間で言われているような社会課題や、人から教えてもらった課題は、自分で見つけたものではないから良くない、と思う必要はありません。ただし、巷で流通しているような社会課題は解像度が低く、単に高い視座で見るだけでは不十分です。人類の視点を持ちつつ、目の前の顧客の課題を解決することも忘れないようにしてください。ちゃんと解決しようとするとあなた自身が解像度を上げていく必要があり、きちんと取り組んでいけば、あなたしか気づいていない優れた課題へと辿り着くこともできるはずです。

「誰かに取り組んでほしいと思っている、意義のある大きな課題」に自ら取り組むのも一つの良い方法です。「誰かに取り組んでほしい」と願っているというのは、そこに課題があると認識しながらも、取り組むのは自分ではない、と思っているということです。その理由が、大変そうに見えた

り、あまりに野心的すぎて萎縮してしまっているからであれば、チャンスです。なぜなら、同じように大変だと考える人が多いので、取り組む人は少なく、競合が少ないからです。そして意義のある課題であれば、手伝ってくれる人も増えます。成功の確率が少し増えるのです。スタートアップでも「面倒な仕事にこそ機会がある」と言われています。[7] 大きなアイデアを考えるときのコツは、**「私は未来のためにどんな課題を解決するべきか?」を問うかわりに、その視点から自分を抜いて、「他の人は未来のためにどんな課題を解決するべきか?」を考え、そしてやるべきだと思ったことを自分がやる**ことです。それは未来の大きな課題を選ぶときの一つの指針となります。

大きな課題に取り組もうとすると、自分ではその解決策が思いつかないというときもあるでしょう。そのときは外部から資源を獲得するという手段を思い出してください。自分の持っていない資金や人といった資源を外部から獲得することで、解決策の選択肢は一気に広がります。そして**未来に関わる大きな課題であり、社会的に意義がある課題であればあるほど、手伝ってくれる人は増え、より簡単になっていくでしょう。**

もちろん、大きな課題に取り組むことは怖いことです。意識が高い、と揶揄されることもあるでしょう。全てを綺麗に解決することはできないかもしれませんし、1%でも解決できれば御の字です。仮に1億点満点の課題に0・001%正しく答えて、1000点を取ったとしても、100点満点のテストで100点を取った100%の人と比べられて、「0・001%しか正解しなかった」「99・999%間違えた」「ゴールに達成せず失敗した」とけなされるかもしれません。間違えてしまう割合の大きさが怖くて、多くの人は小さな課題を選んでしまいます。

しかし、そうして怖気づく人が多いからこそ、大きな課題に取り組むことのメリットは大きく

7 Schlep Blindness（paulgraham.com、2012 年1月）
http://www.paulgraham.com/schlep.html

なります。大きな課題からは多くの人が目をそらしてしまうので、結果的に競争も少なくなります。人材としての希少性も高まり、注目されることにもなるでしょう。それに大きな課題に取り組んだほうが、視座の高い仲間もより多く得られ、人生も豊かになるはずです。そして大きな方向性さえあっていれば、自分自身の挑戦が失敗しても、同じ領域の他の企業が成長しているので、その企業に就職することも容易でしょう。

大きな課題に挑むことで、その熱意は周りに伝播し、周りにも同じ課題に挑む人が増えます。仮にあなたが失敗しても、そのムーブメントはあなたの努力の分、きっと少し前に進みます。もし弾みがつけば、ムーブメントはそのまま続いていくでしょう。あなたは一人ではありません。人の営みは続いていきます。一人ですべてを成功させなくとも、仮に失敗に終わっても、その思いとあなたの描く未来像は受け継がれていき、いずれ大きなムーブメントへとつながっていくはずです。良い未来像であれば、きっと将来世代も共感してくれるので、将来世代へと託していくこともできます。そうして必死にバトンを受け継いでいけば、きっといつか、あなたが解決したかった課題が解決される未来がやってきます。

そのためにも、**あなたや私といった一人一人が大きな課題に取り組み始めることが重要**なのです。

未来に向けて行動をはじめて、粘り強く考え続ける

未来像の解像度を上げるためには、行動をしなければならないことを、あらためて最後にお伝え

させてください。

未来の解像度でも、情報×思考×行動が重要であることをお伝えしました。その中でも未来について難しいのは行動です。未来の理想を定めることは難しいのですが、その理想に向けて動くこともまた難しいのです。

社会課題の解決で一番難しいのは「答えを出す」ことではなく、「答えを生きる」ことだと、子ども食堂を日本全国に広めたことでも知られる湯浅誠氏は指摘しています[8]。たとえば日本政府は毎年のように国家戦略やビジョンを出しています。これはある種の「答え」であり、未来の理想です。同様に、立派な理想やビジョンを持っている人は数多くいます。ただそれでも、社会が大きく変わっているような感覚を持っている人はそう多くありません。それは理想のように生きる人が少ない、つまり行動する人が少ないからではないでしょうか。

しかし、**理想を生きなければ、行動しなければ、未来の解像度は上がっていきません。**

気候変動対策に効果的だと思っていても、ハンバーガーを食べるときに代替肉を積極的に選ぶ人はまだそこまで多くありません。でも実際に食べてみると、どういった味や価格なのかを体験することができます。そうすれば、今は何が十分で何が足りないのか、少しだけ見えてきます。足りないところが分かれば、もしかしたらそれが課題として見えてくるかもしれません。その課題そのものは自分自身で解決はできないかもしれませんが、いくつか行動していたら、中には解決できそうなものもあるはずです。それを見つけたら、粘り強く考えてみること、そして行動したり実験してみたりすることが、未来の理想を生きるということではないでしょうか。「**未来に生きて、欠けているものを作る**」ことはスタートアップのアイデアに気づくための、一つの方法だとも言われている

8 湯浅誠『つながり続ける　こども食堂』（中央公論新社、2021）

ことを紹介しましたが[9]、未来に生きることは、きっと事業の機会をも提供してくれます。

手で考えることも、未来の解像度を上げるためには重要です。**未来にあるべきものを少しだけ作ってみて、手を動かしてみると、未来の形が少しずつ見えてきたり、新しい形を思いついたり、新しい可能性に気づくこともあります。**粘土をこねて形を作っていく中で、計画していたものとは違う形の可能性が見えてくることがあるようなものです。未来を形作るというとき、英語ではしばしば「Shape（形作る）」という単語が使われます。未来の解像度を上げるとは、実際に手を動かして、手触りを得ながら、未来を形作っていくことでもあるのでしょう。

そうして手を動かしたり、行動をしはじめて、粘り強く取り組み続けること。少しでもその理想とする生き方を生きようとしてみること。それが私たちの未来を変えていくことになるのではないでしょうか。

未来がどうなるかの情報を集め、考えながら、未来へと歩み出す行動をすることが、その道が正しいかどうかを知る最も確実な方法です。一歩踏み出せば、一歩先の未来に辿り着きます。一歩先の地点から見える景色は、元の場所から見える景色とは少し違います。10歩進めば、進んだ分だけ、未来の解像度は上がるはずです。

最初から高い解像度の未来を持っている必要はありません。コロンブスがアメリカ大陸を見つけたときのように、漠然とであっても進むべき方角さえ合っていれば、歩きはじめることで、未来は少しずつ見えてきます。

私たち一人一人が、未来を切り拓く開拓者です。その一歩一歩が、フロンティアである未来を切

9 "How to Get Startup Ideas"（paulgraham.com、2012年11月）
http://paulgraham.com/startupideas.html

り拓き、社会を前に進めます。一歩進んだ先から見えた景色の情報をもとに、思考を重ね、行動や実験を繰り返し、再び前に進んでいくことが、未来を生き、未来の解像度を上げるということなのではないでしょうか。

本書で示したいくつかのヒントが、皆さんの現在と未来の解像度を上げ、課題を解決し、未来を形作るときの一助になることを願っています。

皆さんの今見ている風景が、そして少し先に待つ未来が、鮮やかで綺麗なものになるように、そしてその美しい未来を高い解像度で見ようと目を凝らすときに、本書の内容を活用いただけるのであれば幸いです。

Column

あなたやチームの未来の解像度を上げる

未来の解像度を上げて、理想を設定することは、自ら課題設定ができる一部の経営者にしか必要ないと思われるかもしれませんが、そんなことはありません。私たちは少なくとも自分自身についての理想を定めることはできます。私たちは私たち自身の経営者でもあり、オーナーでもあるからです。

事業ではなく、個人の人生というレベルでも、未来の視座に立つことはできます。自分の人生を振り返ったとき、正しいことをしていたのか、面白いと思えるような選択を取っていたのか、思いやりを持って生きてこられたと言えるのかを考えることは、未来を起点に考える一つの方法です。今の自分の視座から未来にどうなっていたいのかを考えるのではなく、未来を起点にして今を振り返ってみたり、「未来にどうなっていたいのか」ではなく、未来の自分がどうありたいのか、言い換えれば、未来の自分はどういう感情を持って日々を生きていたいのかを考えて、そのために今何をすれば良いのかを考えてみるのです。

もちろん、私たちは将来のためだけに生きているわけではありません。ずっと将来のために貯金をし続けて、一切の楽しみを得ないまま終わったのでは、何のための人生か分かりません。「今を生きる」ことも大切です。でも少しだけ、未来に目を向けてみることは、今をより良く生きるためのヒントも提供してくれるはずです。たとえば「もしお金の心配をしなくなったら何をするか」を考えて、そのときにやりたいことを今やりはじめてみるのも一案でしょう。

未来の自分が後悔しないようにするには、ジェフ・ベゾスの「後悔最小化フレームワーク」が使えるかもしれません。彼は自分自身が80歳になったときを想像して、そこから振り返ったときに後悔するかどうかという観点で考え、起業という選択肢を取ったそうです。

自分の理想のキャリアを考えてみて、もし現在との間にギャップがあるのであれば、それが課題です。その課題の解像度を上げてみましょう。その課題を解決するにはどうすれば良いかを考え、解決策の解像度を上げてみてください。20年後の未来の自分の視座に立ってみると、現在の自分に何を感謝し、何に苦言を呈するでしょうか。スキルアップをしたり、誰かとの友情を育んでくれて良かったと言うでしょうか、それとも何もしなかった今の自分を責めるでしょうか。

キャリアの理想を定めるのは難しいかもしれません。「どのような職業か」「どのような会社か」を定めるよりも、その先の「どのように生きたいか」という理想像を設定したほうが良い場合もあります。方向性だけでも決めることで、ストーリーは描きやすくなります。

単にどうありたいのかを具体的に決めるだけではなく、その未来へと至る道筋をきちんと考えることも大切です。行動計画を立てて、特定の状況に陥ったらこうする、といったことを事前に考えておくことも行動を円滑にしてくれます。意思決定をするときには10－10－10の考え方を用いて、10分後、10か月後、10年後を想像してみることも一つの方法です。そして目標も行動計画も、書くことでより解像度が上がります。

本書を手に取っていただけたということは、自分や周囲の解像度にきっと何らかの課題を感じていたはずです。しかし課題を考える前に、理想的な状態を考えているでしょうか。もし未来の理想像を定めていないのであれば、実はまだ課題の解像度を上げる前の段階なのかもしれません。そこで自分や自分の周囲の理想的な状態を、10秒でも良いので思い浮かべてみてください。そして今の自分やチームの状態と比べてみましょう。そこにギャップがあればそれが課題です。そのギャップである課題の解像度を上げてみましょう。課題の深さや広さ、構造、そして時間に分けて考えてみてください。解決策も同様に、深さや広さ、構造、時間という視点で考えてみましょう。

本書で解説した解像度を上げる方法は、自分や周りのチームといった身近なところでも用いることができるはずです。そしてこうした思考の「型」は、意識的に使えば使うほどうまくなるものなので、練習がてらいろいろな状況で試してみることをお勧めします。

終わりに

この本は、これまで書き溜めてきたスタートアップ向けのスライドの中から、解像度を上げるための方法論を抜き出して、より広くビジネスパーソン全員向けに再構成したものです。出自がスタートアップ向けということもあり、アイデアの初期の段階での解像度に注力しているため、ビジネスが大きくなってきたときには少し異なる方法論が必要かもしれませんが、大筋では変わらないはずです。

本書の冒頭では、筋トレを例に解像度の要素を解説しました。筋トレをしたほうが良いことや、筋トレのやり方は知っている人が多いでしょう。ただ、最終的にはその行動ができるかどうかで、筋力がつくかどうかが決まります。同様に、本書の内容も、筋トレと同じくやらなければ力はつきません。上達のためには、やはり行動しなければなりませんし、本気で行動しなければなかなか身につきません。起業家の皆さんを見ていると、本気のコミットメントと本気の行動から得られた学びが、成長の大きな原動力になっているように思います。

思考は運動のようなものだと思っています。きちんとした指導を受けて、トレーニングをすれば、ある程度能力は伸ばせます。しかし筋トレをしばらく休むと筋肉が落ちてしまうように、考えることが少なくなると、思考力は鈍っていきます。日々、行動し続けなければ容易に行動力は失われます。解像度も同様です。少しさぼれば見える景色はぼやけてくるし、現場に出なければ現場感は失われていきます。眼鏡を数日磨かなければ、埃や汚れで曇ってしまうように、解像度を上げる努力は継続しなければなりません。

解像度を上げることとは、世界の美しさを知ることだと2章のコラムで書きましたが、おそらくそれは一気に目の前が開けるような経験ではないでしょう。初めて何かを経験するときはそうした衝撃が走るかもしれませんが、その後にもっと美しいものを感じるためには、もがき苦しみながら進む時期が必ずやってきます。むしろそうした時間のほうがほとんどです。美しいものに気づき続けるためには、歯を食いしばって、一歩一歩進みながら学び続けなければなりません。それが解像度を上げるということであり、世界の美しさや在り方を知るということなのだと思います。苦しいのはあなただけではありません。筆者も、そして他の読者の方々も、その苦しみに向き合って、少しでも美しい景色を見ようと、あるいはそうした景色を未来に形作ろうと、少しずつ前に進んでいます。

本書を通してそれが伝われば、そして本書が解像度を上げるときの技術的・感情的な助けとなり、多くの皆さんが前に進むための一助になれば、願っています。

思考は共同作業だと述べましたが、本書も多くの方との共同作業を通して、ここまで辿り着けました。

まず数々の先達の書籍を参考にして、著者の皆さんの思考との共同作業を通して本書は書かれています。多数の書籍の中でも特に参考にさせていただいたものとして、『知的複眼思考法』『意思決定のための「分析の技術」』『考える技術・書く技術』『問題発見プロフェッショナル』『問題解決プロフェッショナル』『イシューからはじめよ』『リサーチの技法』『論理的思考のコアスキル』『思考の教室』[1]（発売日順）を挙げさせていただきます。

また草稿段階の原稿を読んでいただいた冨田佳奈様、蛯谷夏海様、『未来を実装する』に続き、出版と編集にご協力いただいた英治出版の安村侑希子様と高野達成様、そして日々新たな洞察を与えてくれる起業家の皆さんに感謝申し上げます。

本書を通じて、読者の皆さんとの共同作業としての思考を行えていれば、そして何より、皆さんが何かの行動をしてみようと思っていただけたのであれば、日々解像度を上げようと努力している仲間の一人として、とても嬉しく思います。

また、もしよければ、本書についての解像度を上げるために、皆さんの好きな場所で、本書で学んだことや本書についての感想を、本書で紹介した型を活かしながら、「言語化」してみてください。皆さんの言葉から私もまた学ばせていただきたいと思っています。そうして皆さんとともに、解像度を上げるための型をさらに洗練させ、より高い解像度で未来を描いていけるようになることを、同時代に生きる一人としてとても楽しみにしています。

1 苅谷剛彦『知的複眼思考法――誰でも持っている創造力のスイッチ』（講談社、1996）
後正武『意思決定のための「分析の技術」――最大の経営成果をあげる問題発見・解決の思考法』（ダイヤモンド社、1998）
バーバラ・ミント『考える技術・書く技術――問題解決力を伸ばすピラミッド原則』（山﨑康司訳、ダイヤモンド社、1999）
齋藤嘉則『問題発見プロフェッショナル――「構想力と分析力」』（ダイヤモンド社、2001）
齋藤嘉則『問題解決プロフェッショナル――「思考と技術」』（ダイヤモンド社、2010）
安宅和人『イシューからはじめよ――知的生産の「シンプルな本質」』（英治出版、2010）
ウェイン・C・ブース、グレゴリー・G・コロンブ、ジョセフ・M・ウィリアムズ、ジョセフ・ビズアップ、ウィリアム・T・フィッツジェラルド『リサーチの技法』（川又政治訳、ソシム、2018）
波頭亮『論理的思考のコアスキル』（筑摩書房、2019）
戸田山和久『思考の教室――じょうずに考えるレッスン』（NHK出版、2020）

ここからは、特に解決策の解像度を上げるときに有効

型30 解決する範囲を決める 294

型31 構造のパターンに当てはめる 297

型32 新しい組み合わせを生み出す 299

型33 要素間の相性を考える 301

型34 捨てることで独自性を出す 303

型35 制約を意識する 306

型36 他システムとの連携を考える 308

型37 意図していなかったシステムのふるまいに対処する 310

型38 ストーリーを描く 312

型39 雑な構造から描きはじめる 313

従来の
トレードオフを
崩せるか？

「時間」の視点で解像度を上げる型

型40 変化を見る 251

型41 プロセスやステップを見る 253

型42 流れを見る 255

型43 歴史を振り返る 258

課題は
ムービング・
ターゲット

ここからは、特に解決策の解像度を上げるときに有効

型44 最適なステップを見出す 317

型45 シミュレーションする 320

型46 好循環を作り出す 322

型47 長期の視点で考えて、時間を味方につける 323

型48 アジリティと学ぶ力を高める 325

実は大きな価値を
生む、小さな
一歩目は？

ここからは、特に解決策の解像度を上げるときに有効

型20 **使える道具を増やす** 283

型21 **外部資源を獲得する前提で広げる** 286

型22 **探索に資源を割り当てる** 287

人やお金は
「今はない」だけ
と考える

型23 **解決策の真の意味を考える** 288

「構造」の視点で解像度を上げる型

型24 **分ける** 206
切り口を工夫する
具体的な行動や解決策が見えるまで分ける

型25 **比べる** 212
抽象度を合わせる
大きさを比べる
重みを比べる
視覚化して比べやすくする
分け方を見直す
高度な手法を用いて比べる

型26 **関係づける** 223
グループ化する（まとめる）
並べる
つながりを見る
システムを把握する
システムのどこに介入すべきか見極める
より大きなシステムの影響を意識する
図にすると関係性が見えてくる
アナロジーで新しい関係性を見つける

社会のレイヤー、
市場のレイヤー、
業界のレイヤー…

型27 **省く** 243

型28 **質問をする** 245

型29 **構造のパターンを知る** 247

型6 Why so? を繰り返して、事実から洞察を導く（外化） 150

型7 習慣的に言語化する（外化） 157
メモをする
対話する
教える

型8 言葉や概念、知識を増やす（内化と外化の精度を上げる） 162

型9 コミュニティで深掘りを加速する（内化と外化の精度を上げる） 166

ここからは、特に解決策の解像度を上げるときに有効

型10 プレスリリースを書いてみる 272

型11 行動可能な単位までHowを問う 275

型12 専門性を磨いて、新たな解決策に気づく 276

型13 手で考える 277

型14 体で考える 280

「優れた」
「最高の」解決策は
要注意！

「広さ」の視点で解像度を上げる型

型15 前提を疑う 180

型16 視座を変える 182
視座を高くする
相手の視座に立つ
未来の視座に立つ
レンズを使い分ける
視座を激しく行き来する

「百聞百見は
一験にしかず」

型17 体験する 192
競合製品を使い倒す
旅で新たなキーワードに出合う

型18 人と話す 196

型19 あらためて深める場所を決める 199

付録：解像度を上げる型一覧

本書で紹介した48の型の一覧です。解像度を上げるには、粘り強く、これらの型に沿って、情報×思考×行動を続ける必要があります。

「2章　あなたの今の解像度を診断しよう」を参照して、都度そのときに足りない視点をチェックしながら、必要な型に沿って、行動してみましょう。チームで、「今必要なのは、この型なのでは？」と共有するのも、お勧めです。

「深さ」の視点で解像度を上げる型

型1　**言語化して現状を把握する（外化）**　106
書く
声に出して喋る

型2　**サーベイをする（内化）**　113
最低100の事例を集める
本屋に行って、端から端まで本を買う
最低10ページはインターネットの検索結果を見る
動画や講演で最先端の情報を掴む
データを分析する
カスタマーマニア
になろう！

型3　**インタビューをする（内化）**　124
意見ではなく、事実を聞く
半構造化インタビューで洞察を得る
インタビュー相手は人のつながりを活かしながら、外部からも必死に獲得する
インタビュー相手の「物語」を綴る
アンケートではなく、必ずインタビューをする
50人にインタビューしてようやく入り口
インタビューの注意点

型4　**現場に没入する（内化）**　139
観察で細部にあるヒントに気づく
顧客と同じ現場で働いてみる

型5　**個に迫る（内化）**　146

著者

馬田隆明

Takaaki Umada

東京大学産学協創推進本部 FoundX
ディレクター

University of Toronto 卒業後、日本マイクロソフトを経て、2016年から東京大学。東京大学では本郷テックガレージの立ち上げと運営を行い、2019年からFoundXディレクターとしてスタートアップの支援とアントレプレナーシップ教育に従事する。様々な起業志望者、起業家からの相談にアドバイスをするほか、スタートアップ向けのスライド、ブログなどで情報提供を行っている。著書に『逆説のスタートアップ思考』（中央公論新社）、『成功する起業家は居場所を選ぶ』（日経BP社）、『未来を実装する』（英治出版）。

https://takaumada.com/

［英治出版からのお知らせ］
本書に関するご意見・ご感想を E-mail（editor@eijipress.co.jp）
で受け付けています。
また、英治出版ではメールマガジン、Web メディア、SNS で新刊情報
や書籍に関する記事、イベント情報などを配信しております。
ぜひ一度、アクセスしてみてください。

メールマガジン：会員登録はホームページにて
Web メディア「英治出版オンライン」：eijionline.com
X / Facebook / Instagram：eijipress

解像度を上げる

曖昧な思考を明晰にする「深さ・広さ・構造・時間」の4視点と行動法

発行日	2022年　11月24日　第1版　第1刷 2024年　9月24日　第1版　第9刷
著者	馬田隆明（うまだ・たかあき）
発行人	高野達成
発行	英治出版株式会社 〒150-0022 東京都渋谷区恵比寿南 1-9-12 ピトレスクビル 4F 電話　03-5773-0193 FAX　03-5773-0194 www.eijipress.co.jp
プロデューサー	安村侑希子
スタッフ	原田英治　藤竹賢一郎　山下智也　鈴木美穂　下田理　田中三枝 平野貴裕　上村悠也　桑江リリー　石﨑優木　渡邉吏佐子　中西さおり 関紀子　齋藤さくら　荒金真美　廣畑達也　太田英里
印刷・製本	中央精版印刷株式会社
装丁	小口翔平＋畑中茜（tobufune）
校正	株式会社ヴェリタ
図版	木本桜子

ISBN978-4-86276-318-1　C0034　Printed in Japan